CLAUSEWITZ

DU MÊME AUTEUR

L'Organisation sociale des Dida, Université d'Abidjan, 1969.

Le Marxisme devant les sociétés « primitives », François Maspero, 1969.

Lettres à la fugitive, Odile Jacob, 1988.

La Politique dans la caverne, Seuil, 1990.

Le Troisième Jour du communisme, Actes Sud, 1992.

Une passion allemande, Seuil, 1994.

Une histoire du royaume abron du Gyaman, Karthala, 1995.

Ombres berlinoises, Odile Jacob, 1996.

Emmanuel Terray

Clausewitz

Fayard

Références

1. Les références à l'œuvre de Clausewitz sont données dans le texte.

   a) Références à *Vom Kriege* (*De la guerre*) :
   Sont indiquées la page de la traduction française (*De la guerre*, traduction de Denise Naville, Paris, Éditions de Minuit, 1955) et la page de l'édition allemande utilisée (*Vom Kriege*, Frankfurt-am-Main, Ullstein, 1981).

   b) Références aux autres œuvres :
   Sont indiquées la date et la page de la traduction française (voir bibliographie).

2. Les autres références sont indiquées en notes.

Introduction

Partons d'une définition substantielle de la guerre, désignant par son « contenu » cet événement singulier que nous appelons une guerre : « La guerre est le rapport social qui s'établit entre deux communautés politiques souveraines lorsqu'elles décident de trancher leurs différends par le recours à la violence armée. » Définition substantielle : la guerre est décrite comme un rapport, dont les termes aussi bien que la nature sont spécifiés. Les termes : il s'agit de communautés politiques souveraines, qui déterminent elles-mêmes librement leur conduite, sans soumettre leur choix à une autorité ou à une norme supérieures. Ces communautés peuvent être par ailleurs des tribus, des cités, des États : le seul trait pertinent est ici leur indépendance. La nature du rapport est également précisée : celui-ci est caractérisé par l'usage de la force. Les deux communautés sont opposées par un conflit, et chacune d'elles tente de faire triompher sa volonté en contraignant son adversaire par la violence.

À première vue, nous pourrions nous satisfaire d'une telle définition et tenter de bâtir sur elle une histoire et une sociologie de la guerre, bref – pour reprendre le terme introduit par Gaston Bouthoul – une « polémologie ». Cependant, un examen plus attentif fait aussitôt surgir toute une série d'interrogations et de paradoxes. Tout d'abord, à définir la guerre comme une relation entre communautés politiques souveraines, ne risquons-nous pas de nous enfermer dans un cercle ?

Être souverain, avons-nous dit, c'est décider soi-même de ses actes, sans se plier aux injonctions d'une instance reconnue comme supérieure. Mais le pouvoir de déclarer et de faire la guerre n'est-il pas la preuve la plus sûre de cette indépendance ? La guerre suspend l'application des normes et des pactes. Sitôt les hostilités ouvertes, le sort de la communauté dépend désormais exclusivement de ses choix, et elle n'est comptable de ceux-ci que devant elle-même : n'est-ce pas là la souveraineté dans sa plénitude ? Au reste, le droit de trancher de la paix et de la guerre est l'une des marques les plus anciennes et le plus universellement acceptées de la souveraineté. Mais, en conséquence, une communauté qui commence une guerre s'affranchit du même coup de toute obligation imposée du dehors ; elle devient *ipso facto* souveraine. Dès lors, le cercle est manifeste : d'un côté, la guerre est une relation entre communautés politiques souveraines ; mais, de l'autre, une communauté souveraine, n'est-ce pas en dernier ressort une communauté capable de déchaîner la guerre ?

En second lieu, le mérite ordinaire d'une définition substantielle est de désigner sans équivoque son référent dans la réalité. Celle que nous venons de proposer devrait donc nous permettre de repérer et de circonscrire nettement les phénomènes sociaux et historiques auxquels elle renvoie. Mais une constatation d'évidence nous conduit à douter que toute ambiguïté soit levée : le recours surabondant à la terminologie et aux métaphores guerrières pour décrire de très nombreux aspects de la vie sociale. Mobilisation, combat, offensive, assaut, défensive, résistance, front, victoire, défaite, tactique, stratégie : ces mots empruntés au « règne » de la guerre, nous les rencontrons en économie, dès lors qu'il s'agit de penser le marché, la concurrence et la concentration industrielle et financière ; en sociologie et en politique, chez tous les théoriciens – de Machiavel à Hobbes et de Marx à Carl Schmitt – qui font du conflit le cœur et le moteur de la société. Mais ils servent aussi à dire le rapport entre les sexes : sans évoquer de travaux contemporains, qu'il nous suffise de relire *Les Liaisons dangereuses* ou encore la célèbre proclamation du don Juan de Molière :

> « On goûte une douceur extrême à réduire, par cent hommages, le cœur d'une jeune beauté, à voir de jour en jour les petits progrès qu'on y fait, à combattre par des transports, par des larmes et des soupirs, l'innocente pudeur d'une âme qui a peine à rendre les armes, à forcer pied à pied toutes les petites résistances qu'elle nous oppose, à vaincre les scrupules dont elle se fait un honneur [...]. Enfin, il n'est rien de si doux que de triompher de la résistance d'une belle personne, et j'ai sur ce sujet l'ambition des conquérants qui volent perpétuellement de victoire en victoire et ne peuvent se résoudre à borner leurs souhaits[1]. »

Il n'est pas jusqu'à la vie spirituelle qui ne soit atteinte par la contagion de ce discours martial. On le sait, l'Église est l'armée du Christ et les chrétiens en sont les soldats. Nous nous en tiendrons à un seul exemple : celui d'Ignace de Loyola. Dans ses *Exercices spirituels*, cet ancien militaire propose à ses lecteurs la célèbre méditation des « deux étendards ». L'épreuve consiste à « considérer ce que des sujets fidèles doivent répondre à ce roi très aimant et généreux. [...] Si au contraire quelqu'un refusait, [...] comme on l'estimerait lâche soldat. [...] Si ce roi terrestre avec son appel à la guerre mérite qu'on lui accorde attention et soumission, combien plus le Christ-Roi[2] ». Le diable lui aussi se conduit comme un général sur le champ de bataille :

> « Souvent l'adversaire imite aussi un chef de guerre désirant prendre d'assaut et piller une forteresse assiégée. Il examine d'abord la situation et la défense, puis attaque le point le plus vulnérable. Ainsi le diable, lui aussi, fait-il le tour de l'âme, recherchant habilement de quelles vertus morales ou théologales elle est fortifiée ou privée, et c'est sur ce point particulier qu'il attaque en concentrant toutes ses ruses, et il espère nous détruire par le point qu'il prévoit être en nous moins solide et moins bien gardé[3]. »

1. *Don Juan*, acte I, scène 2.
2. Ignace de Loyola, *Exercices spirituels*, Paris, Seuil, 1982, p. 82.
3. Ignace de Loyola, *Exercices spirituels, op. cit.*, p. 143.

On peut, bien sûr, tenir ce recours extensif au vocabulaire guerrier pour un indice insignifiant, et le mettre tout entier au compte de la fantaisie littéraire. Mais à recenser toutes ces métaphores, on peut aussi se demander si la guerre n'est pas une dimension essentielle de toute existence sociale, ou, tout au moins, une possibilité structurelle inscrite au cœur même de celle-ci ; les guerres au sens usuel du terme ne seraient plus que la forme institutionnelle prise, dans l'ordre du politique, par un phénomène beaucoup plus répandu et fondamental, dont il faudrait alors fournir une description suffisamment formelle et abstraite pour couvrir l'immense variété des champs considérés. Après tout, un usage aussi général doit pouvoir se réclamer de quelque légitimité, et il est sans doute effectivement fondé sur des analogies « objectives », dont il resterait à déterminer la nature et les limites.

Notre définition initiale nous place devant une troisième difficulté. La guerre, disions-nous, est un moyen pour deux communautés politiques de trancher leurs différends ; autrement dit, elle est pour chacune d'elles un moyen d'imposer sa volonté à l'autre. Chacun des deux adversaires utilise donc la guerre pour atteindre son but ; de son point de vue, pour reprendre une formule de Clausewitz sur laquelle nous aurons l'occasion de revenir longuement, la violence et la guerre deviennent un instrument de la politique. Mais on peut se demander si, entre la fin politique et le moyen guerrier, il n'existe pas une contradiction irréductible. Cette contradiction peut être exprimée de manières diverses. La politique – dirons-nous par exemple – est l'instauration d'un ordre, la substitution au chaos d'un monde où règnent la sécurité et la stabilité, où l'on peut donc prévoir et préparer l'avenir. La guerre entraîne, au contraire, l'irruption du désordre et de l'inattendu : comment le désordre peut-il être mis au service de l'ordre ? Ou encore, la politique a pour fin l'établissement et la consolidation du lien social ; or la guerre est souvent décrite comme la rupture de celui-ci ; rupture partielle, si le conflit oppose deux communautés distinctes et indépendantes l'une de l'autre, qui conservent leur cohésion intérieure alors même qu'elles s'affrontent ; rupture beaucoup plus profonde, et parfois presque totale, lorsque la guerre civile éclate. Du même coup, l'alternative entre la paix et la guerre tend à se confondre avec l'alternative entre la présence et l'absence du lien social, et la guerre devient l'abîme où le social risque trop souvent d'être englouti. Très logiquement, Hobbes fait donc de l'état de nature, antérieur et contraire à l'état social, un état de guerre. De nouveau, la guerre et la politique s'opposent terme à terme.

Leur antagonisme prend d'autres formes encore. Dès ses origines grecques, la politique s'est choisi pour instruments privilégiés le discours et le dialogue. Avec la guerre, au contraire, le silence se substitue à la parole et les coups viennent remplacer les mots. Sous cet angle, la politique fait face à la guerre comme la persuasion à la violence. Dernière remarque : le « Tu ne tueras pas » du Décalogue est une maxime fondamentale de la politique ; aucune communauté n'est possible si les individus qui la composent sont libres de donner la mort comme bon leur semble. Weber l'a bien vu, l'existence même de la société implique une restriction de l'usage légitime de la violence. Or, dans la guerre, de telles restrictions sont par définition transgressées : il devient, non seulement licite, mais prescrit de tuer son ennemi. De même la ruse, la tromperie, le mensonge, dénoncés en temps de paix comme ruineux pour la santé du corps social, deviennent des stratagèmes recommandables en temps de guerre. Bref, de la paix à la guerre, il se produit un renversement des valeurs qui rend le passage difficile, qu'il soit effectué dans un sens ou dans l'autre. Les *Orages d'acier* d'Ernst Junger et *Les Réprouvés* d'Ernst von Salomon donnent une juste image des obstacles qui se dressent sur les deux parcours.

Ainsi la politique qui recourt à la guerre pour atteindre ses fins, c'est, d'une certaine façon, le feu qui prétend se servir de l'eau : le moyen utilisé ne risque-t-il pas de faire disparaître celui qui le met en œuvre ? Cette contradiction entre la politique et la guerre et ce paradoxe qui veut que la politique use d'un instrument si contraire à sa nature et à son projet n'ont pas échappé à la réflexion collective ; essayistes et penseurs n'ont donc pas manqué de mettre la guerre au compte de la folie des hommes. Entre cent auteurs, retenons-en trois. À l'aube de la Renaissance, quelques décennies avant l'explosion des guerres de Religion, écoutons Érasme :

> « N'est-ce pas au champ de la guerre que se moissonnent les exploits ? Or qu'est-il de plus fou que d'entamer ce genre de lutte pour on ne sait quel motif, alors que chaque parti en retire toujours moins de bien que de mal[4] ? »

Près de deux siècles plus tard, sous le règne de l'un des rois les plus guerriers que la France ait connus, La Bruyère fait écho :

> « De tout temps les hommes, pour quelque morceau de terre de plus ou de moins, sont convenus entre eux de se dépouiller, se brûler, se tuer, s'égorger les uns les autres ; et pour le faire plus ingénieusement et avec plus de sûreté, ils ont inventé de belles règles qu'on appelle l'art militaire ; ils ont attaché à la pratique de ces règles la gloire ou la plus solide réputation ; et ils ont depuis renchéri de siècle en siècle sur la manière de se détruire réciproquement. De l'injustice des premiers hommes, comme de son unique source, est venue la guerre[5]. »

Cependant, nul sans doute mieux que Joseph de Maistre n'a marqué le caractère énigmatique et proprement monstrueux de la guerre. Dans le septième entretien des *Soirées de Saint-Pétersbourg*, le Sénateur observe que « l'homme étant donné avec sa raison, ses sentiments et ses affections, il n'y a pas moyen d'expliquer comment la guerre est possible humainement[6] ». En conséquence, la guerre n'est pas l'œuvre de l'homme ; elle lui est imposée par le Créateur :

---

4. Érasme, *Éloge de la folie*, Paris, Garnier-Flammarion, 1964, p. 32.
5. La Bruyère, *Caractères*, Paris, Garnier-Flammarion, 1965, p. 244 (chapitre : « Du souverain ou de la république »).
6. Joseph de Maistre, *Les Soirées de Saint-Pétersbourg*, Paris, Garnier Frères, s. d., vol. II, p. 2.

> « La guerre est donc divine en elle-même, puisque c'est une loi du monde. La guerre est divine par ses conséquences d'un ordre surnaturel, tant générales que particulières [...]. La guerre est divine dans la gloire mystérieuse qui l'environne et dans l'attrait non moins inexplicable qui nous y porte. La guerre est divine dans la protection accordée aux grands capitaines [...]. La guerre est divine par la manière dont elle se déclare [...]. La guerre est divine dans ses résultats qui échappent absolument aux spéculations de la raison humaine [...]. La guerre est divine par l'indéfinissable force qui en détermine les succès[7]. »

En un mot, la guerre est dessein de Dieu, et, à ce titre, elle est impénétrable ; elle est – au sens proprement théologique du terme – mystère, à la fois évidence irrécusable et défi à la raison et à la logique.

De la répulsion réciproque entre la guerre et la politique, on peut produire un dernier indice, emprunté cette fois à l'expérience historique. La guerre est peut-être un instrument de la politique, mais c'est un instrument dont la politique éprouve les plus grandes difficultés à faire un usage exact, c'est-à-dire adapté aux fins qu'elle se propose. Le plus souvent, l'utilisation de ce moyen est inadéquate, soit par excès, soit par défaut. Par excès : à toutes les époques et sous toutes les latitudes, il advient que la guerre échappe au contrôle de ceux qui l'ont décidée : elle s'emballe, devient folle et se nourrit d'elle-même. Elle est alors endémique, car elle est à elle-même sa propre fin. L'histoire européenne est riche en épisodes de ce genre, des « routiers » du Moyen Âge aux lansquenets de la guerre de Trente Ans, et l'actualité nous en apporte bien d'autres exemples, de la Bosnie à l'Afghanistan et de l'Afrique centrale à l'Algérie. Par défaut : il arrive au contraire que la guerre souffre d'anémie et que l'instrument s'émousse ; lorsque ses protagonistes s'effraient des efforts qu'elle exige et des pertes qu'elle entraîne, ils en font un usage si modéré qu'elle perd toute

7. *Ibid.*, p. 25-28.

efficacité. Ainsi Machiavel ne tarit pas de sarcasmes à l'encontre des *condottieri* du XVe siècle et de leur veulerie ; trois siècles plus tard, Clausewitz raille dédaigneusement les conflits du XVIIIe siècle, pour autant qu'ils se limitent à un subtil ballet de marches et de contremarches additionné de quelques escarmouches sans résultat. Plus près de nous, on se souvient du piètre spectacle qu'offrit la « drôle de guerre » de 1939-1940. En pareils cas, la guerre n'est plus l'instrument d'aucune politique, puisqu'elle ne produit aucun effet et ne tranche aucun différend. Les grands stratèges sont alors ceux qui savent maîtriser cet outil indocile qu'est la guerre et en faire une utilisation appropriée, c'est-à-dire conforme à leurs intentions ; mais, dans notre histoire, leur gloire est à la mesure de leur rareté.

Existence d'un cercle logique entre la définition de la guerre et celle de la souveraineté ; incertitude sur les frontières exactes du règne de la guerre ; caractère inexplicable de la guerre au regard de l'ordre humain ; inadéquation de l'instrument guerrier aux tâches qui lui sont assignées : tels sont les premiers résultats de notre enquête. Pourtant, qui voudrait bâtir sur le fondement de ces quatre constats une théorie de la guerre se heurterait aussitôt à un obstacle incontournable : l'œuvre de Clausewitz ; de tous les penseurs de la guerre, Clausewitz est en effet celui qui les récuse avec la plus grande fermeté.

L'objet de Clausewitz, c'est d'abord la guerre au sens de la définition substantielle dont nous sommes partis, et plus précisément encore la guerre telle qu'elle se livre entre des États. Clausewitz accepte l'existence de ceux-ci comme une donnée de fait, et il ne s'interroge pas sur leurs origines ; les paradoxes de la souveraineté le laissent donc indifférent. En second lieu, Clausewitz observe certes diverses analogies entre la guerre et d'autres activités sociales – le jeu, le commerce, les procès en justice, la politique –, mais ces analogies n'autorisent pas de confusion : les activités qu'elles relient ne sauraient se réduire les unes aux autres, et on ne peut les décrire comme autant de manifestations variées d'un même phénomène sous-jacent. Par ailleurs, la guerre et la paix « sont des idées qui par essence n'ont pas de gradation » (702, 673) ; entre elles, il n'y a donc pas de commune mesure et, dans le cours du temps, les séquences vouées à la guerre forment des segments nettement distincts. Enfin, même si le renversement de la célèbre formule – la guerre, continuation de la politique – peut apparaître comme une expérience de pensée tentante, cette opération n'aurait assurément pas obtenu l'assentiment de Clausewitz : entre guerre et politique, si étroits que soient les liens, la différence demeure irréductible. Bref, Clausewitz mesure bien l'extrême diversité de l'objet qu'il se propose d'étudier – la guerre, dira-t-il, est un « véritable caméléon, qui modifie quelque peu sa nature dans chaque cas concret » (69, 36) –, mais il n'en éprouve pour autant aucune incertitude quant au tracé de ses frontières.

En troisième lieu, la guerre est, aux yeux de Clausewitz, un fait, dont il faut comprendre la nature et découvrir les lois. Dès lors, Clausewitz ne s'interroge pas sur sa signification métaphysique ou anthropologique ; il n'en discute pas la légitimité ; il ne porte pas sur elle de jugement éthique. Les considérations de Joseph de Maistre que nous avons rapportées plus haut lui auraient sans doute paru à la fois exagérées et hors de propos. Bref, Clausewitz place très délibérément sa réflexion sous le signe d'un réalisme dont Machiavel et Montesquieu se sont réclamés avant lui. On se souvient de l'intérêt porté par Machiavel à *« la verità effettuale della cosa »* (*Le Prince*, XV). De même, Montesquieu s'interdit de faire œuvre de philosophie sociale ; il examine, non pas *la* société, mais *les* sociétés : « Cet ouvrage a pour objet les lois, les coutumes et les divers usages de tous les peuples de la terre. On peut dire que le sujet en est immense puisqu'il embrasse toutes les institutions qui sont reçues parmi les hommes » (*Défense de l'Esprit des lois*, seconde partie). Quant à l'intention qui anime l'entreprise, elle est clairement exprimée par la préface de *L'Esprit des lois* : « Je n'ai point tiré mes principes de mes préjugés, mais de la nature des choses. [...] Je n'écris point pour censurer ce qui est établi dans quelque pays que ce soit. Chaque nation trouvera ici les raisons de ses maximes. » Dans une note rédigée en 1816 tandis qu'il travaillait à la préparation de son ouvrage, Clausewitz déclare avoir eu présente à l'esprit « la manière dont Montesquieu avait traité son sujet » (41, 4). De son modèle, il retient, en vérité, non seulement le mode d'exposition, mais aussi et surtout la méthode, la volonté ostensible de s'enfermer dans les limites de la connaissance positive.

Enfin, la guerre est, de par sa nature même, un instrument de la politique ; de nouveau, il y a ici, de la part de Clausewitz, non pas l'énoncé d'une norme ou d'un souhait, mais la constatation d'un fait. Clausewitz ne nie pas les « dérapages » évoqués plus haut, ni l'éventualité, entre la guerre et ses fins politiques, d'une inadéquation par excès ou par défaut ; mais cette inadéquation n'est pas, à ses yeux, l'indice d'une discordance essentielle ; on n'en saurait accuser l'instrument ; elle est tout entière imputable à la faiblesse des hommes et à la fausseté des doctrines.

Bref, devant cet objet insaisissable, opaque et chargé de passions qu'est la guerre, Clausewitz adopte une approche qui se veut objective, rationnelle et rigoureuse : il en délimite de façon restrictive les contours ; il en conteste le mystère et le scandale ; il s'attache à en établir l'intelligibilité. C'est assurément cette attitude posée qui lui vaut l'admiration de Raymond Aron. À qui veut réfléchir aujourd'hui sur la guerre le livre qu'Aron a consacré à l'œuvre de Clausewitz n'est pas moins nécessaire que cette œuvre elle-même. On connaît les grandes lignes de l'interprétation d'Aron : la guerre peut être comprise parce qu'elle est de part en part déterminée par la politique, aussi bien par la politique-objet, qui en crée les conditions historiques, que par la politique-sujet, qui en gouverne le cours en fonction des buts qu'elle se propose. La guerre « absolue » et la montée aux extrêmes, présentées un moment par Clausewitz comme définissant l'essence même de la guerre, relèvent en fait de l'ordre du concept ; dans la réalité, la guerre est toujours façonnée, transformée, conduite par la politique, et celle-ci joue un rôle modérateur dans la mesure où elle soumet la violence et ses impulsions aveugles aux exigences et à la discipline du calcul.

Nous étions partis d'une image que – pour faire court – nous pourrions dire « romantique » de la guerre, mettant l'accent sur sa nature protéiforme, sur ses singularités irréductibles, sur ses zones d'ombre, sur sa déraison foncière. Contre cette image, Clausewitz et avec lui Aron construisent une doctrine que, par contraste, nous dirons « classique » : la guerre est un phénomène distinct et repérable, dont on peut comprendre le sens et dégager les lois, et qui ne déroge pas à l'ordre naturel des choses. Bien entendu, le problème n'est pas de choisir entre ces deux visions : nous le savons bien, elles dévoilent l'une et l'autre une part de la vérité. Mais Clausewitz et Aron ressemblent à des ingénieurs qui se trouveraient placés au bord d'un fleuve turbulent et qui s'efforceraient de bâtir des digues pour en apprivoiser le cours. Nous pouvons alors être tentés de vérifier la solidité de ces digues : la guerre se laisse-t-elle enfermer dans les limites que les deux penseurs lui assignent ? Leur théorie rend-elle compte de tous les aspects du phénomène qu'elle prétend décrire ? Telles sont les curiosités qui vont inspirer notre enquête.

Tout naturellement, notre interrogation principale se divise en plusieurs questions. L'une d'entre elles est, à certains égards, préalable : elle concerne les rapports entre auteur et interprète. Aron nous offre-t-il un tableau fidèle et complet de la pensée de Clausewitz ? Les thèses qu'il prête à celui-ci – relégation de la guerre absolue dans le domaine abstrait du concept, soumission de la violence à l'intelligence politique – lui appartiennent-elles effectivement ? Comme j'ai eu l'occasion de l'écrire ailleurs, la réflexion d'Aron sur la guerre est imprégnée d'une sorte d'optimisme indéfectible : si contraires que soient les apparences, la guerre ne peut pas se soustraire à la tutelle du calcul. Cet optimisme est-il partagé par Clausewitz ?

Qu'en est-il à présent de l'auteur, et de la relation qu'il entretient avec son objet ? Nous avons noté certains traits du fait guerrier – l'énigme de sa nature, le défi qu'il représente pour la raison, les errances dont il est capable – et nous avons observé que Clausewitz s'interdisait expressément de les prendre en considération, afin de faire triompher une approche « froide » et réaliste. Nous pouvons alors nous demander si les « motifs » ainsi écartés ne réapparaissent pas d'une manière ou d'une autre dans l'œuvre. Un penseur médiocre peut assurément produire sans peine une image mutilée de son objet ; sans doute celle-ci ne convaincra personne, mais elle sera du moins conforme aux intentions de son auteur. Un penseur de grande envergure est, paradoxalement, beaucoup moins maître de sa matière, précisément parce qu'il en aperçoit toutes les complexités ; quel que soit son dessein, il lui sera difficile de le mener à bien s'il lui faut pour cela passer sous silence tels ou tels aspects de la réalité : ceux-ci ne se laisseront pas réduire, et bon gré mal gré, il lui faudra leur faire une place. C'est pourquoi, dans le règne de l'esprit, l'œuvre des géants est d'ordinaire beaucoup plus ambiguë ou même contradictoire que celle des nains. Nous soumettrons donc la pensée de Clausewitz à une critique indiscrète : nous chercherons à découvrir en elle les symptômes de ce que Clausewitz s'est délibérément proposé de refouler.

En particulier, on l'a vu, Clausewitz donne au concept de guerre une extension strictement délimitée : il s'intéresse à la guerre en tant que phénomène historique et politique, mais il se garde de toute utilisation analogique ou métaphorique de la notion. Les rapprochements auxquels il procède sont pour lui de simples comparaisons : ils signalent des similitudes, mais non pas une parenté et encore moins une origine commune. Nous devons assurément lui donner acte de ses postulats, mais nous ne sommes pas tenus, pour notre propre compte, de les respecter. S'il faut l'en croire, la guerre ressemble, sous tel ou tel angle, au jeu, au commerce et à la politique. Pourquoi ne pas prendre au sérieux ces indications, afin de voir jusqu'où il est possible d'aller dans la direction qu'elles nous suggèrent ? Plus précisément, Clausewitz analyse la guerre à l'aide d'un certain nombre de notions et de distinctions cardinales, guerre absolue et guerre réelle, tactique et stratégie, offensive et défensive, etc.

Il nous est alors permis de nous demander dans quelle mesure et à quelles conditions ces notions et ces distinctions peuvent être transposées dans d'autres domaines de la vie sociale, à commencer par ceux que notre auteur a énumérés. Si cette expérience était tentée, nous serions alors mieux armés pour débattre d'un problème que nous avons soulevé au début de cette introduction sans le résoudre : quelle est exactement la légitimité des métaphores guerrières dont les sciences sociales et la littérature font un si abondant usage ?

La même expérience – à condition qu'elle soit concluante – nous permettrait de dissiper un dernier paradoxe : l'intérêt persistant que l'œuvre de Clausewitz continue de susciter de nos jours. Car si Clausewitz s'est fixé d'étroites limites dans l'espace – c'est-à-dire dans l'étendue du champ qu'il s'est proposé d'explorer –, il s'est montré beaucoup plus ambitieux en ce qui concerne le temps. Certes, le *ktèma es aiei* prend chez lui des accents modestes : « J'avais l'ambition d'écrire un livre qu'on n'oublierait pas après deux ou trois ans, et que celui qui s'intéresse à la question pourrait à la rigueur prendre en main à plus d'une reprise » (42, 5). On n'en sent pas moins à toutes les pages de *Vom Kriege* sourdre le désir de produire une œuvre qui défie l'écoulement du temps. Or un tel désir est surprenant au regard même de l'une des thèses principales de l'ouvrage. Clausewitz tient que la guerre est déterminée – en tous les sens du mot – par la politique : au-delà de la simple affirmation générale de cette dépendance, les énoncés du livre ne sont-ils pas condamnés à devenir caducs dès lors que la politique change ? Et Clausewitz n'aurait-il pas dû être le premier à souligner leur caractère éphémère ?

De fait, essayons de prendre la mesure des mutations intervenues depuis la rédaction de *Vom Kriege*. La révolution industrielle introduit un premier bouleversement : désormais, la technologie et le matériel jouent un rôle tel que, le plus souvent, la décision est acquise dans les laboratoires et dans les usines en amont du champ de bataille : l'engagement armé ne fait plus que ratifier la supériorité de l'appareil de recherche et de production. L'apparition de l'arme nucléaire nous éloigne encore davantage de l'univers de *Vom Kriege.* Clausewitz affirmait hautement la primauté du combat ; or l'échange des fusées n'a plus rien de commun avec un combat. Clausewitz excluait l'hypothèse que la guerre puisse consister « en un seul coup sans durée » (56, 22) ; or, dans les scénarios de l'apocalypse nucléaire, la première frappe, l'alerte et la riposte se succèdent en quelques minutes ; la guerre tout entière se joue dans ce laps de temps ; la distinction entre stratégie et tactique perd donc toute pertinence. Par ailleurs, la possibilité de déclencher à tout moment et sans préparatifs préalables le feu nucléaire et la réduction drastique des délais d'alerte rendent à la surprise stratégique l'importance que lui refusait Clausewitz ; du même coup se trouve annulée cette supériorité de la défensive dont il avait fait l'un des piliers de sa doctrine. Enfin et surtout, la puissance des moyens de destruction disponibles est telle que leur mise en œuvre ne peut plus servir aucun but politique raisonnable : un conflit qui ne produit que des vaincus n'est la continuation d'aucune politique. En d'autres termes, la fin politique se dissout dans l'objectif militaire, et la guerre accède à une indépendance que Clausewitz lui a toujours déniée. Certes, les théories de la réplique graduée ont tenté de répondre à cette objection, mais, en l'absence de dispositifs internes de freinage comme ceux qui chez Clausewitz empêchaient la montée aux extrêmes, l'escalade ne peut être interrompue que par un accord politique dont aucun calcul stratégique ne peut garantir l'opportunité[8].

Bref, la guerre nucléaire n'est pas clausewitzienne. C'est précisément pour cela qu'elle n'a pas eu lieu, pourraient rétorquer les disciples contemporains de Clausewitz : qu'on le veuille ou non, les guerres effectives, elles, obéissent encore et toujours aux règles qu'il a énoncées. Avant de discuter ce point, ajoutons que la dissuasion n'est pas davantage régie par une logique clausewitzienne. Celle-ci repose sur l'intervention du

8. Sur tout cela, voir, par exemple, Alain Joxe, *Le Cycle de la dissuasion*, Paris, La Découverte, 1990.

combat comme épreuve objective des forces qui s'affrontent. Le combat offre, en effet, aux deux adversaires un étalon commun qui leur permet de mesurer dans les mêmes termes leurs risques et leurs chances ; ainsi sont fondées du même coup l'unité du calcul stratégique et son autonomie relative à l'égard de la politique. Sitôt que cet étalon disparaît, sitôt que la crise remplace la bataille, la stratégie s'efface devant la politique et le supputable fait place à l'indécidable : dès lors, Clausewitz n'a plus voix au chapitre[9].

Au total, c'est l'ensemble du champ ouvert par l'introduction de l'arme nucléaire – la dissuasion aussi bien que l'affrontement – qui se montre réfractaire à la logique clausewitzienne. Les conflits classiques continuent-ils au moins de lui être soumis ? Rien n'est moins sûr. Les guerres de Clausewitz opposent des États, c'est-à-dire des adversaires inégaux, mais de même nature, qui combattent pour des enjeux déterminés : la possession de tel ou tel avantage territorial ou économique, leur position relative à l'intérieur du concert qu'ils forment ; la revendication ou le refus d'une hégémonie. Or la plupart des conflits auxquels nous assistons en ces dernières années du XXe siècle ne s'inscrivent plus dans ce cadre. L'affaiblissement et la crise de l'État-nation favorisent la prolifération des conflits dits « de basse intensité », dont les protagonistes n'appartiennent plus au même univers social, ne partagent plus les mêmes modes de raisonnement ni les mêmes valeurs. De part et d'autre des frontières qui les séparaient, les adversaires clausewitziens parlaient le même langage : celui de l'utilité, baptisée « intérêt national ». Rien de tel à présent ; la communication est le plus souvent interrompue, ne serait-ce que parce que, d'un côté au moins, sinon des deux, les interlocuteurs sont introuvables. Ainsi Martin Van Creveld s'estime fondé à rendre son verdict : « L'observation du présent et l'étude de l'avenir laissent penser que la doctrine de Clausewitz se démode rapidement et n'offre plus guère

9. Sur tout cela, voir, par exemple, André Glucksmann, *Le Discours de la guerre*, Paris, L'Herne, 1967.

de cadre intellectuel approprié susceptible de comprendre les mécanismes de la guerre[10]. »

S'il en était ainsi, l'œuvre de Clausewitz ne présenterait plus qu'un intérêt historique : à considérer aussi bien l'influence qu'elle a exercée que l'expérience dont elle s'est inspirée, elle nous renseignerait sur les pratiques européennes de la guerre, de la Renaissance à la Seconde Guerre mondiale. Or la plupart des lecteurs de *Vom Kriege* s'accorderaient, j'imagine, avec moi pour affirmer qu'il n'en est rien et que le livre recèle bien d'autres trésors. En quoi consistent-ils ? Les pages qui suivent essaieront de le préciser. Qu'il me suffise de dire ici qu'au fil des analyses de Clausewitz, je chercherai pour ma part les éléments d'une théorie de l'action – dont la guerre ne serait que le champ d'application le plus manifeste, en raison de cette vertu qu'a la violence d'accuser les traits et de durcir les contrastes. La légitimité d'une telle démarche ne peut être jugée qu'à l'aune de son efficacité, mais, au moment de m'y engager, j'aimerais me réclamer d'une autorité venue d'un horizon bien différent. À plusieurs reprises, Marx observe que la guerre devance la paix et l'anticipe : c'est bien souvent dans l'armée que se développent pour la première fois les rapports sociaux qui s'étendront ensuite à l'ensemble du corps social[11]. En dépit de ce qui les oppose, la guerre offrirait ainsi un point de vue privilégié sur la société ; indice, peut-être, d'une parenté secrète à la faveur de laquelle le discours de la guerre – quelles que soient les intentions de celui qui le prononce – finirait toujours par nous livrer une part – et sans doute une part décisive – de la vérité du social.

10. Martin Van Creveld, *Les Transformations de la guerre*, Paris, Éditions du Rocher, 1998, p. 85.

11. Karl Marx, *Manuscrits de 1857-1858 (Grundrisse)*, Paris, Éditions sociales, 1980, vol. I, p. 13, 43 et 407 ; vol. II, p. 22 ; *Contribution à la critique de l'économie politique*, Paris, Éditions sociales, 1957, p. 167 ; Lettre de Marx à Engels du 25 septembre 1857.

1

L'expérience et l'héritage

De la définition « substantielle » dont nous sommes partis – « La guerre est le rapport social qui s'établit entre deux communautés politiques souveraines lorsqu'elles décident de trancher leurs différends par le recours à la violence armée » – Clausewitz ne retiendrait sans doute qu'une version encore beaucoup plus restrictive : au terme de communauté politique il substituerait celui d'État, et il ne prendrait en considération que des États d'un certain genre.

Pour s'en assurer, il suffit de noter la provenance des exemples dont il se sert pour confirmer ou illustrer ses propos. L'Antiquité grecque et romaine est exclue ; les continents extra-européens ne sont représentés que par quelques fugitives allusions aux Turcs et aux Tartares. Quant au Moyen Âge européen, il est lui aussi écarté : c'est que, à cette époque, l'hégémonie de l'Église et la cohésion de la chrétienté interdisent de parler d'une pleine et entière souveraineté des États.

L'heure de Machiavel

À l'aube du XVIe siècle, cependant, l'édifice chrétien se fissure de toutes parts. Le Grand Schisme et l'hérésie hussite l'ont déjà profondément ébranlé ; bientôt la tempête de la Réforme achèvera de le disloquer. Il s'ensuit que le pouvoir temporel sort vainqueur du long conflit qui l'avait opposé au pouvoir spirituel. Tour à tour, les empereurs Henri IV et Frédéric II, le roi de France Philippe le Bel avaient combattu pour affirmer leur indépendance totale à l'égard du siège de Rome. À présent, celui-ci a perdu son prestige et son autorité ; il n'est plus en mesure d'exercer la moindre tutelle ; les rois l'emportent donc en quelque sorte par défaut ; la voie est désormais libre pour l'apparition des grandes monarchies qui feront l'histoire des siècles suivants. Ainsi commencent les « Temps modernes », et c'est à eux que Clausewitz réserve toute son attention : les États qu'il évoque sont ceux du concert européen entre le XVIe et le XIXe siècle, et leurs armées sont toutes pourvues d'armes à feu et d'artillerie.

S'il faut inscrire la pensée de Clausewitz dans une généalogie, c'est donc à l'origine des « Temps modernes » que nous devrons chercher l'ancêtre fondateur. De fait, à l'aube du XVIe siècle, dans la cité de Florence, un homme pressent les nouveaux principes qui vont à l'avenir guider l'action des États et gouverner leurs conflits. Il se nomme Nicolas Machiavel, et nous savons que Clausewitz lui portait une profonde admiration[1].

Machiavel part d'une conviction bien arrêtée, et solidement enracinée de surcroît dans la tradition : il n'y a de civilisation, de communauté, d'existence humaines concevables que dans le cadre d'une cité ou d'un État, sous l'égide et la tutelle de la loi ; ailleurs, on ne trouve que barbarie et bestialité. La fondation et la conservation de l'État sont donc non pas une fin dernière, mais la condition nécessaire – l'étape intermédiaire obligée – de toutes les autres fins que peut se proposer l'homme raisonnable. Comme le dit Éric Weil :

> « En dehors de l'État, il n'est pas possible de parler de morale, de valeurs, de raison, car, en dehors de l'État, il n'y a

1. Lettre de Clausewitz à Fichte, du 11 janvier 1809, in : J.G. Fichte, *Machiavel*, traduction d'Alain Renaut, Paris, Payot, 1981, p. 197-203.

> que la violence. L'homme est naturellement égoïste, avare, désireux de dominer autrui et de s'en approprier les biens [...]. Mais il peut être juste, s'il vit sous des lois justes, dans un État de justice, s'il est éduqué en vue de l'honnêteté. En serait-il autrement que l'État serait superflu ; or partout l'homme vit dans des États[2]... »

Le fondateur ou le restaurateur de l'État ne doivent obéir qu'à la seule règle de l'efficacité : est bon et utile ce qui contribue à leur succès. Écoutons encore Éric Weil :

> « Le fondateur n'est tenu par aucune loi : simplement parce que, avant lui, il n'y a pas de loi. Il n'est guidé par aucune religion, parce que, avant lui, il n'y a pas de religion. Morale et religion appartiennent à un peuple constitué en État sous des lois, mieux encore : dans des lois. Ce n'est que dans l'État que l'homme peut aspirer à cette sécurité qui est le plus profond de ses désirs, à cet honneur qui lui donne une valeur à ses propres yeux[3]. »

Or, parmi les moyens dont le fondateur dispose pour accomplir sa mission, la guerre figure très précisément au premier rang. Elle joue un rôle décisif pour une raison simple. Avant la naissance de l'État, le fondateur peut être amené à user de violence envers ses futurs sujets pour les contraindre à l'obéissance et à la discipline ; en revanche, une fois l'État constitué, la violence devrait disparaître de sa vie intérieure ; plus exactement, elle ne devrait plus s'exercer que dans les limites prévues par la loi, pour réprimer les désordres et châtier les crimes ; en d'autres termes, elle serait reléguée à une place subalterne. Mais il n'existe aucune loi entre les États ; ici, la violence peut donc se déployer librement ; en dernier recours, c'est toujours le rapport des forces qui tranche. Machiavel ne se lasse pas de le redire : la cité repose sur ses armes et sur ses lois ; mais, dans ce couple, ce sont les armes qui dominent, parce qu'elles décident de l'existence même de la cité, alors que les

2. Éric Weil, *Essais et Conférences*, 2 vol., Paris, Plon, 1971 ; vol. II, p. 210.
3. *Ibid.*, vol. II, p. 213.

lois n'en déterminent que la qualité. Citons quelques formules de Machiavel ; elles vont devenir pour des siècles les maximes mêmes de la raison d'État :

> « Les principaux fondements qu'aient tous les États, aussi bien les nouveaux que les anciens et les mixtes, sont les bonnes lois et bonnes armes. Et comme il n'est possible d'avoir de bonnes lois là où les forces ne valent rien, et que si les armes sont bonnes, il est aussi bien raisonnable que les lois y soient bonnes, je laisserai de parler des lois et traiterai des armes » (*Le Prince*, XII).
>
> « Les armées bien composées sont l'appui le plus solide de tous les États et il ne peut y avoir sans elles ni lois sages, ni aucun établissement utile » (*Discours sur la première décade de Tite-Live*, III, 31).
>
> « Tous les arts que l'on ordonne en une cité pour le bien commun des hommes, toutes les institutions qu'on y fonde pour y faire régner la crainte de Dieu et des lois, ne serviraient de rien, si l'on ne créait aussi des armes pour les défendre, lesquelles, si elles sont bien réglées, puissent sauvegarder ces institutions, même plus ou moins déréglées. Et sans l'appui de ces armes, la meilleure police s'écroule bien vite » (*Art de la guerre*, préface).

Voilà donc la guerre placée sous une lumière nouvelle. Elle n'est plus dite bonne ou mauvaise, car elle ne tombe plus sous les catégories du jugement moral ; en revanche, elle est proclamée naturelle, normale et nécessaire. La guerre : non seulement la défense contre l'agression, mais aussi les opérations de conquête. D'abord parce que : « C'est chose certes fort ordinaire et selon nature que le désir de conquérir, et toutes et quantes fois le feront les hommes qui le peuvent, ils en seront loués, ou pour le moins ils n'en seront pas blâmés » (*Le Prince*, III). Mais aussi parce que, de l'avis général, la simple résistance ne permet pas de conserver ce que l'on possède : « L'homme ne croit s'assurer ce qu'il tient déjà qu'en acquérant de nouveau » (*Discours*, I, 5). De plus, les expéditions lointaines permettent de canaliser vers le dehors les passions des citoyens : « Chaque État libre doit fournir au peuple un débouché normal à son ambition, et surtout les républiques qui, dans les occasions importantes, n'ont de force que par ce même peuple » (*Discours*, I, 4). Bref, « une ville libre a deux désirs : rester libre et grandir » (*Discours*, I, 29) : or la guerre est le moyen obligé de ce double dessein.

En conséquence, la chose militaire est le premier souci du Prince, et son premier devoir consiste à se donner des armes qui soient effectivement les siennes. Une cité qui s'en remet du soin de sa défense à des étrangers ou à des mercenaires a d'ores et déjà renoncé à son indépendance. Les soldats de métier répugnent à s'entraîner, ils sont indisciplinés, paresseux, lâches et ne songent qu'au butin. S'ils sont mécontents, ils tournent leurs armes contre leurs employeurs et menacent ainsi tout à la fois la liberté et l'ordre public. Toutes les tâches qu'on leur confie d'ordinaire seraient beaucoup mieux remplies par des milices populaires, qui auraient le sentiment de combattre pour elles-mêmes. Certes, elles seraient initialement peu aguerries, et la vaillance naturelle pourrait leur faire défaut, mais « si vos soldats sont bien armés, bien exercés et bien ordonnés, ils acquerront peu à peu de l'expérience et du courage » (*Art de la guerre*, I, 7).

Il faut le souligner, Machiavel exclut toute armée de métier. Sa condamnation vise certes au premier chef les associations privées de guerriers qui louent leurs services aux États, mais il semble bien qu'elle s'étende à toutes les formes du professionnalisme militaire :

> « La guerre faite comme métier ne peut être honnêtement exercée par des particuliers, dans aucun temps ; la guerre doit être seulement le métier des gouvernements, républiques ou royaumes. Jamais un État bien constitué ne permit à ses concitoyens ou à ses sujets de l'exercer pour eux-mêmes, et jamais enfin un homme de bien ne l'embrassa comme sa profession particulière. Jamais on ne tiendra pour un homme de bien celui qui pratique un métier qui, pour être d'un bon rapport, l'oblige à la violence, à la rapine, à la perfidie et à une foule d'autres vices qui en font nécessairement un méchant » (*Art de la guerre*, I, 2).

De toute évidence, il s'agit ici d'assurer une symbiose parfaite entre l'armée et l'État, et de faire de la force militaire un instrument docile entre les mains du Prince.

Je n'insisterai pas sur les aspects proprement militaires de la pensée de Machiavel : le primat de l'homme sur l'armement ; le rôle capital des forces morales ; l'importance de la discipline, capable de l'emporter aussi bien sur le nombre que sur la fureur spontanée ; la supériorité de l'infanterie sur la cavalerie et sur l'artillerie ; la nécessité d'un commandement unique ; la subordination de toutes les opérations à la bataille. Ce qui m'importe ici, c'est que la guerre est décrite comme activité autonome, soumise à des lois qui lui sont propres. L'art de la guerre est étranger à toute considération morale ou religieuse. À l'époque médiévale, on l'a vu, la guerre était – pour reprendre l'expression de l'économiste américain Karl Polanyi – de part en part encastrée (*embedded*) dans des normes sociales qui lui étaient extérieures et dans une vision englobante de Dieu, du cosmos et de la société ; à présent, elle a conquis son indépendance, et Machiavel le proclame sans ambages : « Qu'un Prince donc se propose pour son but de vaincre, et de maintenir l'État ; les moyens seront toujours estimés honorables et loués de chacun [...] Si le Prince veut conserver ses États, il est souvent contraint de n'être pas bon » (*Le Prince*, XVIII et XIX).

Ainsi Machiavel procède à une sorte de réhabilitation de la guerre : pour autant qu'elle concourt à la fondation et au salut de l'État, elle est une activité parfaitement utile et recommandable : « Les guerres sont justes quand elles sont nécessaires ; les armes sont saintes quand elles sont notre dernier espoir » (*Histoire de Florence*, V, 8). Mieux encore : contre tous les préjugés de son temps, Machiavel étend cette réhabilitation aux discordes civiles : sous certaines conditions, elles peuvent, elles aussi, être profitables à l'État. Grâce à elles, par exemple, la Constitution romaine est parvenue à son point d'équilibre. « Dans toute république, il y a deux partis : celui des grands et celui du peuple, et toutes les lois favorables à la liberté ne naissent que de leur opposition [...]. Les bonnes lois sont le fruit de ces agitations que la plupart condamnent si inconsidérément » (*Discours*, I, 4). Les conflits à Rome sont nés de la force acquise par le peuple, mais cette même force a permis l'expansion de la Ville ; « en sorte que trancher dans Rome les racines de ses querelles, c'était aussi trancher celles de sa puissance » (*Discours*, I, 6). La seule réserve est que les antagonismes internes ne doivent pas donner naissance à des factions organisées et permanentes, qui ruinent la cohésion de la cité parce qu'elles substituent leur intérêt particulier à l'intérêt commun (*Histoire de Florence*, VII, 1).

Au total, Machiavel libère l'État des entraves d'origine religieuse ou morale qui gênaient ses mouvements, et il en libère du même coup la guerre, en tant qu'elle est l'activité essentielle de l'État, celle dont le succès conditionne les autres entreprises où il peut s'engager. Dès lors, il est remarquable de constater à quel point ce message a été peu compris et peu entendu de son siècle et de celui qui l'a suivi.

Machiavel n'a pas de mots assez durs pour qualifier l'influence politique désastreuse de la religion chrétienne : elle enseigne la résignation et l'humilité ; elle aveugle les esprits et elle amollit les cœurs. Il souligne l'écrasante responsabilité des papes dans l'émiettement et les malheurs de l'Italie ; il conjure les princes de secouer la tutelle intellectuelle des clercs et de n'obéir plus qu'aux lois qui gouvernent l'action politique. Las ! Quelques années après sa mort, les guerres de Religion vont embraser l'Europe entière, avec leur cortège de fanatisme et de folie ; elles multiplient les acharnements inutiles, les cruautés gratuites, les alliances contre nature, et les grandes monarchies que le secrétaire florentin admirait tant en ressortent pour la plupart exsangues.

Par ailleurs, Machiavel se fait l'avocat de la conscription ; or les armées de métier vont demeurer la règle au moins jusqu'à la Révolution française. Porté sans doute par sa méfiance à l'encontre des spécialistes et des professionnels, il déprécie le rôle de l'artillerie pour exalter celui de l'infanterie. Or, dans les stratégies comme dans les dépenses militaires, les armes à feu et les canons prennent dès le XVIe siècle une place de plus en plus importante. Au moins à court terme et à moyen terme,

Machiavel ne s'est donc pas montré bon prophète en matière d'armement.

En outre, la guerre ne s'est pas guérie des phénomènes de corruption et de dégénérescence dont elle avait déjà souffert au Moyen Âge, notamment à l'occasion de la guerre de Cent Ans : en Allemagne et en Bohême, la guerre de Trente Ans nous offre alors le spectacle renouvelé des maux qui avaient désolé la France. Les opérations sont longues et indécises ; elles entraînent de lourdes pertes humaines et de terribles destructions matérielles, mais elles ne produisent guère de résultats significatifs. Ainsi nous retrouvons ce couple antithétique de la violence irrationnelle et de la paralysie qui avait sévi deux siècles plus tôt. À l'orée des « Temps modernes », Machiavel avait voulu faire de la guerre un instrument de précision au service des desseins politiques de l'État ; force est de constater qu'au milieu du XVIIe siècle la plupart des monarques d'Europe n'ont pas encore appris à s'en servir.

Guibert, Maurice de Saxe, Frédéric II

À cette époque, l'un d'entre eux va pourtant leur montrer la voie : le roi de Suède Gustave-Adolphe apparaît comme l'initiateur d'une mutation au terme de laquelle l'État s'assure désormais, au sein de la société, le monopole de la capacité militaire. Cette mutation consiste à confier la guerre, non plus à des troupes « privées » de mercenaires louant leurs services au plus offrant, mais à des armées de métier permanentes, organisées, administrées et rémunérées par les pouvoirs publics. Ainsi disparaissent routiers, *condottieri* et lansquenets ; ainsi est maîtrisée la violence anarchique et sauvage dont ils étaient, bon gré mal gré, fauteurs, et qui transformait la guerre en une sorte de fléau fatal, semblable à la peste ou aux inondations. Avec Louis XIV et Louvois, la guerre devient exclusivement une activité de l'État, un moyen pour lui de réaliser ses fins, et l'armée n'est plus que l'instrument de cette activité : sur ce point, en tout cas, les vœux de Machiavel sont enfin accomplis.

L'État, en l'occurrence, c'est la monarchie absolue. Au moins en théorie, tous les pouvoirs sont réunis entre les mains du souverain ; tout émane de lui, tout descend de lui, tout remonte jusqu'à lui. Le peuple est tenu à l'écart des affaires ; il est divisé en ordres hiérarchisés, que séparent des cloisons, sinon étanches, du moins difficiles à franchir. L'armée à son tour reflète le caractère de ces institutions ; le comte de Guibert, sans doute le meilleur théoricien de la guerre que le XVIIIe siècle ait produit, le rappelle : « Les succès militaires des nations dépendent, plus qu'on ne le pense, de leur politique, de leurs mœurs surtout[4]. » Composée de professionnels, l'armée devient, au sein de la société, une enclave particulière isolée et fermée sur elle-même ; le peuple l'ignore et se désintéresse de son sort. La fin des pillages produit le même effet ; les populations sont désormais moins victimes que spectatrices de la guerre, et elles peuvent rester indifférentes à ses péripéties. Guibert dit cela très bien :

> « Dans la plupart des pays d'Europe, les intérêts du peuple et ceux du gouvernement sont très séparés : le patriotisme n'est qu'un mot ; les citoyens ne sont pas soldats : les soldats ne sont pas citoyens ; les guerres ne sont pas les querelles de la nation, elles sont celles du ministère ou du souverain[5]. »

Le risque est, bien sûr, que dans une armée ainsi coupée de ses racines sociales, l'énergie requise par la fonction ne vienne à dépérir.

De même que la société, l'armée est formée de castes juxtaposées : des officiers, le plus souvent d'origine aristocratique, animés par le désir de s'illustrer et de s'élever ; des soldats, recrutés au sein des « classes dangereuses », attirés par l'appât de la solde et celui de l'aventure. Entre les deux groupes,

4. Comte de Guibert, *Essai général de tactique*, in : *Stratégiques*, Paris, L'Herne, 1977, p. 165.

5. *Ibid.*, p. 439.

la cohésion n'est guère assurée que par une discipline impitoyable, presque entièrement fondée sur la peur des châtiments. Mais cette discipline – de même que le *drill*, l'exercice rigoureux auquel sont astreints les soldats – remplit une autre fonction : elle doit faire de l'armée une mécanique de précision, une machine entièrement soumise à une intelligence et à une volonté uniques, celles du chef qui la commande. Le général doit exercer sur ses troupes une autorité aussi absolue que celle du monarque dans l'État : c'est à cette condition que le souverain gardera le contrôle de la violence guerrière et de son utilisation. De nouveau, le péril est de privilégier l'exactitude dans l'obéissance au détriment des qualités d'initiative et d'enthousiasme qui font l'élan sur le champ de bataille ; qui dit « automatisme » dit bien souvent « inertie ».

Des facteurs d'ordre militaire pèsent dans le même sens. Comme par le passé, le coût des hommes et des équipements invite les stratèges à la prudence. L'efficacité des armes à feu s'est accrue ; les pertes au combat deviennent très lourdes ; on ne risque donc l'engagement qu'à bon escient. On se refuse désormais, sauf en cas de nécessité extrême, à recourir aux réquisitions et au pillage. Il faut en conséquence établir des magasins en des lieux fortifiés, organiser des lignes de ravitaillement, les protéger et faire en sorte qu'elles soient le plus courtes possible : les armées hésitent donc à s'éloigner par trop de leurs bases ; la guerre de mouvement recule au profit de la guerre de position et de siège. À l'intérieur même de la guerre de mouvement, la manœuvre prend le pas sur la bataille : par des marches savamment combinées, on s'efforce de placer l'adversaire dans une situation telle que tout espoir raisonnable de vaincre lui soit enlevé avant même qu'il ait combattu ; on veut en d'autres termes rendre l'épreuve de force inutile, et faire l'économie des pertes. Enfin, quand la bataille est inévitable, on l'accepte, mais dans la polarité du choc et du feu, la suprématie du second est clairement reconnue : il faut donc étirer les rangs, consentir à un relatif éparpillement des troupes, bref, adopter l'ordre mince cher à Guibert. Dès lors, la cohésion n'est plus assurée, de façon mécanique, par la simple pression des corps ; elle requiert au plus haut point la discipline des esprits.

Toutes ces données conduisent à des stratégies qui cherchent à interrompre les communications de l'ennemi plutôt qu'à détruire ses forces, qui visent l'épuisement plutôt que l'anéantissement. Mais l'épuisement est un état qui ne s'obtient qu'« à la marge » au terme de longs affrontements ; il n'assure qu'une supériorité très relative, et celle-ci ne peut procurer que des avantages réduits. En conséquence, les conflits du temps sont, comme l'écrit Paret, des guerres limitées, avec des moyens limités, pour des objectifs limités[6].

Cependant, l'évolution qui vient d'être décrite ne s'explique pas seulement par des contraintes d'origine sociale ou militaire ; elle est aussi le produit de l'« esprit du temps » ; elle est subie, mais également acceptée et même voulue par les contemporains, car elle atteste à leurs yeux l'influence et le progrès des Lumières. Pour la raison, la guerre constitue un défi particulièrement insolent. D'abord, elle est le fruit des passions de l'homme et de leur entrechoquement : « Les passions naquirent avec le monde, juge Guibert. Elles enfantèrent la guerre[7]. » Aussi est-il vain d'escompter sa disparition :

> « Comme si les hommes, soit individuellement, soit réunis, pouvaient jamais cesser d'être animés par la vengeance, par l'ambition, par l'amour de la gloire, par l'intérêt, toutes passions naturelles ou factices, qui ont leur source dans le cœur humain ou dans les préjugés dont nous sommes imbus[8]. »

Elle fait une très large place à l'irrationnel, sous deux formes principales : « Depuis la fin du siècle dernier surtout, dit

---

6. Peter Paret, *Napoléon*, in : Peter Paret (ed.), *Makers of Modern Strategy*, Oxford, Clarendon Press, 1986, p. 129.

7. Comte de Guibert, *Essai...*, *op. cit.*, p. 152.

8. Comte de Guibert, *Défense du système de guerre moderne*, in : *Stratégiques*, *op. cit.*, p. 542.

Guibert, le hasard et la routine firent mouvoir les armées[9]. » En la personne de Maurice de Saxe, l'homme d'action fait ici superbement écho à la voix du théoricien :

> « La guerre est une science couverte de ténèbres, dans l'obscurité desquelles on ne marche point d'un pas assuré : la routine et les préjugés en font la base, suite naturelle de l'ignorance[10]. »

La guerre apparaît ainsi comme un espace où tous les adversaires de la raison se rassemblent pour la braver : celle-ci ne saurait se dérober ; à elle de porter la lumière dans cet ultime refuge de la nuit.

La tâche de tous ceux qui pensent et font la guerre – gouvernants, philosophes, généraux – est donc de réduire au minimum l'incertitude, de substituer la logique et la clarté au chaos, d'introduire partout où cela se peut des principes et des règles qui permettent de prévoir les événements et d'arrêter, face à eux, des dispositions rationnelles ; d'inventer une stratégie et une tactique éclairées par l'intelligence et guidées par le raisonnement. Les Lumières, dit Guibert, « devraient mettre la méthode à la place de la routine, les combinaisons à la place du hasard[11] ». La discipline trouve ici une nouvelle justification, car elle n'est rien d'autre que la figure militaire de l'ordre :

> « Après la création des troupes, la discipline est la première chose qui se présente. Elle est l'âme de tout le genre militaire. Si elle n'est établie avec sagesse et exécutée avec une fermeté inébranlable, l'on ne saurait compter avoir de troupes ; les régiments, les armées ne sont plus qu'une vile populace armée, plus dangereuse à l'État que les ennemis mêmes[12]. »

Elle importe davantage au succès que le nombre :

---

9. Comte de Guibert, *Essai...*, *op. cit.*, p. 184.
10. Maurice de Saxe, *Mes rêveries*, Paris, Éditions d'Aujourd'hui, 1977, p. 5.
11. Comte de Guibert, *Essai...*, *op. cit.*, p. 164.
12. Maurice de Saxe, *Mes rêveries*, *op. cit.*, p. 71.

> « Il vaut mieux avoir un petit nombre de troupes bien entretenues et bien disciplinées que d'en avoir beaucoup qui ne le soient pas. Ce ne sont pas les grandes armées qui gagnent les batailles, ce sont les bonnes[13]. »

En second lieu, un corps de préceptes médités doit être composé, qui gouverne les activités fondamentales et permanentes du combattant : les marches, les déploiements, les tirs, les charges. Ces préceptes doivent être « simples », « courts », et ordonner des gestes et des mouvements « naturels », mots qui reviennent constamment, sous la plume de Maurice de Saxe comme sous celle de Guibert. Ils forment la partie de l'art de la guerre qui peut être enseignée et apprise. Tous les militaires doivent s'en pénétrer et les appliquer en quelque sorte spontanément, de telle sorte que le chef n'ait point à s'en préoccuper et puisse se consacrer à l'analyse des mouvements de l'ennemi et à l'invention de sa propre réplique.

C'est pour de semblables raisons que la manœuvre est préférée à la bataille : la première fait appel au savoir et à l'adresse, la seconde à l'élan irréfléchi et à la force brutale ; la première est à la seconde ce que la finesse est à la grossièreté, ce que l'esprit est à la passion et au corps. Écoutons Guibert faire l'éloge des marches :

> « C'est par les marches qu'une armée agit [...] c'est par les marches qu'elle surprend l'ennemi [...]. Ce sont les marches qui la conduisent à la formation de tous les ordres de bataille [...]. Ce n'est que quand l'art de la guerre s'est perfectionné que les armées ont commencé à marcher avec quelque combinaison [...]. Les généraux ont toujours fait plus d'usage de la guerre de marches et de mouvements en raison de ce qu'ils ont été plus habiles et qu'ils ont eu devant eux des ennemis plus éclairés. Jusqu'à l'époque de Gustave et de Nassau qui furent les restaurateurs de l'art militaire en

13. Maurice de Saxe, *Mes rêveries*, *op. cit.*, p. 17.

> Europe, il n'y avait dans les armées ni mouvements ni marches combinées : on se joignait, on se battait[14]. »

On a beaucoup ri de l'idéal de la « guerre sans bataille » cher à Maurice de Saxe : à tort, car outre qu'on l'a mal lu, on a méconnu le souci qui l'inspire :

> « Je ne suis cependant point pour les batailles, surtout au commencement d'une guerre, et je suis persuadé qu'un habile général peut la faire toute sa vie, sans s'y voir obligé [...]. Je ne prétends point dire pour cela, lorsque l'on trouve l'occasion d'écraser l'ennemi, qu'on ne l'attaque, et que l'on ne profite des fausses démarches qu'il peut faire ; mais je veux dire que l'on peut faire la guerre sans rien donner au hasard, et que c'est là le plus haut point de la perfection et de l'habileté d'un général[15]. »

Expulser autant que faire se peut la Fortune de la guerre : Guibert ne dit pas autre chose lorsque, critiquant l'ordre parallèle, il souligne « la nécessité où sont tous les États de ne pas compromettre au sort d'une action générale des armées qui font toutes leurs forces et leurs destinées[16] », pour conclure : « La politique respective des gouvernements veut que les généraux ne donnent pas tout au hasard[17]. »

Enfin, la primauté du tir tient aux mêmes considérations : il peut être réglementé, calculé, exécuté avec autant de précision que de calme, remplir donc exactement sa mission. Au contraire, pas de charge sans emportements, sans fureurs et sans une certaine quantité de désordre. Ainsi Maurice de Saxe et Guibert rappellent, contre le chevalier de Folard, que les mots de « choc », de « poids » et tous les termes empruntés à la mécanique sont sur le champ de bataille des métaphores trompeuses ; entre les assaillants qui marchent à l'ennemi, des intervalles se creusent ; en outre, chacun d'eux est un homme,

14. Comte de Guibert, *Essai...*, *op. cit.*, p. 348-349.
15. Maurice de Saxe, *Mes rêveries*, *op. cit.*, p. 139.
16. Comte de Guibert, *Défense...*, *op. cit.*, p. 528.
17. *Ibid.*

en proie à l'hésitation et à la peur ; ainsi la colonne ne peut en aucun cas être assimilée à un bélier lancé contre un rempart : elle n'en a ni la rigidité ni la « force vive ».

Poussées à l'extrême, les tendances qui viennent d'être décrites conduisent à deux périls ; elles risquent tout d'abord de produire une sorte d'affadissement de la guerre : on verrait alors se multiplier les affrontements mous, longs, indécis, et les armes ne rempliraient plus leur fonction de toujours, qui est de « faire le plus de mal possible à l'ennemi et de décider promptement les querelles des nations[18] ». Par ailleurs, l'exaltation de la raison et de la science pourrait mener au dogmatisme : penseurs et généraux s'en remettraient aveuglément aux vertus de la théorie, de ses axiomes et de ses déductions. Soyons équitable : en dépit des légendes caricaturales de la « guerre en dentelles », les stratèges du temps ne sont jamais tombés dans de tels travers. Restons-en aux deux hommes qui nous ont servi jusqu'à présent de guides. Guibert n'a pas de mots assez durs pour condamner les guerres dégénérées dont son siècle a parfois été le témoin ; il réprouve le recours obstiné aux retranchements, l'abus de l'artillerie, expédient des peuples dont le courage décline, l'attachement paresseux à l'ordre parallèle, qui fait que « les batailles actuelles entre deux généraux habiles ne peuvent jamais avoir de grands résultats[19] ». Sur l'importance décisive de la bataille, il est tout à fait formel :

> « Les armées ne s'exercent, ne s'instruisent, ne s'aguerrissent que pour se mettre en état de gagner des batailles [...]. Ce sont les batailles qui décident et entraînent presque toujours le succès de toutes les autres opérations[20]. »

Maurice de Saxe lui-même – dont on aurait tort d'oublier qu'il fut le vainqueur de Fontenoy, de Raucoux et de Lawfeld – continue comme suit le texte cité plus haut :

18. Comte de Guibert, *Essai...*, *op. cit.*, p. 436.
19. *Ibid.*, p. 376.
20. Comte de Guibert, *Défense...*, *op. cit.*, p. 513-514.

> « Mais quand on fait tant que de donner une bataille, il faut savoir profiter de la victoire et surtout ne point se contenter d'avoir gagné un champ de bataille, comme c'est la louable coutume. On suit religieusement les paroles d'un proverbe qui dit qu'il faut faire un pont d'or à son ennemi. Cela est faux : au contraire, il faut le poursuivre et le pousser à toute outrance[21]. »

De même, les deux hommes rappellent qu'en raison de l'infinie variabilité des circonstances et du rôle inextirpable de la chance, la guerre est moins une science qu'un art. Dans de nombreuses conjonctures, on ne peut énoncer aucune règle d'action, et il faut toujours savoir s'écarter des principes si la situation l'exige. Au combat, enfin, « il ne faut déterminer sa disposition que sur celle de l'ennemi[22] ». « Je ne fais point de système[23] », dit Guibert, et il ajoute, s'en prenant à Folard, que « c'est la manie de l'exclusif qui perd tous les faiseurs de systèmes[24] ». Le génie guerrier est un talent inné, que n'apportent ni la théorie ni la pratique. Il relève du « sublime[25] », assure Maurice de Saxe. Il consiste en « cette sagacité de coup d'œil et de jugement qui gagne les batailles et que la nature ne donne, dans l'espace d'un siècle, qu'à quelques hommes privilégiés[26] », précise de son côté Guibert.

Justement, à l'époque même de Maurice de Saxe et de Guibert, l'un de ces hommes privilégiés étonne l'Europe par ses exploits, et, si l'on tient compte en outre de sa nationalité, il est bien naturel qu'il se soit attiré l'admiration de Clausewitz : je veux parler du roi de Prusse Frédéric II. Ce que Clausewitz estime le plus chez celui-ci, c'est l'exact ajustement des moyens mis en œuvre aux objectifs poursuivis. Le roi ne se lance dans aucune entreprise qui excède ses forces et ne consent que les

21. Maurice de Saxe, *Mes rêveries*, *op. cit.*, p. 139-140.
22. Comte de Guibert, *Essai...*, *op. cit.*, p. 425.
23. *Ibid.*, p. 346.
24. *Ibid.*, p. 267.
25. Maurice de Saxe, *Mes rêveries*, *op. cit.*, p. 138.
26. Comte de Guibert, *Essai...*, *op. cit.*, p. 449.

efforts strictement nécessaires à l'accomplissement de ses desseins ; il associe une rare vigueur dans l'exécution à une grande modération dans la détermination des fins (183 et 310 ; 150 et 272). Entre guerre et politique, il instaure donc un juste rapport.

Dans son rôle de chef de guerre, Frédéric subit, comme Guibert et Saxe, l'influence de l'esprit du temps. Il attache une importance particulière à la discipline et à l'exercice, parce qu'ils font de l'armée un instrument précis, tout entier docile à la volonté de son chef. Il se méfie des troupes qui de par leur nature – cavalerie, troupes légères – tendraient à échapper au contrôle du commandement. Il ne prône pas la recherche à tout prix de la bataille, parce que, dans le feu du combat, la passion et le hasard jouent un rôle excessif par rapport à celui de l'intelligence calculatrice. Il fait du mouvement un principe spécifique de la lutte, parce que les marches et manœuvres se prêtent mieux que le choc à la détermination rationnelle.

Pour autant, Frédéric n'est pas le défenseur d'une doctrine rigide. On lui attribue la gloire d'avoir inventé l'« ordre oblique » ; en fait, il s'agit là d'une tactique qui préconise un mouvement tournant sur une aile, le renforcement de cette aile et le maintien en retrait de l'aile refusée ; l'ordre oblique consiste donc à concentrer les forces sur le secteur de l'attaque, en prenant ailleurs le risque de l'infériorité ; audace qui n'est que l'application, sous un nouveau nom, d'une très ancienne sagesse. Frédéric sait, par ailleurs, à quel point il est important de profiter des occasions et combien il est nécessaire de « se guider sur les événements[27] ». Enfin, il n'oublie pas que le sort des guerres se joue en dernière instance dans une bataille : « Une bataille digne de ce nom, et qu'il faut bien distinguer d'une affaire ou d'un combat, décide du sort d'un État. Il faut absolument dans la guerre en venir à ces actions décisives, soit pour se tirer de l'embarras de la guerre, soit pour y mettre son

27. Frédéric II, *Instruction militaire*, in : Gérard Chaliand (éd.), *Anthologie mondiale de la stratégie*, Paris, Robert Laffont, 1990, p. 704.

ennemi, soit pour terminer une querelle qui se prolonge trop[28]. »

Maurice de Saxe, Guibert et Frédéric II ne sont pas des doctrinaires, et ils n'ont pas de goût pour la guerre édulcorée. Est-il raisonnable de prétendre soumettre tout le territoire de la guerre à l'empire de la raison ? Ne parlons pas des complexités ni des hasards que l'intelligence humaine, après tout, est en mesure de traiter aussi. Mais celui qui aspire à vaincre peut-il se passer entièrement des puissances de l'irrationnel ? Faut-il renoncer à l'usage brutal de la force nue lorsqu'il assure le succès ? Doit-on abandonner l'arme de la terreur, faire l'économie de ces énergies que fournissent l'orgueil, la haine, la rapacité, la rage de la vengeance et les autres passions qui précipitent les hommes les uns contre les autres ? Saluant les progrès de l'art de Mars au XVIIIe siècle, Guibert écrit :

> « La science militaire a rendu les batailles plus savantes et moins sanglantes. C'est un jeu de calcul et de combinaison qui a succédé à un jeu de hasard et de ruine. Il est heureux que la science militaire, qui est la science de la destruction, rende la guerre moins destructive en se perfectionnant. Il est heureux que ce puisse être l'habileté des généraux qui décide du sort des batailles plutôt que la quantité du sang répandu. Enfin, dans un siècle où tous les arts ont fait des progrès, il est honorable, il est encourageant pour les militaires que celui de la guerre se ressente de la propagation générale des lumières[29]. »

Soit. Mais nous avons entendu le même auteur rappeler que le but constant de la guerre est « de faire le plus de mal possible à l'ennemi ». N'y a-t-il pas, dès lors, sinon contradiction, au moins paradoxe ? Si la « science de la destruction » finit par rendre la guerre moins destructive, peut-on dire qu'il y a là perfectionnement et progrès ? Plus généralement, cette influence croissante des Lumières qui conduit à épargner le

28. *Ibid.*, p. 705.
29. Comte de Guibert, *Essai...*, *op. cit.*, p. 376.

sang versé n'est-elle pas incompatible avec la nature même de la guerre ?

Au vu des événements qui vont suivre, on serait tenté de répondre par l'affirmative. Dans deux textes célèbres, Guibert prédit à la fois les bouleversements apportés à l'art de la guerre par la Révolution française et la fulgurante carrière de l'Empereur Napoléon. Dans l'*Essai général de tactique* (1770), il écrit :

> « Supposons qu'il s'élevât en Europe un peuple vigoureux, de génie, de moyens et de gouvernement ; un peuple qui joignît à des vertus austères et à une milice nationale un plan fixe d'agrandissement, qui ne perdît pas de vue ce système, qui, sachant faire la guerre à peu de frais et subsister par ses victoires, ne fût pas réduit à poser les armes par des calculs de finance. On verrait ce peuple subjuguer ses voisins et renverser nos faibles Constitutions comme l'aquilon plie de frêles roseaux[30]. »

Neuf ans plus tard, Guibert s'abandonne de nouveau à son inspiration prophétique :

> « Un homme s'élèvera, peut-être resté jusque-là dans la foule et dans l'obscurité, un homme qui ne se sera fait un nom ni par ses paroles ni par ses écrits, un homme qui aura médité dans le silence [...]. Cet homme s'emparera des opinions, des circonstances, de la fortune, et il dira au grand Théoricien comme l'architecte praticien disait devant les Athéniens à l'architecte orateur : "Ce que mon rival vous a dit, je l'exécuterai[31]." »

De fait, Guibert cerne fort bien la nature des innovations qui vont être introduites par la Révolution française ; elles ne concernent ni l'armement ni la tactique : les perfectionnements de l'artillerie sont l'œuvre de Gribeauval et interviennent dans les années 1760 ; quant au « principe divisionnaire » – la dissociation de l'armée en plusieurs corps autonomes capables de

30. Comte de Guibert, *Essai...*, *op. cit.*, p. 137.
31. Comte de Guibert, *Défense...*, *op. cit.*, p. 514-515.

combattre seuls, mais agissant de façon coordonnée –, il est appliqué dès la guerre de Sept Ans. Le changement est ailleurs et touche trois domaines : tout d'abord, la conscription jette sur le champ de bataille des effectifs considérables, bien supérieurs à ceux que l'on avait connus jusqu'alors ; elle donne donc une importance nouvelle à la masse ; par ailleurs, grâce à elle, le soldat devient une denrée relativement bon marché, dont le renouvellement est aisé : les chefs hésitent moins que par le passé à l'engager et à risquer sa vie. En second lieu, le principe selon lequel « la guerre doit nourrir la guerre » est réhabilité ; en conséquence, les armées sont moins dépendantes de leurs bases et de leurs approvisionnements ; elles gagnent en mobilité, en liberté d'action et en audace. Enfin s'affrontent à présent des États qui incarnent des principes et des régimes politiques antagonistes ; l'enjeu des conflits grandit : ce qui est en cause, c'est désormais l'existence même, sinon des États, du moins des pouvoirs qui les gouvernent ; cela donne à leurs duels une âpreté sans précédent. Vingt ans plus tard, Clausewitz évoque magnifiquement l'ampleur de la mutation. Au XVIIIe siècle, dit-il, la guerre n'était guère plus qu'« une diplomatie un peu plus tendue, une façon un peu plus exigeante de négocier » ; tout à coup, la France de Danton, de Robespierre et de Carnot entre en scène :

> « Les Français, avec leurs moyens révolutionnaires, avaient attaqué ce vieil instrument de guerre comme avec un acide : ils avaient libéré de ses antiques entraves diplomatiques et financières cet élément redoutable : la guerre, et la voilà qui s'avançait dans sa violence brute, roulant une masse énorme de forces, et l'on ne voyait plus que les ruines de l'ancien art de la guerre d'un côté, des succès inouïs de l'autre, sans discerner pour autant un nouveau système de conduite de la guerre, c'est-à-dire de nouvelles voies de l'intelligence pratique, de nouvelles formes positives d'emploi des forces. La guerre était rendue au peuple, d'où les armées permanentes l'avaient en partie éloignée ; elle avait rejeté ses chaînes et franchi les limites de ce que l'on imaginait impossible[32]. » (1976a : 364)

---

32. Voir aussi *Vom Kriege*, livre VIII, chap. III, où Clausewitz nous propose une histoire sommaire de la guerre à travers les âges.

Napoléon

Ainsi la Révolution replace au premier rang le poids des masses et la violence illimitée ; en revanche, l'intelligence tactique et stratégique, qui avait connu un si bel essor au XVIIIe siècle, semble maintenant céder le pas à l'usage aveugle de la force. C'est à Napoléon Bonaparte qu'il appartiendra d'opérer une synthèse nouvelle entre le capital de réflexion amassé à l'époque des Lumières et les énergies déchaînées par la tourmente révolutionnaire.

À bien des égards, en effet, Napoléon apparaît comme un héritier de Guibert et du grand Frédéric, et on le découvre comme tel dans ses écrits comme dans ses actes. Tout d'abord, il insiste sur l'aspect réfléchi et calculé de l'activité du stratège : « À la guerre, rien ne s'obtient que par le calcul [...]. Toute guerre bien conduite est une guerre méthodique [...]. Mon habitude est de ne rien donner au hasard[33]. » Par ailleurs, il aime se servir de métaphores empruntées à la mécanique pour décrire les armées et leurs affrontements : « La force d'une armée, comme la quantité de mouvement en mécanique, s'évalue par la masse multipliée par la vitesse [...]. Dans l'art de la guerre comme dans la mécanique, le temps est le grand élément entre le poids et la puissance[34]. » Ainsi est créée l'impression que la pensée du chef de guerre peut atteindre à une rigueur proprement scientifique. Dans le *Mémorial*, la conclusion est explicitement posée : la guerre est soumise à des règles et à des principes naturels ; les grands capitaines s'y sont conformés ; en conséquence, « ils n'ont cessé de faire de la guerre une véritable science[35] ».

On se rappellera en outre que Napoléon hérite du XVIIIe siècle le principe divisionnaire, dont il va faire une si

---

33. Napoléon, *Comment faire la guerre ?*, Textes rassemblés par Yann Cloarec, Paris, Champ libre, 1972, p. 15 et 86 ; *Correspondance*, XVI, n° 13652, citée par J.F.G. Fuller, *La Conduite de la guerre de 1789 à nos jours*, Paris, Payot, 1963, p. 41.

34. Napoléon, *Comment faire la guerre ?*, *op. cit.*, p. 23 et 81-82.

35. Las Cases, *Mémorial de Sainte-Hélène*, Paris, Seuil, 1968, p. 572.

remarquable application, et qu'il affirme comme ses devanciers la suprématie du feu sur le choc : « C'est le feu qui est le moyen principal des modernes[36]. » Ce primat du feu se parachève avec l'artillerie, dont le *Mémorial* proclame qu'« elle fait aujourd'hui la véritable destinée des armées et des peuples[37] ».

Enfin, ne serait-on pas tenté d'attribuer au maréchal de Saxe un propos comme celui-ci :

> « On ne doit livrer bataille que lorsqu'on n'a plus de nouvelles chances à espérer, puisque, de sa nature, le sort d'une bataille est toujours douteux, mais qu'une fois qu'elle est résolue, on doit vaincre ou périr[38]. »

Il est pourtant de l'Empereur. Par la place qu'il accorde au calcul, à la méthode, à la science et à la raison, Napoléon se présente bien comme un fils des Lumières, et l'on sait avec quelle intelligence et quelle précision il combine les mouvements de ses armées pour les concentrer sur le point décisif le jour de la bataille.

Mais les nouveautés léguées par la Révolution sont, elles aussi, conservées : c'est le cas de la conscription et des réquisitions, c'est aussi le cas de certaines idées – l'abolition des privilèges de la naissance, l'égalité des citoyens –, même si elles se transforment souvent en simples armes de propagande. Ainsi, les guerres napoléoniennes prennent un caractère « idéologique » dont elles ne se départent jamais tout à fait. Il y a là l'une des explications de leur âpreté : pour l'Europe, l'hégémonie de « Buonaparte » est bien plus inacceptable que celle des Habsbourg ou celle du Roi-Soleil, parce que, d'une certaine manière et quelles que soient les déclarations d'intention, elle apparaît comme génératrice de subversion, ruineuse à terme pour l'ordre établi.

Ainsi les conflits ne sont plus sauvages, mais, bien loin de s'en plaindre, Napoléon accepte sans réserve les conséquences

---

36. Napoléon, *Comment faire la guerre ?*, *op. cit.*, p. 59.
37. Las Cases, *Mémorial...*, *op. cit.*, p. 573.
38. Napoléon, *Comment faire la guerre ?*, *op. cit.*, p. 78.

de cette mutation et rend pleine justice au versant « nocturne » de la guerre, à tout ce qui échappe en elle à la raison : hasard, pure force physique, violence nue, passion. La Fortune tient sur le champ de bataille une place irréductible, et Napoléon se moque de ses amiraux qui « ont trouvé, je ne sais où, qu'on peut faire la guerre sans courir aucune chance[39] ». La science militaire consiste, non pas à éliminer le hasard, mais à lui « faire exactement, presque mathématiquement, [sa] part[40] ». Plus généralement, l'effort pour découvrir des régularités et pour énoncer des lois se heurte à la variabilité et à la mobilité infinies des choses de la guerre : « Rien ne peut être absolu à la guerre[41] », « La guerre ne se compose que d'accidents[42] ». En conséquence, « il n'y a point d'ordre naturel de bataille[43] ». Ainsi la contingence et la fugacité du matériau s'allient pour limiter étroitement les ambitions éventuelles de la science.

Parmi les facteurs décisifs du succès, Napoléon rend toute son importance au rapport des forces et à ses composantes « physiques » ou « matérielles » : le nombre, la masse. Dans de multiples propos, il semble certes déprécier le rôle du nombre. Pourtant, lorsqu'il se propose de résumer le secret de la victoire, il écrit :

> « À peu d'exceptions près, c'est à la troupe la plus nombreuse que la victoire est assurée. L'art de la guerre consiste donc à se trouver en nombre supérieur sur le point où l'on veut combattre[44]. »

La masse connaît une promotion analogue : d'une façon générale, la capacité de la mettre en mouvement est posée dans

39. Napoléon, *Pensées pour l'action*, recueillies par E. Driault, Paris, PUF, 1943, p. 63.
40. Napoléon, *Maximes*, in : Gérard Chaliand, *Anthologie mondiale de la stratégie*, *op. cit.*, p. 787.
41. Napoléon, *Comment faire la guerre ?*, *op. cit.*, p. 17.
42. Las Cases, *Mémorial...*, *op. cit.*, p. 573.
43. Napoléon, *Comment faire la guerre ?*, *op. cit.*, p. 76.
44. Napoléon, *Maximes*, in : Gérard Chaliand, *Anthologie mondiale de la stratégie*, *op. cit.*, p. 788.

le *Mémorial* comme la marque même du génie. À la guerre, l'usage massif des moyens disponibles est la condition nécessaire du succès : « Le canon, comme toutes les autres armes, doit être réuni en masse si l'on veut obtenir un résultat important[45]. »

Que devient dès lors la notion de force ? Assurément, Napoléon ne sous-estime pas ses constituants « moraux » : « La réputation des armes à la guerre est tout, et elle équivaut aux forces réelles[46]. » À la guerre, dit-il encore, « les trois quarts des affaires sont des affaires morales, la balance des forces n'est que pour un autre quart[47] ». Pourtant, lorsque vient l'épreuve décisive, c'est à un pugilat que Napoléon la compare ; soulignant la simplicité de l'art de la guerre, il écrit :

> « Le plus difficile est de deviner les projets de l'ennemi, de voir le vrai dans tous les rapports qu'on reçoit. Le reste ne demande que du bon sens ; c'est comme un combat à coups de poing : plus on en donne, mieux cela vaut[48]. »

La même image est utilisée pour décrire le rôle de l'artillerie : aujourd'hui, assure le *Mémorial*, « on se bat à coups de canon comme à coups de poing[49] ». Nous sommes loin, on le voit, des élégants duels à fleurets mouchetés où le XVIIIe siècle prétendait se complaire.

Toutefois, le nombre, la masse et le poids sont des éléments en quelque sorte statiques : leur efficacité dépend de l'énergie avec laquelle ils sont mis en œuvre. Il faut donc en venir à la dynamique de la guerre, et nous retrouvons ici les qualités morales ; mais celles qui importent relèvent de la volonté plus que de l'intelligence. Lorsque Napoléon énumère les vertus exigées des gens de guerre, il cite de préférence le caractère ; « la fermeté de caractère et la résolution de vaincre à tout prix » ;

45. Napoléon, *Comment faire la guerre ?*, *op. cit.*, p. 60.
46. *Ibid.*, p. 32.
47. *Ibid.*, p. 55-56.
48. Napoléon, *Maximes*, in : Gérard Chaliand, *Anthologie mondiale de la stratégie*, *op. cit.*, p. 787.
49. Las Cases, *Mémorial...*, *op. cit.*, p. 573.

« l'activité et la ferme résolution de périr avec gloire » ; la confiance en soi ; la vivacité dans l'exécution ; « la rapidité des mouvements et l'impétuosité des troupes[50] », enfin l'audace, dont la place vis-à-vis des calculs est décrite comme suit : « Les calculs sont bons lorsqu'on a le choix des moyens, lorsqu'on ne l'a pas, il est des hardiesses qui enlèvent le succès[51]. » Ce qui compte, c'est la solidité, l'élan, l'ardeur, bien davantage que les talents proprement intellectuels.

Dès lors, le génie guerrier privilégie l'intuition par rapport au raisonnement : le premier atout du stratège est le « coup d'œil » dans lequel se confondent la perception exacte et le jugement sûr. Mais l'aptitude au coup d'œil est innée : en conséquence, « le génie militaire est un don du ciel[52] » et il agit « par inspiration[53] ». Ce qui peut être enseigné – « la tactique, les évolutions, la science de l'ingénieur et de l'artilleur » – est en réalité secondaire ; le véritable art du stratège « ne s'apprend ni dans les livres ni par l'habitude : c'est un tact de conduite qui constitue proprement le génie de la guerre[54] ». Napoléon ira jusqu'à dire à Gourgaud qu'en fait l'expérience ne lui a rien apporté : « J'ai livré soixante batailles, eh bien, je n'ai rien appris que je ne susse dès la première[55]. »

Au total, dit Napoléon, « il faut qu'un homme de guerre ait autant de caractère que d'esprit[56] ». Comprenons que son courage et son talent doivent être égaux ; plus que les quantités absolues, c'est l'équilibre qui importe : « Il faut autant de base

---

50. Napoléon, *Maximes*, in : Gérard Chaliand, *Anthologie mondiale de la stratégie*, *op. cit.*, p. 787 ; *Comment faire la guerre ?*, *op. cit.*, p. 26 ; Las Cases, *Mémorial...*, *op. cit.*, p. 157.

51. Napoléon, *Pensées pour l'action*, *op. cit.*, p. 82.

52. Las Cases, *Mémorial...*, *op. cit.*, p. 143 et 409.

53. Napoléon, *Maximes*, in : Gérard Chaliand, *Anthologie mondiale de la stratégie*, *op. cit.*, p. 787 ; Gourgaud, *Journal de Sainte-Hélène*, in : Jean Tulard (éd.), *Napoléon à Sainte-Hélène*, Paris, Robert Laffont, 1981, p. 502.

54. Napoléon, *Comment faire la guerre ?*, *op. cit.*, p. 17 et 22.

55. Gourgaud, *Journal de Sainte-Hélène*, in : Jean Tulard (éd.), *Napoléon à Sainte-Hélène*, *op. cit.*, p. 543.

56. Napoléon, *Comment faire la guerre ?*, *op. cit.*, p. 19-20.

que de hauteur[57]. » Une telle exigence résulte de la nature double de la guerre, qui est, à la fois et indissolublement, violence et calcul. Le problème du stratège, c'est d'allier ces éléments antagonistes sans qu'ils se neutralisent ou se détruisent l'un l'autre. Entre eux, on avait jusqu'alors assisté à une sorte de jeu à somme nulle : tout progrès de l'un signifiait un recul proportionnel de l'autre. Le génie proprement militaire de Napoléon, c'est d'avoir su déchaîner la violence maximale au service et sous le contrôle de l'intelligence la plus haute.

De la guerre de Trente Ans aux guerres de la Révolution et de l'Empire, telle est donc l'expérience historique qui sert de matériau à la réflexion de Clausewitz ; de Machiavel à Napoléon en passant par Guibert et Frédéric II, telles sont de même les pensées qui forment son héritage intellectuel, au moins dans le domaine de la guerre. On voit bien quels défis cette expérience et cet héritage lui proposent : comment traiter l'infinie diversité des guerres ? Comment définir les rapports qui lient la guerre à la politique ? Au sein même de la guerre, comment, à l'exemple de Napoléon, soumettre la violence au calcul ? Comment conjuguer les élans de la passion et les conjectures du raisonnement ? Comment faire sa place à l'irrationnel et au hasard ? C'est à ces questions que Clausewitz entreprend de répondre lorsqu'il commence la rédaction de *Vom Kriege*.

---

57. Las Cases, *Mémorial...*, *op. cit.*, p. 111.

2

Les définitions de la guerre

Les trois constellations

Comme l'observe Raymond Aron, Clausewitz nous propose trois définitions de la guerre, ou plutôt trois constellations de notions et de thèses concernant la guerre, dont la compatibilité n'est rien moins qu'évidente. La première a pour foyer la proposition selon laquelle l'essence de la guerre est la violence réciproque, le duel, qui, par nature, ne connaît pas de limites et implique nécessairement la montée aux extrêmes (51-55, 17-19). Ce qui est ici posé, c'est le concept « pur » ou « originel » de la guerre, ou encore sa « forme absolue[1] » ; nous sommes donc ici « dans le monde abstrait du pur concept » (55, 21). La deuxième définition est fondée sur la distinction des deux espèces de guerre avancée par Clausewitz dans le texte connu sous le nom d'« Avertissement de 1827 » (42, 8). Cette distinction prend en compte l'expérience et la diversité des guerres en tant que faits historiques. Clausewitz a d'abord fait du duel, de la montée aux extrêmes, l'essence même de la guerre. Mais l'étude des guerres réelles lui montre que, dans de nombreux cas, la guerre n'est pas conforme à son concept ;

1. Concept « pur » (673, 644), « originel » (72, 39) ; « forme absolue » (673 et 675 ; 645).

d'où la distinction introduite entre des guerres qui seraient pures, fidèles à leur essence, et d'autres guerres qui seraient, elles, édulcorées ou abâtardies. D'où provient cette adultération de la guerre ? De la politique. La subordination de la guerre à la diplomatie des États entraîne, en particulier dans une situation d'équilibre, une atténuation ou un affaiblissement de la violence inhérente à la guerre ; dans cette perspective, il y a bien antagonisme, ou tout au moins polarité, entre guerre et politique, qui s'opposent comme la violence au dialogue, la force brutale à la ruse, la démesure à la modération. L'entrée en scène de la politique nous conduit donc à distinguer les « vraies guerres » (230, 196) des fausses, ou tout au moins à conclure que « la guerre peut être quelque chose qui sera tantôt plus et tantôt moins la guerre » (673, 644).

La troisième constellation est organisée autour de deux propositions majeures : celle qui fait de la guerre une « poursuite » (*eine Fortsetzung*) de la politique par d'autres moyens (67, 34) – comme Aron, nous l'appellerons la Formule – et la célèbre « définition trinitaire » :

> « La guerre n'est donc pas seulement un véritable caméléon qui modifie quelque peu sa nature dans chaque cas concret, mais elle est aussi, comme phénomène d'ensemble et par rapport aux tendances qui y prédominent, une étonnante trinité où l'on retrouve d'abord la violence originelle de son élément, la haine et l'animosité, qu'il faut considérer comme une impulsion naturelle aveugle, puis le jeu des probabilités et du hasard qui font d'elle une libre activité de l'âme, et sa nature subordonnée d'instrument de la politique, par laquelle elle appartient à l'entendement pur. Le premier de ces trois aspects intéresse particulièrement le peuple, le second, le commandant et son armée, et le troisième relève plutôt du gouvernement (69, 36). »

La Formule soulève à notre avis deux problèmes majeurs : qu'est-ce que cette politique dont la guerre serait la continuation, et quelle est la nature exacte du rapport désigné par l'expression « continuation par d'autres moyens » ? Dans le langage de Clausewitz, le terme de politique est manifestement polysémique ; il désigne d'abord les relations politiques objectivées, la politique-objet ; il équivaut à ce que l'anglais appelle *politics*. C'est en ce sens que Clausewitz l'emploie lorsqu'il écrit que la politique est « la matrice dans laquelle la guerre se développe » (145, 113). De fait, c'est la vie politique qui produit l'ensemble des facteurs – techniques, économiques, sociaux, juridiques, culturels, moraux – que la guerre met en jeu, l'ensemble des conditions sociales de la guerre.

À s'en tenir à ce premier sens, la Formule n'aurait pas grande portée : elle reviendrait simplement à dire que la guerre, ses origines, son cours, son issue sont déterminés par le rapport des forces en présence, entendant par là les données de toute nature qui interviennent dans le conflit et pèsent sur le plateau de la balance. À son tour, la valeur d'une telle thèse dépend de la manière dont on entend le mot « déterminé » : ou bien il signifie – de façon vague – conditionné, influencé, et la Formule devient alors évidente, banale et stérile ; ou bien il évoque une causalité rigoureuse, un processus de production ou d'engendrement ; la Formule serait alors l'affirmation d'un déterminisme sociologique strict que Clausewitz serait certainement le premier à rejeter, à la fois parce que les « forces morales » se prêtent mal à une estimation précise et parce que le hasard ne saurait être éliminé du déroulement des opérations.

Le mot politique désigne en second lieu la « politique-sujet », l'action politique, la conduite des affaires, la *policy* des Anglais, en tant qu'elle est inspirée par des motifs et guidée par des fins. Dans cette perspective, la politique est définie comme l'« intelligence de l'État personnifié » (68, 35), et les relations politiques, le commerce politique apparaissent comme un rapport entre entités intelligentes. Si la politique y est comprise de cette façon, la Formule traduit dès lors une thèse beaucoup plus ambitieuse. On pourrait en effet imaginer qu'une fois enfantée par la politique-objet la guerre vivrait de sa propre vie indépendante et viendrait se substituer à la politique-sujet, dont elle interromprait le cours. Or, à suivre Clausewitz, il n'en est rien : entre la guerre et la politique-sujet, il existe une relation qui est, non pas d'extériorité – comme entre deux substances différentes – mais d'intériorité : il y a continuité, unité, identité de nature. La guerre utilise certes un moyen qui lui est propre, la violence armée, mais précisément cette violence n'y est qu'un moyen, au service de fins élaborées et fixées par la politique ; en d'autres termes, la guerre « a sa propre grammaire, mais non sa propre logique » (703, 675). Dans la mesure où la guerre est, de par sa nature même, relation politique, elle demeure donc, elle aussi, « soumise à la volonté d'une intelligence conductrice » (68, 34). C'est précisément cette soumission de la guerre à l'intelligence du sujet politique qui, aux yeux de Clausewitz, fonde la rationalité ou l'intelligibilité de la guerre et qui soustrait la guerre à l'irrationnel sous les deux formes qu'il prend dans *Vom Kriege* : l'irrationnel de la passion déchaînée et de la violence aveugle ; l'irrationnel du hasard. Car cette hégémonie de la politique s'étend même à la guerre sous sa forme absolue, à l'entrechoquement sans frein des violences ennemies (68 et 704 ; 35 et 675) ; même alors, en dépit des apparences, le sujet politique demeure aux commandes.

Le primat qui est ici reconnu à la politique revient donc à l'objectif politique, et c'est l'immense variété des objectifs politiques concevables qui rend raison de la diversité – empiriquement constatée – des guerres. La définition trinitaire nous offre une explication un peu différente de cette même diversité : les trois aspects qu'elle distingue – la violence aveugle, la libre activité de l'âme, l'entendement politique – sont autant de « tendances » ou de « foyers d'attraction » entre lesquels la guerre se maintient comme en état de suspension (69, 37). Alain Joxe note à bon droit l'inspiration platonicienne de ce dispositif[2] : façon peut-être pour Clausewitz de suggérer que la guerre – comme la cité – engage tous les hommes et tout l'homme. Nous voudrions insister ici sur un autre trait ; dans la définition trinitaire, nous reconnaissons la mise en œuvre d'une procédure qui nous est désormais familière : l'appel à une

2. Alain Joxe, *Le Cycle de la dissuasion*, *op. cit.*, p. 31-32.

combinatoire pour penser l'hétérogénéité du réel. Plus précisément, la guerre conjugue trois tendances ; celles-ci sont toujours présentes, mais leur poids relatif varie, et selon que l'une ou l'autre est dominante, la guerre prend telle ou telle forme particulière ; ce sont donc les déplacements de la dominante qui expliquent la diversité des guerres.

À présent, qu'est-ce qui explique les déplacements de la dominante ? La réponse ne fait aucun doute : en conformité avec la formule, c'est la politique au double sens du terme – politique-objet et politique-sujet, rapport de forces et enjeux – qui tranche et qui donne à la guerre son caractère concret ; comme le dit Aron, elle apparaît comme « le législateur suprême, seul capable de modérer la violence, mais capable parfois, tout au contraire, de multiplier la violence par la grandeur de l'enjeu[3] ». Si les enjeux sont considérables et la mobilisation intense et massive, c'est le premier élément – la passion, le peuple – qui l'emportera, et nous aurons une guerre de la première espèce ou encore une « vraie guerre » ; si les enjeux sont minces et l'engagement réduit, le troisième élément – l'entendement, le gouvernement – s'imposera, et nous aurons une guerre de la deuxième espèce, une guerre édulcorée. L'hégémonie du second élément – la libre activité de l'âme, le chef de guerre et son armée – produit un type de guerre intermédiaire et instable, susceptible de verser d'un côté ou de l'autre. C'est finalement ce rôle de la politique comme législateur suprême qui nous permet de subsumer sous un concept unique la diversité des guerres réelles[4].

Nous voudrions noter ici une rencontre qui, au premier abord, pourra paraître surprenante. S'interrogeant sur l'infinie diversité des sociétés, Marx opère la même distinction entre, d'un côté, une instance dominante qui donne à la société sa structure spécifique et qui change d'une société à l'autre, et, de

3. Raymond Aron, *Penser la guerre : Clausewitz*, 2 vol., Paris, Gallimard, 1976, I, p. 457.

4. *Ibid.*, I, p. 140 et 175.

l'autre côté, une instance déterminante qui décide de l'identité en chaque cas de la dominante :

> « Je saisis cette occasion pour dire quelques mots d'une objection qui m'a été faite par un journal allemand-américain [...]. Suivant lui, mon opinion que le mode déterminé de production et les rapports sociaux qui en découlent, en un mot que la structure économique de la société est la base réelle sur laquelle s'élève ensuite l'édifice juridique et politique, de telle sorte que le mode de production de la vie matérielle domine en général le développement de la vie sociale, politique et intellectuelle – suivant lui, cette opinion est juste pour le monde moderne dominé par les intérêts matériels, mais non pour le Moyen Âge où régnait le catholicisme, ni pour Athènes et Rome où régnait la politique [...]. Ce qui est clair, c'est que ni le premier ne pouvait vivre du catholicisme, ni la seconde [l'Antiquité] de la politique. Les conditions économiques d'alors expliquent au contraire pourquoi là le catholicisme et ici la politique jouaient le rôle principal[5]. »

Bien entendu, de Clausewitz à Marx, les mêmes rôles ne sont pas joués par les mêmes acteurs, mais le montage est identique. Nous trouverons chemin faisant d'autres exemples de ce voisinage inattendu.

Le rapport entre les trois constellations

Le problème qui nous est à présent posé est celui du rapport entre les trois constellations. Dans un texte qui sera par la suite désigné du titre de « Note finale » et que Clausewitz a rédigé durant la dernière période de sa vie, on découvre le jugement suivant : « Le premier chapitre du livre I est le seul que je considère comme achevé » (44, 10). Or ce premier chapitre s'achève

5. Karl Marx, *Le Capital*, 8 vol., Paris, Éditions sociales, 1957-1959, I, p. 93 n. Édition allemande : *Das Kapital*, 3 vol., Berlin, Dietz Verlag, 1951, I, p. 96 n.

précisément par la Formule et la définition trinitaire ; Aron en tire argument pour affirmer que celles-ci représentent l'état ultime de la pensée de Clausewitz ; avec elles, sa doctrine serait parvenue à maturité. Mais comme la mort n'a pas laissé à l'officier prussien le temps de réviser entièrement son manuscrit, les deux premières constellations demeurent présentes dans l'ouvrage, et le problème devient donc de savoir quel sort leur réserver, quel statut leur attribuer au regard des thèses énoncées dans le chapitre premier du livre I, retenues comme seules intégralement valides.

En ce qui concerne la première – la guerre comme duel, la montée aux extrêmes, le principe d'anéantissement, la primauté du combat –, la question est apparemment tranchée par Clausewitz lui-même dans le chapitre premier du livre I : on l'a vu, la définition de la guerre comme duel y est rejetée du côté du concept par opposition à la réalité (55, 56 et 59 ; 21, 23 et 25). Aron commente abondamment cette thèse ; selon lui, la définition de la guerre comme duel n'est pertinente que dans le « monde des concepts », l'« abstraction » ou encore le « monde idéal » ; dès lors, la guerre comme duel est déclarée « irréelle[6] ». Du coup, elle se trouve en quelque sorte « mise entre parenthèses » : pour Aron, la notion de guerre absolue relève de la philosophie, non de la sociologie ni de l'histoire. Entre la première et la troisième constellation passe donc la frontière entre le concept et la réalité. Nous aurons cependant à nous demander si Aron et Clausewitz conçoivent bien de la même manière le rapport entre ces deux termes, et si l'appartenance du concept au monde de l'abstraction suffit à le priver de toute efficacité dans le monde du concret.

La deuxième constellation, la distinction entre « vraies » et « fausses » guerres, ou encore entre guerres de renversement et guerres d'observation, désigne bien, elle, l'univers de la réalité,

6. Raymond Aron, *Penser la guerre…*, *op. cit.*, I, p. 121 et II, p. 310 (« le monde des concepts ») ; I, p. 112, 179 et 296 ; II, p. 310 (« l'abstraction ») ; I, p. 119 et 297 (« le monde idéel ») ; I, p. 143 et 426 (« irréelle »).

le champ de l'expérience historique. Mais elle reste encore marquée par la première constellation dans la mesure où Clausewitz continue d'y regarder les guerres de la première espèce ou guerres de renversement comme les seules guerres authentiques. À partir du moment où la guerre comme telle est posée comme un acte politique, comme la continuation de la politique avec d'autres moyens, toutes les guerres sont équivalentes au regard d'une telle définition. Dans la mesure où la distinction des deux espèces de guerre s'accompagne d'une discrimination entre celles-ci, elle ne peut plus être conservée telle quelle : sur ce point au moins, la troisième constellation nous oblige à la remanier. Cela implique qu'entre la guerre absolue – la guerre comme duel – de la première constellation et la guerre de la première espèce – la guerre de renversement – de la deuxième constellation, il y a une différence irréductible qu'Aron souligne avec beaucoup d'insistance : la guerre absolue ne saurait se confondre avec la guerre de première espèce, et celle-ci n'est pas la « présence réelle » de la guerre absolue : entre elles, il y a, de nouveau, la distance qui sépare le concept de la réalité.

Au total, pour juger si les trois constellations sont compatibles et forment un ensemble cohérent, il nous faut examiner la manière dont Clausewitz entend la nature et le rôle du concept, ainsi que la relation qu'il entretient avec l'expérience et avec le réel.

Du concept au réel

Le problème qu'affronte Clausewitz est tout à fait classique : comment penser de façon unifiée la diversité infinie des phénomènes, comment rassembler sous une description unique la variété illimitée de l'expérience ? La définition usuelle du concept ne nous serait ici d'aucune utilité ; selon cette définition, le concept est formé par l'assemblage de quelques traits communs à tous les individus d'une même classe, et il est le produit d'une opération d'abstraction effectuée sur ces individus. Mais, ici, la diversité des guerres réelles parcourt la totalité de la gamme des contraires : un concept qui ne serait composé que de traits communs serait donc d'une extrême pauvreté. Clausewitz procède autrement ; il se place délibérément aux extrémités de la gamme des contraires, et c'est à partir de ces limites qu'il analyse le champ de l'expérience :

> « Nous devons faire remarquer une fois de plus que, pour donner à nos conceptions de la clarté, de la précision et de la vigueur, nous avons adopté chaque fois les points de vue les plus radicalement opposés, c'est-à-dire extrêmes, mais que le fait concret de la guerre se situe presque toujours à mi-chemin, et à partir de cet extrême, on ne le domine que dans la mesure où il s'en rapproche » (599, 575, traduction revue).

En ce qui concerne la guerre, les deux extrêmes sont, d'un côté, la guerre absolue, de l'autre, la simple observation armée. En effet, la guerre appartient au genre des relations politiques, mais, à l'intérieur de celui-ci, le recours à la violence constitue sa différence spécifique. La présence ou l'absence de la violence, ou plus précisément son déchaînement sans frein ou sa quasi-disparition forment donc les deux bornes qui circonscrivent le champ de l'expérience guerrière. Du point de vue de l'analyse, toutefois, ces deux bornes ne sont pas équivalentes ; l'une est le pôle positif, l'autre le pôle négatif, et c'est au pôle positif qu'il faut se placer pour examiner les guerres réelles : chacune d'elles peut être caractérisée par l'écart ou la distance qui l'en sépare. Bref, en tant que concept limite, la guerre absolue joue le rôle d'un étalon qui nous permet de mesurer les guerres réelles et de les ordonner selon la part qu'elles font à la violence.

Entre la guerre absolue et les guerres réelles surgit donc une faille plus ou moins large, et nous pouvons nous interroger sur les causes qui la produisent. Clausewitz prend d'abord en considération l'action de certains « contrepoids internes » (*innewohnende Gegengewichte*), c'est-à-dire inhérents à la guerre en tant que telle (52, 228 et 594 ; 18, 195 et 568). Trois observations sont ici décisives : en premier lieu, la guerre – toute guerre – est faite par des hommes, avec leurs qualités et leurs faiblesses, leur psychologie, leur caractère ; en deuxième lieu, la guerre commence à l'initiative de l'une des parties en présence ; elle implique donc une distinction principielle entre l'attaque et la défense ; en troisième lieu, la guerre suppose par définition le recours à la force et l'échange des coups : elle se déroule donc dans le « milieu » ou dans l'« élément » de la violence. De ces trois constats nous pouvons déduire l'existence de trois mécanismes intérieurs de freinage, de trois « principes de retardement » (*retardierende Prinzipe*, 228, 195), qui agissent encore une fois sur toute guerre réelle et qui éloignent donc la guerre de sa forme absolue. Le premier tient à la nature humaine, considérée dans ses aspects affectifs aussi bien qu'intellectuels ; Clausewitz met ici en cause « le naturel craintif, l'indécision propre à l'esprit humain, sorte de pesanteur morale qui est due [...] à la crainte du danger et des responsabilités » (228, 195) ; il invoque également « l'imperfection de l'entendement et du jugement humains, imperfection plus marquée en guerre que n'importe où, car la situation exacte dans laquelle on se trouve à chaque instant est mal connue, et celle de l'ennemi ne se laisse deviner qu'à travers le voile de certaines conjectures » (229, 195). Le second contrepoids est lié à la dissymétrie entre l'attaque et la défense. Pour Clausewitz, on le sait, la défensive est la forme la plus forte de la guerre. Nous aurons l'occasion de revenir longuement sur l'avantage que possède ainsi d'emblée le défenseur, sur ses causes et sur ses effets ; qu'il nous suffise de noter ici que, pour le compenser, l'attaquant a besoin d'une supériorité numérique, matérielle et/ou morale qu'il est malaisé d'évaluer, mais qui est en tout état de cause significative ; tant qu'il ne l'a pas atteinte, il est condamné à l'expectative, et les hostilités s'en trouvent atténuées d'autant.

Intervient enfin et surtout le « milieu » que la guerre produit et dans lequel elle s'accomplit. Selon Clausewitz, il est formé de quatre composantes : « le danger, l'effort physique, l'incertitude et le hasard » (89, 58). Le danger, proportionnel à l'intensité du feu, engendre la peur, qui se traduit par la paralysie ou, au contraire, par la fuite, et la tâche de la tactique consiste pour l'essentiel à inventer les modes d'organisation et d'action qui permettront de vaincre la peur. Par l'effort physique, il faut entendre aussi bien la tension nerveuse née du combat que la fatigue entraînée par les marches ; ainsi la guerre produit sur ceux qui la font un effet d'usure qui ralentit les déplacements et amortit les chocs ; cette usure agit comme une sorte de gangue où l'élan et l'énergie viennent se diluer et se perdre. On sait au reste que l'irruption d'une réserve de troupes « fraîches » suffit bien souvent à décider du sort d'une bataille.

L'incertitude, on l'a vu, ne tient pas seulement à l'ignorance où nous sommes des intentions et des ressources de l'ennemi ; elle porte aussi sur notre propre situation. La guerre se déploie dans l'espace et dans le temps, et il n'existe pas de point de vue privilégié d'où l'on pourrait la saisir simultanément et immédiatement sous tous ses aspects ; il faut toujours que des informations soient transmises, avec tous les risques de déperdition et d'erreur que de telles opérations impliquent. Dès lors :

> « La grande incertitude de toutes les données constitue une difficulté particulière de la guerre, car toute action s'accomplit pour ainsi dire dans une sorte de crépuscule qui confère souvent aux choses comme un aspect nébuleux ou lunaire, une dimension exagérée, une allure grotesque » (133, 100).

Ailleurs, Clausewitz parlera de « tâtonnements dans les ténèbres » (530, 498). Du coup, il n'est pas à la guerre de décision prise en toute connaissance de cause : « Les actes ne reposent jamais que sur des vérités conjecturées ou pressenties » (95, 64) ; ils sont donc toujours accompagnés d'un doute, que seules la résolution et la fermeté d'âme peuvent neutraliser. Enfin, le hasard vient multiplier l'incertitude (86 et 110 ; 54.5 et 78). À l'époque de Clausewitz, il intervient souvent par le biais des caprices de la météorologie, mais bien d'autres brèches s'ouvrent à travers lesquelles il peut faire irruption et perturber les plans les mieux établis. C'est l'une des principales vertus du chef de guerre que d'être toujours prêt à rencontrer l'inattendu, soit pour s'y adapter, soit, au contraire, pour refuser d'en tenir compte et poursuivre sur la voie initialement choisie.

Pour décrire les effets produits par l'élément dans lequel baigne la guerre, Clausewitz recourt à plusieurs métaphores. « L'action en guerre – dit-il par exemple – est un mouvement qui s'effectue dans un milieu aggravé par les difficultés. Tout comme on est incapable d'exécuter dans l'eau avec facilité et précision un mouvement aussi simple et naturel que la marche, on est incapable en guerre d'assurer la marche des choses, même à une allure moyenne, à l'aide de forces ordinaires » (110, 78). Mais c'est à la mécanique que Clausewitz emprunte son image de prédilection, celle de la « friction ». Lorsqu'une machine accomplit un certain travail, une partie de l'énergie dépensée est absorbée par les frottements intérieurs et extérieurs, en sorte que le rendement réel est toujours inférieur au rendement théorique. Il en va de même à la guerre ; l'armée peut être comparée à une machine dont les rouages sont en dernière analyse formés par des individus, et chacun de ceux-ci est une occasion de frottement, puisque, si modeste que soit son rôle, il est toujours susceptible de s'en écarter pour une raison ou pour une autre. Certes, l'exercice et la discipline ont pour fonction de créer les automatismes qui réduiront les frottements à un minimum ; mais il subsistera un résidu incompressible qui ne sera jamais quantité négligeable. Par ailleurs, l'armée est nécessairement un corps différencié, composé d'ensembles distincts, eux-mêmes subdivisés en parties hiérarchisées ; elle est donc parcourue par des chaînes de commandement qui lui servent de système nerveux ; le long de ces chaînes, les informations circulent dans un sens – en règle générale de bas en haut – et les ordres dans l'autre, mais on peut affirmer de celles-là ce que Clausewitz dit de ceux-ci :

> « Chaque échelon hiérarchique qu'un ordre doit franchir affaiblit cet ordre de deux manières : d'abord par la perte de force qu'entraîne l'échelon supplémentaire, ensuite par le supplément de temps que nécessite la transmission de l'ordre » (324, 286).

De ces remarques Clausewitz tire un enseignement décisif : « Dans la guerre, tout est très simple, mais la chose la plus simple est difficile » (109, 77), et la friction est précisément « ce qui rend difficile tout ce qui paraît facile » (111, 79). En conséquence, l'armée ne saurait venir à bout de la friction que par un surcroît d'efforts, une dépense d'énergie supplémentaire, qu'il n'est jamais possible de déterminer exactement à l'avance, en raison de la part d'incertitude et de hasard qu'elle contient. Par ailleurs, l'obstacle de la friction exige du chef de guerre des qualités particulières ; on l'a vu, l'une des formes qu'elle prend est le caractère contradictoire et changeant des informations sur lesquelles repose la décision. Il y a là une donnée de fait que nul service de renseignement, si efficace soit-il, ne saurait éliminer complètement ; au reste, Clausewitz est très sceptique sur l'utilité de semblables services (107, 201 et 298 ; 75, 168 et 259-260[7]) ; en outre, il est le plus souvent vain et dangereux d'attendre jusqu'à ce que les brumes se dissipent. C'est donc en lui-même que le chef doit trouver de quoi remédier à cette situation :

> « En guerre, le chef d'un vaste ensemble se trouve constamment pris dans les remous d'informations fausses et exactes, de fautes commises par crainte, par négligence ou par précipitation, d'actes d'insubordination dus à une opinion juste ou fausse, à la mauvaise volonté, au sentiment du devoir bien ou mal interprété, à la paresse ou à l'épuisement, aux hasards auxquels personne n'avait songé. Bref, il est exposé à cent mille impressions dont la plupart sont inquiétantes et quelques-unes seulement encourageantes. Une longue expérience de la guerre permet d'acquérir cet instinct grâce auquel ces phénomènes sont rapidement mesurés à leur juste valeur ; il suffit de courage et de force de caractère pour leur

7. David Kahn, *Clausewitz and Intelligence*, in : Michael I. Handel (ed.), *Clausewitz and Modern Strategy*, Londres, Franck Cass, 1986, p. 117.

résister comme le roc résiste aux vagues de la mer[8] » (201, 168).

Par ailleurs, la friction est aussi faite de privations, de fatigues et de souffrances, et ses manifestations visibles frappent d'abord la sensibilité et l'imagination ; or « les impressions transmises par les sens sont plus fortes que les conceptions dues au calcul de la réflexion » (108, 76) ; seuls le sang-froid et la résolution du chef peuvent donc imposer ces dernières. Au total, dans un environnement où tout est mobile, incertain ou trompeur, la force d'âme du chef est l'une des rares et peut-être la principale des grandeurs constantes sur lesquelles il peut faire fond dans ses raisonnements.

Dans la théorie de Clausewitz, la notion de friction et, plus généralement, celle de « contrepoids interne » remplissent deux fonctions. D'une part, elles rendent compte de l'écart irréductible qui, en guerre, sépare l'intention de l'action et la conception de l'exécution. Bien entendu, les initiatives et les réactions de l'ennemi viennent creuser cet écart, mais même une complète passivité de sa part ne suffirait pas à l'éliminer tout à fait. D'autre part, ce sont les frictions et les contrepoids internes qui distinguent les incarnations réelles de la guerre de sa forme absolue ; ils agissent nécessairement comme des freins, et leur effet est d'autant plus sensible que l'énergie dépensée est plus grande. Nous voudrions souligner ici que la portée de ces analyses s'étend bien au-delà du domaine limité de la guerre. Certes, le danger provoqué par le feu et la peur qu'il engendre tiennent bien au caractère spécifique de l'activité guerrière, l'usage de la violence armée ; en revanche, l'inquiétude devant l'avenir, la crainte des responsabilités et l'indécision qu'elles entraînent, les vicissitudes que subissent les informations et les ordres au fur et à mesure de leur transmission, tous ces troubles affectent toutes les organisations sociales et toutes leurs

8. La même métaphore – le roc en butte à l'assaut des vagues – est utilisée au chapitre 6 du livre I à propos du caractère flou et trompeur des renseignements (108, 76).

entreprises. « Le pouvoir, c'est l'impuissance ! » : si l'on en croit la légende, telle est la confidence désabusée qu'une longue expérience aurait inspirée au général de Gaulle. C'est que tout mouvement et tout changement souffrent – en quelque sorte par essence – du frottement ; seule une parfaite immobilité permettrait d'y échapper ; or elle n'est guère concevable : même si mon dessein n'est que de conserver, il m'oblige à réagir – donc à agir –, ne serait-ce que pour faire échec aux tentatives de modifier le *statu quo*. Le frottement apparaît ainsi comme l'une des formes privilégiées que prend le principe d'inertie lorsqu'il est appliqué à la mécanique sociale.

La guerre absolue : fiction ou possibilité réelle ?

Les guerres réelles sont également soumises à des « influences étrangères » (*fremdartige Einflüsse*, 689, 661), c'est-à-dire extérieures au champ propre de la guerre. On l'a vu, la guerre est à la fois un instrument et une continuation de la politique ; à ces deux titres, elle est une partie à l'intérieur d'un tout, un élément au sein d'un système, lesquels la déterminent en modifiant ses caractères spécifiques. Plus précisément, la politique-objet est matrice de la guerre ; c'est elle qui décide de l'ampleur des effectifs mobilisés, de l'armement dont ils disposent, des ressources de toute nature qu'ils pourront utiliser, etc. Quant à la politique-sujet, elle fixe à la guerre des objectifs, et ceux-ci donnent à leur tour au conflit sa qualité particulière ; notamment, l'intensité de l'affrontement est proportionnelle à l'importance des enjeux (59, 72 et 671 ; 26, 40 et 642). Entre les « contrepoids internes » et les « influences étrangères », il y a donc une différence capitale : alors que les premiers agissent exclusivement comme des freins et viennent toujours éloigner la guerre de sa forme absolue, il n'en est pas de même des secondes ; parfois la politique intervient comme un « principe modérateur » (*ein ermäßigendes Prinzip*, 702, 673) ; ses effets s'ajoutent donc à ceux des contrepoids internes pour atténuer la violence native de la guerre ; parfois, au contraire, elle joue le rôle d'un accélérateur, et elle rapproche la guerre de son concept ou de sa limite ; en d'autres termes, elle ouvre elle-même la voie à la guerre absolue.

Quelles sont alors les causes et les situations politiques qui favorisent cet avènement de la guerre absolue ? La grandeur de l'enjeu accroît, avons-nous dit, la vivacité de l'affrontement : dès lors que dans le conflit se joue l'indépendance ou la survie d'un peuple ou d'un État, il est naturel que la violence se déchaîne en brisant les digues qui lui sont opposées ; lorsqu'il est question de vie ou de mort, la montée aux extrêmes est une conséquence logique, puisque, en tout état de cause, la mort figure à l'horizon des possibles. En second lieu, il existe une action réciproque entre la fin et les moyens ; l'importance de la fin, on vient de le voir, détermine l'ampleur des moyens engagés ; mais, en retour, le moyen spécifique de la guerre – la violence armée – n'est ni neutre ni inerte. Certes, la politique demeure du commencement à la fin du procès guerrier la législatrice suprême, mais dans le cadre de cette hégémonie maintenue se produit une réaction des moyens sur la fin dont Clausewitz reconnaît très explicitement la vigueur. Après avoir affirmé que la guerre reste constamment « soumise à la volonté d'une intelligence conductrice » (66, 34), il ajoute :

> « Mais le but politique (*der politische Zweck*) n'est pas un législateur despotique ; il doit s'adapter à la nature du moyen, et par ce biais il est souvent entièrement transformé ; pourtant il demeure toujours ce qui doit être considéré en premier lieu. La politique pénétrera donc l'acte de guerre tout entier et exercera sur lui une influence permanente pour autant que le permet la nature des forces qui explosent en lui » (66-67, 34).

Or cette action en retour du moyen ne signifie pas seulement que la guerre ne peut pas être utilisée en vue de n'importe quelle fin – ce qui, après tout, ne serait qu'une affirmation de bon sens ; elle indique surtout que la guerre peut nous entraîner là où, initialement au moins, nous ne voulions pas aller, ainsi qu'un cheval emballé peut emporter son cavalier. Cette éventualité d'un « emballement » de la guerre implique-t-elle que celle-ci puisse s'affranchir de la tutelle de la politique ? Formellement, non, car l'emballement se traduit par l'adoption de nouveaux buts de guerre.

La transformation des fins politiques du conflit est d'abord due au déroulement même des hostilités, aux succès remportés ou aux échecs subis (73, 40) ; toutefois, il n'y a encore là qu'une idée banale : tout acteur intelligent corrige son comportement en fonction des résultats obtenus, et ajuste ses buts à ces résultats. Mais Clausewitz avance une seconde proposition dont la portée est beaucoup plus grande : l'utilisation même de la violence et en quelque sorte son accumulation peuvent entraîner une modification des fins politiques dans le sens de leur radicalisation : « Quand cette haine nationale fait défaut et que l'acharnement n'existe pas à l'origine, le sentiment hostile s'allume à la faveur du combat lui-même, car une violence exercée contre nous par ordre supérieur nous incite à la revanche, à la vengeance contre celui qui agit plus encore que contre celui qui lui ordonne d'agir » (131, 97).

Cette proposition laisse-t-elle intacte la thèse d'une souveraineté permanente des fins ? Cela n'est pas sûr ; car ou bien l'on admet que le procès de modification s'arrête à un moment donné devant une limite inhérente, si l'on peut dire, à son propre contenu, et que, dans l'escalade de la violence, il y a un seuil immanent qui ne saurait en tout état de cause être franchi : les fins conserveraient alors une hégémonie effective ; ou bien l'altération des fins par les moyens peut se poursuivre indéfiniment ; la violence peut donc imprégner toujours plus profondément la sphère des fins ; dans ces conditions, l'hypothèse d'un déchaînement illimité de la violence – autrement dit l'hypothèse de la guerre absolue – retrouverait un caractère plausible, puisque la souveraineté des fins serait alors devenue purement formelle.

Or rien dans le texte de Clausewitz ne vient suggérer l'idée d'une telle « autolimitation » de la violence. L'étalement des hostilités dans le temps, le rôle des hasards et des frictions interdisent bien que la violence atteigne d'emblée son intensité maximale comme en une sorte d'explosion, mais, pris en eux-mêmes, ces facteurs n'assignent pas de limite absolue à un déploiement de la violence qui serait progressif. Bref, Clausewitz affirme certes, à plusieurs reprises, que la montée aux extrêmes ne se produit pas dans la réalité, mais la seule raison invoquée est finalement cet empire que la politique est censée conserver. En droit, nous pouvons lui accorder ce dernier point. Mais à partir du moment où il est admis que la violence peut en quelque sorte pervertir la politique et la corrompre jusqu'en son tréfonds, que reste-t-il, en fait, de la barrière que celle-ci oppose à la montée aux extrêmes ? Cette barrière ne devient-elle pas une simple fiction privée de toute efficacité, une forme privée de tout contenu ?

Un troisième facteur intervient : l'importance de l'enjeu et la réaction du moyen sur la fin favorisent l'implication du peuple dans la guerre, et son entrée en scène encourage à son tour le déchaînement de la violence et la montée aux extrêmes. Revenons à la « définition trinitaire » ; son premier terme est « la violence originelle [...], la haine et l'animosité qu'il faut considérer comme une impulsion naturelle aveugle » (69, 36) ; or violence et haine sont liées à l'immixtion du peuple dans le conflit. C'est lui qui est assujetti aux passions qui vont s'embraser durant les hostilités ; son irruption sur le champ de bataille entraîne donc une radicalisation de la guerre, qui en accroît la brutalité et la sauvagerie et la rapproche ainsi de la guerre absolue (551 et 688 ; 521 et 660).

Du coup, nous pouvons tenter de découvrir, au sein de la politique-objet, c'est-à-dire dans le champ des rapports politiques, des situations qui autoriseraient ou provoqueraient le déferlement sans frein de la violence et qui aboutiraient en conséquence à une suspension au moins temporaire de la régulation modératrice du calcul politique. De fait, dans divers passages de son livre, Clausewitz fixe lui-même des limites à sa thèse sur la soumission de l'action de guerre au calcul. En premier lieu, elle ne s'applique qu'aux guerres qui éclatent entre pays « civilisés » (*gebildet*) (52, 60 ; 18, 33). Lorsque

Clausewitz veut évoquer des peuples barbares, il cite le cas des hordes tartares (680, 684, 685-686 ; 651, 655, 657). Cet exemple peut nous apprendre *a contrario* ce que signifie pour lui cette référence à la civilisation. Chez les Tartares, le peuple, l'armée et le gouvernement sont encore confondus et ne forment qu'un seul bloc indivis ; la passion est donc toute-puissante ; les peuples civilisés sont en revanche dirigés par des États, et leur armée forme une entité distincte. Entre les peuples qui en bénéficient, la civilisation implique, par ailleurs, un degré minimal d'homogénéité sociale et culturelle et, par conséquent, la possibilité de se comprendre et de communiquer. Là où ces conditions sont réalisées, les analyses de Clausewitz – et notamment la thèse de la suprématie du calcul – trouvent une application. Lorsque, en revanche, elles ne sont pas remplies, la violence peut se déchaîner et elle est aveugle ; en effet, l'inégalité et l'hétérogénéité des adversaires font qu'ils ne se limitent pas l'un l'autre : au poids de l'un ne s'oppose chez l'autre aucun contrepoids ; la violence peut donc se répandre librement. Par ailleurs, en l'absence de communication entre eux, les antagonistes sont incapables de se jauger et de se comprendre : ils se combattent donc, au sens propre du terme, « à l'aveuglette ».

En suivant une suggestion d'Éric Weil[9], on peut tenter d'étendre les remarques qui précèdent aux cas où il existe entre les belligérants une différence qui concerne à la fois la nature des forces sociales au pouvoir, l'organisation de l'État et le régime politique, et enfin l'idéologie dominante, les valeurs hégémoniques. Lorsqu'un principe révolutionnaire triomphe dans un État, la violence sans frein peut se déchaîner entre ce dernier et ses voisins restés fidèles à l'ordre ancien, justement parce que, entre eux, il y a désormais à la fois déséquilibre patent et rupture de la communication.

9. Éric Weil, *Essais et Conférences*, *op. cit.*, vol. II, p. 245-246.

Un certain nombre de textes de Clausewitz vont effectivement dans ce sens. Considérons, par exemple, son analyse des guerres de la Révolution française :

> « Une force dont personne n'avait eu l'idée fit son apparition en 1793. La guerre était soudain redevenue l'affaire du peuple, et d'un peuple de trente millions d'habitants qui se considéraient tous comme citoyens de l'État [...]. La participation du peuple à la guerre, à la place d'un Cabinet ou d'une armée, faisait entrer une nation entière dans le jeu avec son poids naturel. Dès lors, les moyens disponibles, les efforts qui pouvaient les mettre en œuvre, n'avaient plus de limites définies ; l'énergie avec laquelle la guerre elle-même pouvait être conduite n'avait plus de contrepoids, et par conséquent le danger pour l'adversaire était parvenu à un extrême » (687, 658-659).

Dans des situations comme celles-là, l'inégalité dramatique des forces et l'interruption de la communication entraînent en quelque sorte mécaniquement le déferlement de la violence et la montée aux extrêmes, quelles que soient les intentions des partenaires et les fins politiques qu'ils se sont fixées. Du même coup, l'acte de guerre échappe à la législation du calcul ; celle-ci ne retrouve son autorité qu'à partir du moment où le principe révolutionnaire s'est étendu à l'ensemble des partenaires et où un certain équilibre a été restauré, sans doute à un degré supérieur de violence.

Clausewitz paraît avoir écarté de son analyse un second type de conflit : la guerre civile. On en a un indice dans le fait suivant : au livre VIII, il esquisse un inventaire historique des principaux affrontements qui se sont succédé, de l'Antiquité grecque et romaine à l'Empire napoléonien ; or cet inventaire ne comprend aucune guerre civile, alors qu'auraient pu être citées la guerre des paysans en Allemagne et les guerres de Religion en France et en Angleterre. Ce silence s'explique dans la mesure où Clausewitz s'intéresse avant tout aux conflits qui opposent des États. Pourtant, la guerre civile présente pour notre propos une importance spécifique ; en effet, elle est tout particulièrement régie par le principe d'anéantissement et elle se prête moins que toute autre au compromis. Quand deux factions ou partis irréconciliables se disputent le pouvoir sur un même territoire ou sur un même peuple, il faut nécessairement que l'un cède la place et s'efface ; en pareil cas, l'objectif politique (*Zweck*) et le but militaire (*Ziel*) se confondent ; la défaite militaire de l'un des deux camps entraîne *ipso facto* sa disparition politique[10].

Cette situation dans laquelle chacun des adversaires en présence ne peut se proposer que l'anéantissement de l'autre doit être comparée à la précédente, que marquait l'hétérogénéité des termes opposés. Tout à l'heure, c'était l'ampleur de l'écart entre les antagonistes qui provoquait le déchaînement de la violence ; à présent, c'est au contraire l'intime proximité des combattants, leur appartenance à une même communauté historique, linguistique, culturelle, qui rendent leur affrontement inexpiable. Les guerres étudiées par Clausewitz se placent sur une voie médiane entre ces deux extrêmes de l'éloignement et de la proximité : à la fois nettement distincts et relativement semblables, les États de Clausewitz peuvent se livrer une guerre réglée par le calcul.

Par ailleurs, d'un cas à l'autre, l'irruption de la violence s'explique par une cause différente. Dans le premier, c'était la politique-objet qui provoquait de façon quasi automatique le déferlement de la violence. Ici, c'est au contraire la politique-sujet – en l'occurrence les chefs des deux camps – qui renonce en quelque sorte d'elle-même au calcul, et donne de son propre mouvement la primauté à la violence, en se plaçant dans une position où, encore une fois, la fin politique – l'anéantissement de l'adversaire – ne se distingue plus de l'objectif militaire. En pareil cas, en effet, le calcul ne peut plus infléchir la conduite des opérations, puisque, entre politique et guerre, il n'y a plus ni distance ni différence.

10. Raymond Aron, *Penser la guerre...*, *op. cit.*, II, p. 114.

Dans les situations que nous venons de passer en revue, soit du fait des dissymétries inscrites dans la politique-objet, soit en raison des renoncements dont la politique-sujet est capable, l'élément de violence pure qui fait partie de la définition trinitaire se trouve – pour reprendre le terme même dont se sert Clausewitz – « libéré » (*befreit* ou *losgelassen*, 673, 688 ; 645, 660). Du même coup, la guerre se rapproche de sa forme absolue et finit même par la rejoindre. Elle s'en rapproche chaque fois que la grandeur de l'enjeu impose un engagement massif de toutes les forces disponibles et l'adoption d'une stratégie de destruction de l'armée ennemie (67, 598, 677-678, 709 ; 35, 373, 648, 681). Un tel mouvement ne pose pas de problème majeur aux interprètes de Clausewitz : on peut penser que sont ici visées, dans la distinction des deux espèces de guerre, les guerres de première espèce tendant au renversement de l'ennemi, et dans la définition trinitaire, les guerres dans lesquelles l'élément de la violence exerce une influence prédominante. En tout état de cause, un simple processus de rapprochement laisse subsister un espace dans lequel l'intelligence calculatrice peut s'introduire et continuer d'imposer sa régulation.

En revanche, Clausewitz déclare expressément que, dans certains cas – les exemples cités sont le plus souvent empruntés aux affrontements de l'ère révolutionnaire ou impériale –, la guerre réelle rejoint ou atteint sa forme absolue, caractérisée par la montée aux extrêmes et le duel à mort (228, 672, 673, 689 et 704 ; 194, 643, 644, 661 et 676). En d'autres termes, il affirme très catégoriquement la possibilité d'une adéquation ou d'une identité entre guerre réelle et guerre absolue. Celle-ci appartient donc à notre monde, elle est inscrite à notre horizon comme l'une des figures éventuelles de notre destin.

Raymond Aron : le choix de l'optimisme

En ce point de notre itinéraire, nous ne pouvons plus faire l'économie d'une confrontation avec l'interprétation de

Raymond Aron, dont la thèse principale est justement que la guerre absolue est toujours abstraite et irréelle. Au regard d'une telle thèse, les formules que nous venons de rappeler concernant la possibilité d'une identité entre guerre réelle et guerre absolue constituent, au moins à première vue, une difficulté majeure. Pour la surmonter, Aron recourt à ce que nous appellerons l'argument de la « coupure ». Tenant à maintenir le caractère irréel de la guerre absolue, il souligne que ces formules appartiennent toutes à des chapitres rédigés avant la version finale du chapitre premier du livre I, déclarée seule achevée et définitive par Clausewitz : il les juge donc périmées et non pertinentes. Mais l'argument de la coupure ne saurait être utilisé de façon occasionnelle et sélective : ou bien on l'applique à tous les textes écrits avant cette version finale, et, en ce cas, seule celle-ci subsiste et doit être prise en considération ; ou bien il faut renoncer à s'en servir. Comme nous l'avons déjà suggéré, il nous semble que, plus profondément, la divergence tient à la manière différente dont Aron et Clausewitz entendent la nature du concept et le rapport qu'il entretient avec la réalité.

On l'a vu, Aron souligne le caractère irréel, fictif, abstrait du concept de guerre absolue, et introduit ainsi une différence irréductible entre la guerre absolue, appartenant au monde idéel, et la guerre de première espèce, appartenant au monde réel. Mais de telles qualifications – irréel, fictif, abstrait – n'opèrent qu'une détermination négative : elles nous indiquent ce que le concept n'est pas ; elles ne nous éclairent pas sur ce qu'il est. À s'en tenir là, on pourrait d'ailleurs s'interroger sur son sens et sur sa fonction : s'il ne désigne aucune réalité, à quoi sert-il ? Aron a bien perçu la difficulté, et il s'efforce de décrire de façon positive le statut du concept de guerre absolue. Malheureusement, l'entreprise ne va pas sans certains flottements. Donnons quelques exemples.

Il n'y a pas de commune mesure entre guerre absolue et guerre de première espèce. Sans doute, mais il existe pourtant entre elles une « affinité[11] ». De même, Aron rappelle

11. Raymond Aron, *Penser la guerre...*, *op. cit.*, I, p. 409.

d'ordinaire que, pour Clausewitz, la guerre absolue est irréelle, mais il est parfois moins catégorique. Qu'on en juge : « Du contraste entre les guerres d'ancien régime et les guerres d'aujourd'hui, Clausewitz tira *finalement* une conception à demi explicite que j'exprimerai, en un style volontairement paradoxal : le caractère *exceptionnel* de la guerre conforme à son concept, de la guerre absolue qui rompt toutes les entraves[12]. »

Soit, mais l'exceptionnel n'est pas l'irréel...

Querelles mineures. Plus gênantes sont, à mon avis, les incertitudes concernant le statut théorique de la notion de guerre absolue. S'agit-il d'un type idéal au sens donné à ce terme par Weber ? Aron le suggère à plusieurs reprises[13]. Mais, dans d'autres passages plus fouillés, il distingue nettement le concept de Clausewitz du type idéal de Weber : « La distinction du concept, qui saisit le cas extrême, et de la réalité, qui s'en approche plus ou moins, n'équivaut pas à celle d'une réalité plus ou moins confuse et d'une image mentale rationalisée. La distinction clausewitzienne, au moins à ce point, implique une échelle, un plus ou moins ; la pensée wébérienne, en revanche, oppose un réel diffus ou équivoque, à un concept éclairé par l'entendement[14]. » On ne peut qu'admirer la finesse de cette analyse. Mais Aron la poursuit par une formule qui ne peut que nous replonger dans la perplexité : « D'autre part, Clausewitz n'admettait nullement la liberté de l'analyste, le caractère légitimement arbitraire des constructions intellectuelles : *la chose elle-même décide.* La définition saisit la *nature* de l'objet : cette nature s'impose à l'esprit qui cherche la définition[15]. » Soit encore, mais la guerre absolue est une fiction, une « construction mentale » ou un « jeu logique[16] » : comment pourrait-elle « décider » et « s'imposer » à notre esprit comme le fait la « chose elle-même » ?

---

12. Raymond Aron, *Penser la guerre...*, *op. cit.*, I, p. 298, souligné par nous.
13. *Ibid.*, I, p. 434 ; II, p. 293 ; voir aussi I, p. 429 et II, p. 60.
14. *Ibid.*, I, p. 82.
15. *Ibid.*, I, p. 82, souligné par Aron ; voir aussi I, p. 323.
16. *Ibid.*, I, p. 373, 409.

À notre avis, les présentations les plus exactes de ce qu'est le concept clausewitzien se trouvent dans les pages où Aron étudie la méthode de son auteur. Cette méthode, on l'a vu, consiste à se porter d'abord aux extrêmes, à prendre pour point de départ les oppositions les plus tranchées, les contrastes les plus accusés[17]. C'est cette saisie des extrêmes qui produit le concept ; du même coup, Aron le définit comme une limite[18]. En conséquence, le rapport entre le concept et la réalité est pensé en termes d'écart, de distance, de proximité ou d'éloignement[19].

De telles formules correspondent bien aux textes de Clausewitz selon lesquels la guerre réelle parfois « se rapproche » de sa forme absolue et parfois même l'« atteint ». Mais elles nous introduisent dans un registre de la continuité qui est peu compatible avec l'opposition radicale qu'Aron établit, par ailleurs, entre le concept, posé comme irréel et fictif, et la réalité. Si le concept est limite, la réalité peut s'en rapprocher indéfiniment ; peuvent-ils finir par se confondre ? C'est là un problème d'asymptotes, de différences infiniment petites... Dans ce contexte, comment nous faire admettre, entre le concept et la chose, une différence de nature aussi abrupte que celle qui sépare la fiction de la réalité ?

Dans d'autres textes encore, Aron pense la distinction clausewitzienne du concept et de la réalité à travers le couple du simple et du complexe, ou encore celui de l'élément et de la totalité. La guerre absolue, écrit Aron, c'est la guerre prise en elle-même, isolée, « séparée de ses origines et de ses fins[20] ». Le passage de la guerre absolue à la guerre réelle s'accomplit alors à l'aide du processus dit de « modification[21] ». En quoi

17. Raymond Aron, *Penser la guerre...*, *op. cit.*, I, p. 81-82, 102, 104, 117.

18. *Ibid.*, I, p. 373, 425 ; II, p. 57, 215 ; tous ces textes concernent le concept de guerre absolue.

19. *Ibid.*, I, p. 117, 184, 296-297.

20. *Ibid.*, I, p. 110, 112 ; II, p. 58.

21. *Ibid.*, I, p. 114, 310 ; II, p. 310 ; le terme est emprunté à Clausewitz (55, 21).

consiste-t-il ? En la réintroduction progressive des déterminations que l'analyse avait d'abord éliminées[22].

De telles expressions relèvent d'une définition de type hégélien des rapports entre l'abstrait et le concret. L'abstrait, produit de l'entendement analytique, c'est l'objet isolé, détaché de son contexte, de son milieu, des relations qu'il entretient avec ce qui l'entoure ; le concret, construit par la raison synthétique, c'est, au contraire, l'objet replacé dans l'ensemble dont il fait partie et qui vient le déterminer et le transformer. Dans cette terminologie, rien qui soit incompatible avec la pensée de Clausewitz ; la notion d'« abstraction » (*Abstraktion*) lui est d'ailleurs familière (55, 21, etc.). Mais il est bien clair qu'ainsi conçue l'opposition entre l'abstrait et le concret n'est nullement superposable à une opposition entre le concept et la réalité. Si l'on tient absolument à utiliser les deux, on doit alors admettre que le concept et la réalité forment en quelque sorte deux séries parallèles, deux registres en correspondance, et que l'opposition entre l'abstrait et le concret structure chacun des deux ordres.

Il est dès lors tout à fait illégitime de poser l'élément comme irréel ou fictif, et la totalité comme seule réelle. Bien au contraire, l'élément est tout aussi réel que la totalité dont il fait partie. Il faut rappeler ici que la violence aveugle – dont la guerre absolue n'est que le développement naturel – a bien été inscrite par Clausewitz à l'intérieur de la définition trinitaire. En prenant place au sein de celle-ci, la violence quitte précisément le monde de l'irréel, de l'idéel et du fictif, pour s'introduire dans le monde réel et devenir l'un des facteurs qui façonnent ce dernier. En d'autres termes, il y a une « présence réelle », effective et efficace, de la violence aveugle ; celle-ci est l'un des « pôles d'attraction » entre lesquels oscille la guerre (69, 37), et Clausewitz ajoute qu'aucune théorie ne peut laisser de côté l'un quelconque de ces pôles sans se mettre aussitôt en opposition avec la réalité (*ibid.*).

---

22. Raymond Aron, *Penser la guerre...*, *op. cit.*, I, p. 112, 373.

La réalité de la violence aveugle et celle – corrélative – de la guerre absolue ne sont pas en cause. À notre avis, le problème posé par Aron est de nature différente ; on peut l'énoncer comme suit : peut-on observer ou concevoir des situations historiques dans lesquelles la violence aveugle et son corollaire la guerre absolue pourraient, librement et sans entraves, développer l'ensemble de leurs déterminations ? Autrement dit, peut-on observer ou concevoir des situations dans lesquelles seraient neutralisés ou mis entre parenthèses les éléments qui sont d'ordinaire associés à la violence aveugle au sein de la totalité, et viennent limiter, canaliser et atténuer son action ? Nous avons énuméré certains de ces cas : les guerres entre États de civilisation différente, les guerres civiles... En tout état de cause, il s'agit là d'un problème de fait, relevant de l'enquête historique, et non d'un problème de droit, justiciable de la seule théorie.

Pour éclairer la démarche de Clausewitz, nous pouvons user d'une comparaison : le statut de la guerre absolue dans son œuvre est comparable à celui de la loi qui affirme la baisse tendancielle du taux de profit dans *Le Capital* de Marx[23]. La tendance à la baisse du taux de profit est indiscutablement pour Marx une tendance réelle. Certes, d'autres tendances non moins réelles sont susceptibles de la contrecarrer, d'atténuer ou même d'annuler ses effets ; ce sont, entre autres, l'augmentation du taux de plus-value, la réduction du salaire au-dessous de sa valeur, la baisse de prix des éléments du capital constant, la surpopulation relative et le commerce extérieur. Il s'agit là, nous dit Marx, d'« influences contraires qui contrecarrent et suppriment l'effet de la loi générale et lui confèrent simplement le caractère d'une tendance » (*gegenwirkende Einflüsse* [...] *welche die Wirkung des allgemeinen Gesetzes durchkreuzen und ihm nur den Charakter einer Tendenz geben*[24]). Un peu plus loin, Marx écrit que ces tendances contraires « ne suppriment

23. Karl Marx, *Le Capital*, *op. cit.*, VI, p. 225 s. ; édition allemande III, p. 221 s.
24. *Ibid.*, VI, p. 245 ; édition allemande III, p. 242.

pas la loi, mais en affaiblissent l'effet » (*Sie haben das Gesetz nicht auf, schwächen aber seine Wirkung ab*[25]). En d'autres termes, les effets de la loi peuvent être annulés, mais la loi n'en est pas moins réelle et agissante. On ne peut la reléguer dans le domaine de l'« idéel » et du fictif, ce qui reviendrait à lui refuser *a priori* toute efficacité ; car des situations peuvent surgir où ce sont au contraire les tendances opposées qui sont paralysées : la loi de la baisse du taux de profit peut alors produire librement ses effets.

Bref, il y a des conjonctures dans lesquelles un élément ou une loi isolés – la violence aveugle chez Clausewitz, la baisse du taux de profit chez Marx – sont susceptibles d'agir sans entraves, parce que les facteurs qui d'ordinaire les contiennent et en font de « simples tendances » voient leur action suspendue ou neutralisée. On peut estimer que de telles conjonctures sont rares, exceptionnelles et même anormales : mais cela ne permet pas de les dire « irréelles ».

De ce point de vue, l'interprétation d'Aron nous semble marquée en son centre même d'une équivoque irréductible : lorsqu'il proclame l'irréalité de la guerre absolue, énonce-t-il un constat de caractère statistique, résultat d'un inventaire des faits, ou une proposition de nature théorique, fondée sur une analyse de l'essence de l'objet ? Dans le premier cas, la pensée de Clausewitz serait, à notre avis, respectée ; dans le second cas, elle serait transformée et quelque peu forcée. En d'autres termes, Aron laisse sans réponse une question décisive : celle qui concerne la possibilité de la guerre absolue, ou, si l'on préfère, la possibilité d'une adéquation parfaite entre la guerre réelle et son concept.

Certaines formules font supposer qu'il a été parfois tenté d'accepter cette possibilité. Il a tout d'abord été prêt à en admettre la présence chez Clausewitz. Il lui arrive aussi de l'admettre lorsqu'il s'exprime en son nom propre :

25. Karl Marx, *Le Capital*, *op. cit.*, VI, p. 251 ; édition allemande III, p. 249.

> « Nous supposons que le suicide commun, constante possibilité d'un duel à mort, sera refusé par les duellistes, même s'ils s'engagent en une lutte qui en d'autres temps aurait été appelée lutte à mort. Rien ne garantit que l'avenir confirmera cette hypothèse[26]. »

> « La relation entre deux personnes intelligentes n'exclut pas des conflits qui montent aux extrêmes. À coup sûr, si l'un des deux prétend réduire l'autre à la totale impuissance, il en résulte un conflit poussé jusqu'aux extrêmes. Rien ne garantit qu'un jour il n'en ira pas ainsi[27]. »

Aron répliquerait sans doute que la possibilité ici évoquée concerne les guerres de la première espèce ou guerres de renversement, mais, à partir du moment où il reconnaît qu'elles peuvent aller jusqu'à la montée aux extrêmes et à la lutte à mort, que reste-t-il de l'« écart », de la « distance » qui les sépare de la guerre absolue ?

Pourtant, ailleurs, Aron affirme le caractère irréel de la guerre absolue sur un ton si catégorique et en des formules d'une généralité telle que le lecteur ne peut pas ne pas conclure à une impossibilité « essentielle » de ladite guerre. Citons quelques textes parmi bien d'autres :

> « Aucune guerre réelle ne peut être appelée guerre absolue[28]. »

> « Le concept de guerre absolue ne s'applique à aucune guerre réelle et désigne l'essence ou type idéal d'une guerre au sens étroit du terme, livrée au dynamisme de l'hostilité absolue[29]. »

26. Raymond Aron, *Penser la guerre..., op. cit.*, II, p. 238.
27. *Ibid.*, II, p. 253 ; voir aussi p. 263.
28. *Ibid.*, II, p. 58.
29. *Ibid.*, II, p. 60.

> « Il n'y a pas de guerre absolue dans la réalité [...]. Jamais l'élément de la violence aveugle et de la haine ne se déchaîne seul dans les guerres entre peuples civilisés[30]. »

> « Toutes les guerres réelles sont modifiées par rapport à la guerre absolue[31]. »

> « Toutes les guerres, que nous observons dans l'histoire, appartiennent à la catégorie des guerres réelles (*sic*), même si les guerres de la première espèce révèlent le principe actif de l'hostilité et permettent au théoricien de les réduire ou de les interpréter à partir du concept de guerre absolue[32]. »

Que conclure du rapprochement des deux groupes de citations ? Dans les premiers paragraphes du chapitre premier du livre I, Clausewitz définit la guerre absolue par la montée aux extrêmes et par la lutte à mort, et Aron se refuse à exclure montée aux extrêmes et lutte à mort du champ des possibles. Pourtant, dans le même temps, il retire la guerre absolue du monde réel, et la confine au monde de l'idéel et de la fiction ; autrement dit, il la déclare impossible. On est alors tenté de penser qu'en fait c'est dans la mesure où elle a d'abord été caractérisée comme concept que la guerre absolue se voit maintenant déclarée impossible. Aron l'a décrite comme une « construction mentale » ou un « jeu logique[33] » : en tant que telle, elle ne saurait entrer dans la réalité ou y trouver sa réplique exacte. En d'autres termes, la thèse de l'impossibilité de la guerre absolue ne porte qu'en apparence sur la guerre ; en vérité, elle ne résulte nullement d'une analyse du phénomène guerrier : elle découle d'une conception *a priori* des rapports entre le concept et la réalité. Le raisonnement implicite d'Aron pourrait être énoncé comme suit : la notion de guerre absolue est un concept ; or, en quelque sorte par hypothèse, un concept

30. Raymond Aron, *Penser la guerre*, I, p. 121.
31. *Ibid.*, I, p. 432.
32. *Ibid.*, I, p. 410.
33. *Ibid.*, I, p. 373, 409.

ne peut jamais rejoindre la réalité ; donc, la guerre absolue ne saurait se rencontrer dans la réalité.

Bref, ce qui gouverne ici de façon latente la pensée d'Aron, c'est une théorie empiriste de la connaissance, posant l'irréductible inadéquation de la pensée à l'être. Pouvons-nous attribuer la même théorie à Clausewitz ? Ce n'est pas sûr. Nous avons déjà évoqué les textes où Clausewitz déclare que, sous la Révolution et l'Empire, il est arrivé à la guerre d'atteindre sa forme absolue. De façon plus significative encore, Clausewitz maintient que la guerre absolue doit servir en tout état de cause de « point de référence » (*ein allgemeiner Richtpunkt*) à la théorie (673, 645). Dans *Vom Kriege*, l'énoncé de ce principe est parfois lié à une distinction entre les « vraies guerres » et les fausses, que la Formule et la définition trinitaire rendent caduques. Mais, au livre VIII, alors même que Clausewitz vient de souligner avec insistance que la guerre n'est qu'une partie des relations politiques, il ajoute : « Dans cette conception, nous ne devons pas perdre de vue la forme absolue de la guerre et son image doit demeurer en permanence à l'arrière-plan » (704, 676). Lorsque, enfin, il ébauche un inventaire des éléments qu'un chef d'État doit prendre en compte avant de décider de l'objectif d'une guerre, il écrit : « L'objet que se propose quiconque entreprend une guerre et les moyens qu'il met en œuvre sont entièrement déterminés par les détails particuliers de sa position. Ils dépendront aussi, pour cette même raison, du caractère de l'époque et de ses circonstances générales. Enfin, *ils sont toujours soumis aux conclusions générales qui doivent être déduites de la nature de la guerre* (690, 661 ; souligné par lui). Quelles « conclusions générales » peut-on tirer de la « nature » de la guerre, sinon le duel et la montée aux extrêmes ?

Au total, le concept de guerre absolue pourrait-il et devrait-il être pris comme « point de référence » s'il était simplement « construction mentale » ou « jeu logique » ? Pourrait-il remplir la fonction d'avertissement que lui assigne Aron[34] s'il n'était

34. Raymond Aron, *Penser la guerre*, I, p. 58.

que pure fiction ? Accordons même à Aron qu'à la fin de sa vie, à l'époque de la synthèse finale, Clausewitz n'aurait sans doute pas éprouvé de difficulté à écrire comme lui que la guerre absolue « ne peut » se rencontrer dans la réalité : mais entre l'impossibilité « statistique » observée par Clausewitz et l'impossibilité « essentielle » proclamée par Aron, il y a toute la distance – à la fois infime et infinie, négligeable peut-être pour le praticien mais immense pour le théoricien – qui sépare une probabilité infinitésimale d'une probabilité nulle.

De par la distribution de ses insistances, l'interprétation d'Aron nous apparaît finalement comme rassurante : aux apprentis-sorciers qui sont maîtres de la foudre, elle répète que la guerre absolue est une fiction et que la lutte à mort appartient au domaine de l'irréel. Il n'est pas certain que ces formules sécurisantes n'édulcorent pas quelque peu la pensée de Clausewitz, et bien davantage encore la réalité du monde où nous vivons.

Pour conclure, c'est la conception clausewitzienne du concept comme limite repérée lors de la saisie des extrêmes qui assure la compatibilité entre les trois définitions de la guerre et la cohérence de l'ensemble du livre. En effet, elle implique la thèse d'une continuité entre la forme absolue de la guerre et les formes mitigées qu'elle prend le plus souvent dans la réalité. En d'autres termes, même si la guerre absolue – la parfaite adéquation de la guerre à son concept – doit être regardée comme événement exceptionnel et improbable, elle n'en appartient pas moins à l'horizon des possibles. Nous avons repéré dans le champ de la politique-objet deux situations – l'extrême éloignement et l'extrême proximité – qui, l'une et l'autre, autorisent le glissement de la guerre vers son paroxysme. En dernier ressort, la possibilité d'un tel glissement tient au fait que la guerre, certes insérée dans la trame ininterrompue des relations politiques, n'en implique pas moins, de par sa nature même, le recours à un moyen spécifique : la violence. Or ce moyen n'est pas un instrument passif et docile entre les mains de celui qui l'emploie : il est susceptible de transformer les fins qui ont amené son utilisation. Il n'y a pas, en effet, de cloison étanche entre les fins et les moyens ; une fois extraite de la boîte de Pandore, la violence est capable d'irradier les fins qu'elle sert et de les métamorphoser à son image ; les fins ne sont jamais à l'abri de la contagion des moyens.

3

Le jeu, le commerce, la politique, la lutte des classes et la guerre

Tout en donnant de la guerre une définition substantielle qui en délimite très précisément le champ, Clausewitz ne s'interdit pas de rechercher des analogies avec d'autres activités sociales : le jeu, le commerce, la politique. La guerre est donc à la fois saisie dans sa spécificité irréductible et inscrite dans un ensemble plus large, au sein duquel elle apparaît comme une espèce à l'intérieur d'un genre. La tension qui naît de ce double mouvement se manifeste aussi dans l'expérience ; d'un côté, le déchaînement de la force et la présence permanente du spectre de la mort font de la guerre un domaine séparé ; lorsque la guerre éclate, le cours ordinaire des choses est interrompu, la vie est comme suspendue, une période nouvelle s'ouvre, qualitativement distincte de celle qui l'a précédée. Depuis que l'ère de la guerre endémique a pris fin, il existe entre temps de paix et temps de guerre une césure dont Clausewitz s'attache à souligner la netteté (702, 673). D'un autre côté, par les rapports sociaux qu'elle introduit, par les facultés qu'elle met en œuvre, par les passions dont elle se nourrit, la guerre ressemble à d'autres sphères de la vie sociale : il serait aisé de compléter l'énumération de Clausewitz, ne serait-ce qu'avec la chasse, citée en premier lieu par bien des auteurs. Nous retrouvons donc ici la question des frontières exactes de la guerre, que l'inventaire des métaphores guerrières nous avait déjà posée ; avant d'en reprendre l'examen, il importe de pousser plus avant l'exploration des comparaisons suggérées par Clausewitz.

Le jeu et la guerre

Le rapprochement du jeu et de la guerre intervient dès le premier chapitre du livre I de *Vom Kriege.* Deux traits sont invoqués pour le justifier : la place que tient dans la guerre la supputation des probabilités, et la nature des ressources intellectuelles et morales qui sont utilisées dans la conduite des opérations guerrières. En ce qui regarde le premier trait, il permet de comparer la guerre à un jeu de cartes :

> « Nous voyons donc que, dès l'origine, l'élément absolu, en quelque sorte mathématique, de la guerre, ne trouve aucune base certaine sur laquelle fonder les calculs relatifs à l'art de la guerre ; il s'y mêle d'emblée un jeu de possibilités et de probabilités, de bonne et de mauvaise fortune, qui se poursuit le long de chaque fil, gros ou mince, dont sa trame est tissée, et qui fait de la guerre l'activité humaine qui ressemble le plus à un jeu de cartes » (65, 32).

Quant aux facultés requises par la guerre, Clausewitz évoque avant tout le courage (*der Mut*) et ses diverses manifestations : hardiesse, confiance dans le succès, intrépidité, témérité (64-65 ; 32). Entre cette aptitude intellectuelle qu'est le calcul judicieux des probabilités et cette vertu morale qu'est le courage, il existe de toute évidence un lien organique : c'est précisément parce que la guerre n'offre que des chances, des possibilités incertaines et fragiles, qu'il faut du courage pour les saisir. Analysant la campagne de l'armée autrichienne en Suisse au printemps de 1799, Clausewitz reproche à l'archiduc Charles de ne pas avoir été assez joueur :

> « Nous pouvons dire, en voyant l'archiduc ne rien tenter, que sa manière de conduire la guerre, du moins pour cette

partie de la campagne, manque de l'audace qui sait profiter d'une occasion favorable. La guerre n'est pas un simple produit des voies et moyens, elle a quelque chose du jeu. La conduite de la guerre ne peut donc se passer de cet élément, et le général qui n'a pas assez de penchant pour ce jeu n'en fera pas assez, et sera plus coupable qu'il ne croit, par manque de résultats obtenus » (1979 : 409).

Le génie de Napoléon est décrit à l'aide de la même analogie : « Débuter par des coups décisifs et se servir des avantages ainsi obtenus pour frapper de nouveaux coups, jouer toujours son gain sur une seule carte jusqu'à ce que la banque sautât, là était toute sa méthode, et l'on peut dire que c'est à cette méthode qu'il a dû le colossal succès dont il a joui dans le monde » (1987 : 202). Enfin, l'entrée en scène de l'archiduc Charles et de Napoléon nous l'indique suffisamment, dans la définition trinitaire de la guerre, c'est le deuxième moment – la « libre activité de l'âme », caractéristique du commandement – qui appelle la comparaison avec le jeu : « L'ampleur que prendra le jeu du courage et du talent dans le domaine des probabilités et du hasard dépendra du caractère du commandant et de l'armée » (69, 37).

En nous appuyant sur les analyses de Huizinga, de Caillois et, plus récemment, de Colas Duflo, nous pouvons essayer de pousser plus avant le rapprochement ébauché par Clausewitz. Dans *Homo ludens*, Huizinga s'interroge sur les rapports du jeu et du combat, et au terme d'une investigation linguistique minutieuse, il conclut :

« Il ne faudrait pas se hâter de considérer l'emploi du terme ludique pour désigner le combat sérieux comme pure métaphore poétique. Il y a lieu de se replacer ici dans une sphère primitive d'idées où le combat sérieux à main armée, tout comme la compétition ou *agon*, qui peut s'étendre des jeux les plus futiles à la lutte sanglante et mortelle, sont compris avec le jeu proprement dit dans la catégorie primaire d'un risque mutuel de chances assujetti à des règles. Sous cet angle, l'application du terme ludique au combat procède à

> peine d'une métaphore consciente. Le jeu est combat et le combat est jeu[1]. »

La formule me semble éclairante : le combat comme le jeu forment un mixte indissociable de détermination – les règles – et d'indétermination – les chances. Dans une perspective voisine, Claude Lévi-Strauss décrit le jeu comme une structure productrice d'événements[2] ; on pourrait en dire autant de la guerre. Dans le jeu, la structure est donnée par le corps des règles qui définissent le terrain, le matériel, les actions possibles et les buts qu'il faut atteindre ; dans la guerre, elle résulte des contraintes que fixent à l'action guerrière la géographie, l'économie, l'histoire et la politique. Dans un cas, la structure est librement choisie – les règles sont arbitraires et je les accepte par cela même que je joue –, dans l'autre, elle m'est imposée, puisqu'elle tient à un environnement de faits ; mais, chaque fois, elle ouvre un champ de multiples comportements possibles entre lesquels il m'appartient d'opérer une sélection. De ma décision – ou plus exactement de la série de décisions successives que je serai amené à prendre en fonction des ripostes de l'adversaire et de l'évolution de la situation – dépendra l'issue finale. La structure produit donc l'événement, mais elle ne le détermine pas à l'avance ; elle contient en son cœur même une faille d'incertitude.

Dès lors, on peut distinguer dans la guerre comme dans le jeu une situation et un processus. La situation est fondée sur le principe de la compétition, de l'*agon* ; entre les rivaux confrontés est établie une relation d'égalité imparfaite[3]. Dans les jeux où le hasard ne joue pas de rôle – tels les dames ou les échecs –, l'égalité initiale n'est pourtant pas complète, puisque l'un des deux partenaires a l'avantage du « trait » : il joue le premier coup. Quand le hasard intervient, il produit certes une dissymétrie inaugurale : à l'issue de la donne, les uns ont « du

1. Johann Huizinga, *Homo ludens*, Paris, Gallimard, 1951, p. 76-77.
2. Claude Lévi-Strauss, *La Pensée sauvage*, Paris, Plon, 1962, p. 47.
3. Colas Duflo, *Jouer et philosopher*, Paris, PUF, 1997, p. 225.

jeu », les autres ne reçoivent que de mauvaises cartes ; il reste que, par définition, tous sont égaux devant le hasard de la distribution[4]. En ce qui regarde la guerre, l'égalité imparfaite est de même la norme, car « il faut être deux pour faire la guerre » ; certes, celle-ci n'oppose que rarement des adversaires de force équivalente ; cependant, si le plus faible ne jugeait pas qu'en dépit de son handicap il a une possibilité, sinon de l'emporter, au moins de résister, il ne prendrait pas les armes et préférerait céder ; le fait même de l'ouverture des hostilités démontre que les deux parties croient au partage des chances.

À partir de cette égalité relative, le jeu et la guerre consistent l'un et l'autre à creuser une distance, à introduire une hiérarchie. « Le jeu, dit Claude Lévi-Strauss, apparaît [...] comme disjonctif : il aboutit à la création d'un écart différentiel entre des joueurs individuels ou des camps que rien ne désignait au départ comme inégaux. Pourtant, à la fin de la partie, ils se distingueront en gagnants et perdants[5]. » Le propos, on le voit, s'applique terme pour terme à la guerre. En conséquence, les deux activités sont soumises à un principe auquel Clausewitz donne le nom de « polarité » (*Polarität*). La polarité s'entend en deux sens ; d'une façon générale, lorsqu'il y a, non pas transformation d'une matière inerte, mais « collision de deux forces vives » (54, 20), « chacun des adversaires fait la loi de l'autre » (33, 19). Mon action dépend de celle de l'autre, c'est pourquoi je ne suis pas mon propre maître : ma conduite ne peut être fixée à l'avance. Mais, de manière plus précise, Clausewitz parle de « polarité réelle » lorsque se trouve réalisée la configuration du « jeu à somme nulle » : ce que l'un gagne, l'autre le perd ; l'avantage de l'un implique un désavantage symétrique et équivalent de l'autre. Clausewitz montre alors que la polarité réelle ne gouverne qu'en partie la guerre ; elle régit la bataille, car « dans une bataille, chacun des deux camps veut triompher ;

4. Roger Caillois, *Les Jeux et les Hommes*, Paris, Gallimard, coll. « Folio », 1967, p. 56-60.

5. Claude Lévi-Strauss, *La Pensée sauvage*, *op. cit.*, p. 46.

voilà une polarité réelle, car la victoire de l'un anéantit celle de l'autre » (62 ; 28-29). En revanche, la guerre dans son ensemble ne lui obéit pas : ainsi le fait que l'un des adversaires demeure sur la défensive ne signifie pas que l'autre a *ipso facto* intérêt à prendre l'offensive, en raison, on y reviendra, de l'irréductible dissymétrie entre les deux « postures » de l'attaquant et du défenseur. Les praticiens des échecs savent à quel point cette remarque s'applique aussi au jeu. Sous cette réserve, l'action réciproque est une caractéristique essentielle de la guerre comme du jeu, et elle noue entre eux une parenté effective qui va bien au-delà de la simple ressemblance.

À leur tour, le but du jeu et celui de la guerre peuvent être décrits dans les mêmes termes. Au départ, on l'a vu, la structure ouvre aux deux adversaires un espace d'indétermination ; chacun d'eux dispose donc d'une gamme de conduites possibles entre lesquelles il est libre de choisir. C'est donc entre ces deux libertés antagonistes que se déroule la compétition ; c'est entre elles que la suite des coups ou le cours des opérations doivent créer un écart. Dès lors, l'effort de chacun des partenaires tend à maintenir et à élargir sa liberté d'action, en contenant et en réduisant du même coup celle de l'autre. Devient supérieur celui qui reste maître de déterminer ses cibles ; a le dessous celui dont les gestes ne sont plus dictés que par la contrainte de l'autre, et qui en est réduit à parer ses assauts. À la fin du parcours, une des libertés – celle du vainqueur – a persévéré dans son être et s'est agrandie jusqu'à régner en souveraine ; l'autre – celle du vaincu – a purement et simplement disparu[6]. L'échec et mat et la reddition sans conditions désignent une situation identique : des deux égaux de l'origine, l'un est devenu tout-puissant ; devant l'autre, toutes les portes se sont l'une après l'autre fermées, et le voici ramené à l'état d'objet inerte.

Quand le processus ludique ou guerrier prend fin, l'indétermination initiale est dissipée. Cela ne signifie pas qu'elle était

6. Colas Duflo, *Jouer et philosopher*, *op. cit.*, p. 231-232.

d'emblée simple apparence ou illusion. En effet, elle est, en tout état de cause, liée à l'égalité relative des adversaires, et elle ne recule que dans la mesure où, entre eux, le déséquilibre grandit. Duflo montre très bien que « les jeux ont pour vocation de fabriquer de l'incertitude[7] » ; de fait, pour les joueurs comme pour les spectateurs, ils n'ont d'intérêt que s'ils y parviennent ; l'incertitude du jeu, ajoute-t-il, tient à la fois à l'action de l'autre, qui vise à ruiner la mienne, et au hasard, dès lors que les règles lui font sa place. De l'autre côté, en analysant au chapitre précédent la notion de « friction », j'ai montré à quel point Clausewitz regarde l'incertitude comme une partie intégrante du milieu ou de l'élément dans lequel se déploie la guerre, et on a vu que ses sources sont celles-là mêmes que retient Duflo dans le cas du jeu. De ce rôle central de l'incertitude, on peut, me semble-t-il, tirer deux conclusions complémentaires.

En premier lieu, une part décisive de l'activité ludique ou guerrière est calcul, évaluation des probabilités et des risques, mais aussi, pour reprendre l'expression de René Thom citée par Duflo, « réflexion rusée » sur les tendances à l'œuvre dans la conjoncture[8]. S'il y a incertitude, en effet, c'est notamment parce que ces tendances se combattent et qu'entre elles l'affrontement est encore indécis. Par ailleurs, qui dit incertitude dit confusion entre l'apparence et la réalité, difficulté à discerner ce qui est mirage et ce qui est substance. Dans une situation de compétition ou de conflit, le visible doit toujours être soupçonné de n'être qu'un leurre : nouvelle raison pour appeler la ruse à la rescousse. Bref, le défi de l'incertitude ne peut être relevé que par un talent semblable à la *mètis* grecque, telle que la décrivent J.-P. Vernant et M. Détienne : clairvoyance, finesse, prudence, flexibilité, attention aux circonstances et promptitude à saisir l'occasion. Dans cette perspective, c'est Ulysse qui devient le modèle de l'homme de guerre ; la bravoure d'Achille ne le qualifie que pour le combat.

---

7. Colas Duflo, *Jouer et philosopher*, *op. cit.*, p. 169.
8. *Ibid.*, p. 144, 150 et 152.

Au moment même où nous concédons au calcul la place qui lui revient, il nous faut admettre et souligner ses limites. Prendre au sérieux l'incertitude native du jeu et de la guerre, c'est avouer que nul calcul préalable ne saurait en venir à bout, ou que, en d'autres termes, le champ des possibles ne saurait être épuisé par la prévision raisonnable. On peut débattre des causes de cette impuissance : on peut l'imputer au volume excessif des calculs requis, et la regarder en conséquence comme une impossibilité pratique ; on peut invoquer les ressources infinies de l'invention et de la liberté capables de déjouer toutes les combinatoires. Pour notre propos, un tel débat est secondaire ; ce qui importe, c'est, dans la théorie, de constater qu'entre le calcul et l'ensemble des possibilités dont la réalité est porteuse il subsiste un abîme infranchissable, et, dans la pratique, de discerner le moment où il convient d'arrêter les calculs, parce que leur prolongation ne serait plus qu'un prétexte à l'indécision et à l'inaction. Comment combler ce déficit irréductible de la prévision ? Retrouvant ici les propos de Clausewitz dont nous sommes partis, nous pouvons répondre : par l'intervention du courage. Par courage, il faut entendre, non pas la vaillance physique qui permet de faire face au danger visible, mais l'esprit de décision qui tranche dans les ténèbres et prend les paris alors même que les données du problème restent enveloppées de brouillard. « La décision, dit Clausewitz, est précisément le trait de caractère qui doit se faire jour quand le général en chef est entouré d'incertitudes » (1979 : 530). Duflo ne dit rien d'autre lorsqu'il souligne comment, même dans les jeux en apparence les plus perméables au calcul, la volonté continue de passer infiniment l'entendement[9].

Assurément, la comparaison à laquelle je viens de procéder porte avant tout sur les structures ; de ce point de vue, qu'ils soient considérés comme situation ou comme processus, le jeu et la guerre présentent de remarquables homologies. On n'en oubliera pas pour autant ce qui les sépare. D'abord, je le

9. Colas Duflo, *Jouer et philosopher*, *op. cit.*, p. 180.

rappelle, les structures du jeu sont fournies par des règles librement inventées et acceptées, tandis que celles de la guerre sont imposées par la réalité ; la gratuité du jeu s'oppose ainsi au sérieux de la guerre. On remarquera cependant qu'une fois les règles admises et aussi longtemps qu'elles le sont, les structures du jeu sont aussi contraignantes que celles de la guerre, puisque le joueur ne saurait échapper aux règles qu'en se retirant du jeu. La notion de règle conduit à une seconde distinction. Pour Huizinga, la guerre ne s'apparente au jeu que dans la mesure où elle reste soumise à un minimum de normes respectées d'un commun accord ; dans le cas contraire, il n'y a plus que déferlement de la violence sauvage[10]. Soit, mais on voit aussitôt que, dans ces conditions, le jeu et la guerre ne sont plus que les deux extrémités d'une série continue d'états intermédiaires, la violence déchaînée pouvant être décrite comme le « degré zéro du jeu ». On aboutirait au même résultat en soulignant que, à la différence du jeu, la guerre est faite de violence et qu'elle est hantée par la mort : sans contester la singularité unique que lui confère ce double caractère, il me semble que si, à l'intérieur du monde du jeu, j'avais réservé une place au sport ou à la chasse, j'aurais mieux montré comment diverses gradations nous permettent de passer, progressivement sinon insensiblement, des délices du jeu aux désastres de la guerre...

Le commerce et la guerre

Après avoir défini la guerre comme un « conflit de grands intérêts réglé par le sang », Clausewitz poursuit : « Il vaudrait mieux la comparer, plutôt qu'à un art quelconque, au commerce, qui est aussi un conflit d'intérêts et d'activités humaines » (145 ; 112-113). Il ne s'agit pas là d'une indication isolée, donnée comme « en passant » ; par-delà ce rapprochement global, la guerre et le commerce sont comparés à deux

10. Johann Huizinga, *Homo ludens*, *op. cit.*, p. 168-170.

reprises dans *Vom Kriege* sur des aspects plus particuliers ; tout d'abord, nous dit-on, le combat est aux opérations de guerre ce que le paiement en espèces est aux transactions commerciales (79, 48) ; par ailleurs, la guerre – comme le commerce – est soumise à un principe de totalisation qui interdit les appréciations partielles et les bilans prématurés (187-188 ; 155). Je reviendrai le moment venu sur ces deux propositions : si je les mentionne ici, c'est seulement pour montrer que, aux yeux de Clausewitz, le commerce est un terme de comparaison dont l'importance n'est pas moindre que celle du jeu. Enfin, le commerce et la guerre sont décrits comme des conflits d'*intérêts* : l'entrée en scène de l'intérêt révèle que c'est désormais le troisième moment de la définition trinitaire de la guerre – le gouvernement et ses buts – qui est en cause.

À la date à laquelle écrit Clausewitz, l'association du commerce et de la guerre peut toutefois surprendre, et il importe de l'inscrire dans une histoire. En première approximation, le commerce est regardé comme une relation entre deux parties indépendantes, dont chacune cherche à maximiser ses gains au détriment de l'autre, et dont les intérêts comme les buts sont donc diamétralement opposés : sur le marché, l'acheteur veut acquérir à bon marché et le vendeur veut vendre cher ; le prix résulte d'un compromis ; selon qu'il est modique ou élevé, l'acheteur ou le vendeur a l'avantage. Selon cette approche, qui ne prend en considération que la transaction isolée, le commerce se présente bien comme un jeu à somme nulle : ce que l'un gagne, l'autre le perd ; ce qui favorise l'acheteur – l'abondance de l'offre, la transparence du marché – défavorise le vendeur, et inversement. Or nous l'avons déjà constaté dans le cas du jeu : le modèle du jeu à somme nulle appelle infailliblement l'analogie avec la guerre, puisqu'il implique nécessairement la contradiction des intérêts et des fins ; dès lors que l'on en fait un instrument privilégié pour penser le commerce, le rapprochement entre celui-ci et la guerre devient inéluctable et comme naturel. C'est ce qui se produit au XVIIe siècle avec la pensée mercantiliste : comme le rappelle

Albert Hirschman, « Colbert voit dans le commerce un combat perpétuel et sir Josiah Child une forme de guerre[11] ».

Mais précisément, le XVIIIe siècle semble rompre de façon radicale avec cette manière de voir : c'est l'opposition entre la guerre et le commerce qui est désormais soulignée ; les deux activités sont antagoniques, parce qu'elles mettent en œuvre des vertus contraires. Écoutons par exemple Montesquieu : « L'esprit de commerce entraîne avec soi celui de frugalité, d'économie, de modération, de travail, de sagesse, de tranquillité, d'ordre et de règle[12]. » En conséquence : « Le commerce guérit des préjugés destructeurs, et c'est presque une règle générale que, partout où il y a des mœurs douces, il y a du commerce et que, partout où il y a du commerce, il y a des mœurs douces[13]. » Au total, « l'effet naturel du commerce est de porter à la paix[14] ». Au contraire, l'absence de commerce engendre le brigandage. Entre Colbert et Montesquieu, l'opposition est cependant moindre qu'il ne semble : en effet, le commerce est considéré dans *De l'esprit des lois* comme un fait de civilisation, et ses effets sont appréciés à l'échelle de la société dans son ensemble : c'est alors qu'il engendre la paix. Mais Montesquieu semble prêt à concéder qu'il en va différemment si l'on redescend au niveau des transactions individuelles : « Si l'esprit de commerce unit les nations, il n'unit pas de même les particuliers[15]. » De fait, à ce niveau, le commerce garde bien pour moteur la convoitise et le désir du gain ; en tant que tel, il reste apparenté à la conquête, au brigandage et au pillage, dont Montesquieu accorde qu'ils ne sont, eux aussi, après tout, que des « manières d'acquérir[16] ». Bref, les deux portraits du commerce, comme fauteur de guerre et comme pacificateur,

---

11. Albert Hirschman, *Les Passions et les Intérêts*, Paris, PUF, 1980, p. 74.

12. Montesquieu, *De l'esprit des lois*, Paris, Gallimard, coll. « La Pléiade », 1951, livre V, chap. VI, p. 280.

13. *Ibid.*, livre XX, chap. II, p. 585.

14. *Ibid.*

15. *Ibid.*, p. 586.

16. *Ibid.*

peuvent être vrais ensemble : l'élément de tension et d'antagonisme présent dans chaque transaction est en quelque sorte dépassé et neutralisé sitôt que nous considérons la société globale, où la généralisation du commerce est au contraire propice à la paix. Belle illustration, soit dit en passant, de la métamorphose des « *private vices* » en « *publick benefits* » chère à Bernard de Mandeville, ou encore de la « main invisible » d'Adam Smith...

Le mérite de Benjamin Constant est alors d'inscrire les deux moments – pacifique et guerrier – dans une histoire qui rend compte aussi bien de leur opposition que de leur association ; il faut citer en entier ce texte remarquable :

> « La guerre et le commerce ne sont que deux moyens différents d'arriver au même but ; celui de posséder ce que l'on désire. Le commerce n'est autre chose qu'un hommage rendu à la force du possesseur par l'aspirant à la possession. C'est une tentative pour obtenir de gré à gré ce qu'on n'espère plus conquérir par la violence. Un homme qui serait toujours le plus fort n'aurait jamais l'idée du commerce. C'est l'expérience qui, en lui prouvant que la guerre, c'est-à-dire l'emploi de sa force contre la force d'autrui, est exposée à diverses résistances et à divers échecs, le porte à recourir au commerce, c'est-à-dire à un moyen plus doux et plus sûr d'engager l'intérêt des autres à consentir à ce qui convient à son intérêt [...].
>
> « La guerre est donc antérieure au commerce. L'une est l'impulsion sauvage, l'autre le calcul civilisé. Il est clair, que plus la tendance commerciale domine, plus la tendance guerrière doit s'affaiblir[17]. »

Si le commerce et la guerre s'opposent, c'est donc à la façon de frères ennemis, nés du même ventre...

17. Benjamin Constant, « De l'esprit de conquête », in : *De la liberté chez les modernes, Écrits politiques*, présentés par Marcel Gauchet, Paris, Le Livre de Poche, coll. « Pluriel », 1980, p. 118.

Si nous substituons à la notion de commerce celle de concurrence, nous retrouvons l'une après l'autre les caractéristiques dont nous avons déjà établi qu'elles étaient communes au jeu et à la guerre. Dans la concurrence, le marché voit s'affronter des partenaires libres et indépendants ; libres de leur décision, de vendre ou de ne pas vendre, d'acheter ou de ne pas acheter, à tel ou tel prix ; indépendants les uns des autres, en ce sens que nul lien de domination ou de subordination ne les relie ; ils ne disposent sans doute pas des mêmes ressources, mais ils jouissent des mêmes prérogatives ; au moins formellement, ils sont donc égaux. Dans la réalité, cette égalité est toujours relative ; cela se vérifie aussi bien pour la transaction individuelle que pour la sphère globale de la concurrence. Dans la première, une égalité parfaite entre les partenaires supposerait un équilibre rigoureux entre l'offre et la demande ; or un tel équilibre n'est jamais atteint, sinon sous la forme d'une moyenne établie sur une longue période. Si les prix ne cessent de fluctuer, c'est bien parce qu'il y a une dissymétrie permanente entre l'offre et la demande, au bénéfice tantôt de l'une, tantôt de l'autre ; à chaque instant, l'un des partenaires se trouve donc en position de force et l'autre en position de faiblesse. Cette dissymétrie peut être rapprochée de celle qui marque à la guerre le rapport entre la défense et l'attaque. Certes, sur le champ de bataille, le déséquilibre joue en permanence au profit de la défense, mais, dans la mesure où, pendant une guerre de quelque durée, les deux parties en présence occupent le plus souvent à tour de rôle la position du défenseur et celle de l'attaquant, on aboutit à un résultat équivalent : partenaires commerciaux et adversaires militaires ne sont jamais en situation d'égalité effective ; à chaque instant, il existe un écart, si minime soit-il, en faveur de l'un d'entre eux. La même conclusion vaut pour la sphère globale de la concurrence : dans la compétition entre les entrepreneurs, les avantages sont répartis de façon inégale, et l'introduction d'un avantage neuf – l'apparition d'une innovation technique, l'ouverture d'un marché jusqu'alors fermé – ne profite pas simultanément et uniformément à tous ; à chaque moment, les uns ont l'initiative et les autres subissent ; les uns sont à l'offensive et les autres sur la défensive.

Dans l'arène du commerce et de la concurrence, tous les agents s'efforcent d'accroître leurs gains. En période de croissance, on le sait, ils peuvent y parvenir ensemble, pour autant du moins que soient prises en considération les seules quantités absolues ; en pareil cas, en effet, le progrès de l'un n'entraîne pas nécessairement le recul de l'autre, puisque le volume total des « affaires » augmente. Mais la croissance connaît des éclipses, et la sécurité à long terme exige l'adoption d'un autre critère d'évaluation : la répartition des « parts de marché », indépendamment des dimensions changeantes de celui-ci. Or, dès que l'entrepreneur se fixe comme but d'agrandir sa part de marché, nous retrouvons la configuration du jeu à somme nulle : il ne peut atteindre son objectif qu'au détriment de ses rivaux. Par ailleurs, il est clair qu'entre les partenaires affrontés opère un principe de polarité ; chacun subit la loi de l'autre, car ses décisions sont fonction des intentions qu'il prête à l'autre, ou des initiatives de l'autre. Si, par exemple, l'un décide de diminuer fortement ses prix, les autres sont rapidement contraints de s'aligner, sous peine de voir leur position s'effondrer : une dépendance réelle vient donc balancer l'indépendance formelle ; toutefois, cette dépendance est réciproque : l'égalité initiale des partenaires est donc préservée.

Comme la guerre et le jeu, la concurrence se déploie dans le « milieu » de l'incertitude et pour les mêmes raisons. La pluralité des centres autonomes de décision est une première source d'incertitude. Chaque agent s'efforce de maintenir un secret aussi rigoureux que possible sur ses ressources et sur ses projets : dans la compétition comme sur le champ de bataille, la surprise est un facteur important du succès ; chacun s'attache donc à déjouer les prévisions d'autrui, y compris en adoptant, le cas échéant, un comportement apparemment déraisonnable. L'entente intervient ici comme un instrument privilégié pour réduire l'incertitude, mais elle est la négation même de la concurrence, ce qui montre *a contrario* à quel point l'incertitude est consubstantielle à celle-ci. Par ailleurs, le hasard joue un rôle significatif, sous forme d'événements – accidents météorologiques, découvertes scientifiques et techniques, crises sociales et politiques – qui pèsent lourdement sur le cours de la compétition, alors même qu'ils se produisent en dehors d'elle, dans de tout autres régions de la vie sociale et selon des lois largement étrangères aux siennes. Les agents ne peuvent guère prévoir ces événements, encore moins agir sur eux : pour employer le langage des cartes, ils font partie de la « donne », que le joueur subit et à laquelle il lui faut s'adapter.

Dans la durée, les écarts qui séparent les concurrents ont parfois tendance à s'annuler, mais parfois aussi un processus cumulatif s'enclenche ; l'écart se creuse, devient irréversible et insurmontable ; finalement, l'on assiste au triomphe de l'un et à la ruine de l'autre. En d'autres termes, la concurrence livrée à elle-même implique inéluctablement la concentration, c'est-à-dire la disparition des plus faibles : ou bien ils sont éliminés, ou bien ils renoncent à leur autonomie pour être absorbés par leurs rivaux plus puissants. Sous cet angle – on pardonnera la banalité du propos –, la concurrence s'apparente à la lutte pour la vie ; avec elle, il est nécessairement question de vie ou de mort, la mort se définissant comme dans le jeu par la « sortie du champ ».

Guerre et commerce : leur association se perd dans la nuit des temps. Plutôt que vers la Grèce du Ve siècle, tournons-nous vers la Chine ancienne, celle des Royaumes combattants : « Guerre et commerce, écrit Jean Levi, telles sont les deux réalités qui marquent profondément la Chine et produisent les plus violentes transformations de son histoire entre le VIe et le IIIe siècle. Les deux activités sont indissociables. Si, comme l'a dit Clausewitz, la guerre a tout d'une opération commerciale, en Chine le commerce ressemble à une opération militaire. Ils réclament même minutie dans les préparatifs, même esprit d'entreprise, même choix du moment favorable, même attente des circonstances propices, même sûreté dans les décisions, même rapidité d'exécution, même esprit matois qui calcule et planifie[18]. » Par où nous retrouvons finalement une vertu très proche de la *métis* grecque : « Guerre et commerce, dit encore Jean Levi, ont signé l'acte de naissance d'un type d'intelligence rusée, caractérisée par la promptitude du coup d'œil et de l'exécution, par l'agilité mentale et dont le domaine comprend tout ce qui est instable, mouvant, fluctuant[19]. » Voici de nouveau Ulysse et son cousin chinois sur le devant de la scène.

La politique et la guerre

S'il est vrai, comme le veut Aron, que Clausewitz s'interdit le renversement de sa célèbre Formule et refuse en conséquence de décrire la politique comme une continuation ou un instrument de la guerre, il n'en reste pas moins que cette Formule, sous la forme même que lui a donnée Clausewitz, implique l'hypothèse d'une continuité entre la politique et la guerre. Ce qui fait la spécificité de celle-ci, répétons-le, c'est le recours à un moyen particulier, la violence armée, ainsi que l'effet majeur de ce recours, la formation du « milieu » singulier dans lequel baigne la guerre. Mais le moyen n'est qu'un aspect de l'action parmi d'autres. En tant que telle, l'action suppose aussi un champ ou une scène sur laquelle elle s'accomplit, des acteurs, porteurs d'intelligence et de volonté, et enfin des buts visés par ces acteurs. S'il y a continuité entre la politique et la guerre en dépit du caractère singulier des moyens mis en œuvre par cette dernière, c'est bien que, de part et d'autre, le champ, les acteurs et les buts sont identiques. C'est pourquoi Clausewitz, après avoir comparé la guerre au commerce, peut écrire qu'« elle ressemble encore plus à la politique, qui peut être considérée à son tour, du moins en partie, comme une sorte de commerce sur une grande échelle » (145, 113). Nous n'en avons donc pas

18. Jean Lévi, *Les Fonctionnaires divins*, Paris, Seuil, 1989, p. 22.
19. *Ibid.*, p. 30.

fini avec la relation entre guerre et politique, puisque c'est leur ressemblance qu'il s'agit maintenant d'expliciter.

Cependant, le terme de politique s'entend en plusieurs sens et, selon celui que nous retiendrons, la thèse d'une similitude entre guerre et politique paraîtra plus ou moins évidente. Par « politique », on peut désigner tout d'abord la politique étrangère, les rapports qu'un État ou une nation entretiennent avec leurs voisins. Dans ce domaine, l'affirmation d'une continuité et d'une ressemblance entre guerre et politique ne fait guère problème. Guerre et diplomatie se déploient l'une et l'autre sur la scène des relations internationales ; elles sont l'une et l'autre conduites par des États et des gouvernements qui se présentent comme souverains, et elles ont l'une et l'autre pour fin la sécurité ou l'agrandissement de l'État. Nous avons assurément là l'une des interprétations possibles de la Formule de Clausewitz : « Seuls les rapports politiques entre gouvernements et nations engendrent la guerre [et] la guerre n'est rien d'autre que la continuation des relations politiques avec l'appoint d'autres moyens » (703, 674). Un peu plus loin, Clausewitz conclut que la guerre « est une politique qui livre bataille au lieu de rédiger des notes » (706, 678). Continuité et ressemblance sont ici telles que, entre la diplomatie et la guerre, le passage peut s'opérer de façon insensible : bien que, sur le plan des institutions, guerre et paix soient nettement séparées, la guerre modérée n'est bien souvent « qu'une diplomatie un peu plus tendue, une façon un peu plus exigeante de négocier, où les batailles et les sièges [servent] de notes diplomatiques » (685, 656).

Mais qu'en est-il de la ressemblance entre guerre et politique lorsque nous donnons au terme de politique une signification générale, incluant en particulier la politique intérieure de l'État ? Reconnaissons-le sans détours, il n'est pas certain que Clausewitz accepterait une telle généralisation de son propos. En premier lieu, il n'admet entre la politique extérieure et la politique intérieure de l'État qu'un lien relativement lâche. Tout d'abord, la politique étrangère d'un État ne découle pas mécaniquement et ne peut se déduire de son régime politique :

« Le rôle joué par un État en politique étrangère ne tient que de façon indirecte à sa constitution, il n'y est pas lié dans son essence » (1976a : 404). De façon positive, deux facteurs intérieurs influencent de manière significative la conduite des affaires extérieures de l'État : « Lorsqu'une grande société ne continue pas à vivre tranquille en elle-même et qu'elle doit agir au-dehors comme État, deux choses principales, que l'on a peu à faire rentrer en ligne de compte dans une existence calme, occupent le premier plan : l'une est l'efficacité de la machine de gouvernement, par où la masse devient une unité, et l'autre est l'esprit du peuple qui donne à l'ensemble la vie et la force nerveuse » (1976b : 15-16). Efficacité de la machinerie gouvernementale et esprit public : est-il possible de subsumer sous ces deux rubriques tout ce que nous entendons par politique intérieure ? Je ne le crois pas : la première nous renvoie à l'administration plutôt qu'à la politique ; quant à la seconde, elle est à la fois trop partielle et trop vague pour que tous les aspects de la politique intérieure puissent s'y trouver contenus. Enfin, dans l'un des derniers textes qu'il ait écrits, Clausewitz en arrive à une conclusion désabusée : ni le bonheur et la prospérité internes des États, ni la pureté de leurs intentions proclamées n'impliquent nécessairement qu'au-dehors ils vivent en paix et en harmonie avec leurs voisins. « Si les principes et les opinions d'ordre politique et religieux s'allient habituellement aux intérêts matériels et à la sécurité extérieure, ils ne peuvent cependant jamais en tenir lieu ; en admettant que ce qu'il est convenu d'appeler despotisme ait disparu tout à fait, que tous les peuples soient aussi libres et heureux que Paris l'est à cette heure [1831] et que Dresde l'a encore été il y a peu de mois, les rapports entre peuples seraient-ils pour autant de paix idyllique, et l'affrontement des intérêts et des passions, qui ne cesse de menacer leur paix extérieure, en serait-il réduit au silence ? Bien sûr que non ; ce n'est donc pas dans les maximes qu'il nous faut chercher les oppositions entre les peuples, mais dans tout l'ensemble de leurs rapports spirituels et matériels, et sur ce point il est plutôt indiqué d'interroger l'histoire » (1976a : 483).

À vrai dire, il n'est même pas certain que Clausewitz accepterait de considérer que la vie intérieure des États relève de la politique telle qu'il l'entend. C'est que, à ses yeux, l'État – quel que soit le régime en vigueur – ne peut être pensé que sur le modèle du sujet individuel ; rappelons ici sa définition de la politique comme « intelligence de l'État personnifié » (68, 35). En conséquence, toute division, tout conflit en son sein, est regardé comme pathologique. La politique intérieure n'est rien d'autre que l'administration éclairée de l'intérêt général, la gestion rationnelle du « bien public ». En revanche, la multiplication des factions et des partis et leur affrontement pour la conquête du pouvoir ne sont que des formes dégradées et dévoyées de la politique ; elles offrent sans doute un spectacle fascinant, mais ce spectacle est ruineux pour le pays qui en est la scène. Il suffit sur ce point de se reporter aux pages révélatrices que Clausewitz consacre à la Révolution française : « Il y avait là un foisonnement de vie et d'activités, d'intrigues et d'affrontements, de luttes et de succès, de crainte et d'espoir, de terreur et de joie, une solidarité entre amis et un acharnement à traquer l'ennemi, cet enthousiasme qui soulève l'individu et qui entraîne les autres, et enfin l'une ou l'autre intervention aussi habile que violente – toute une vie riche et frémissante qui évoque le Forum de la Rome antique et les places publiques d'Athènes. En regard d'un tel spectacle de la vie civile, le fait de vaquer sans bruit à ses affaires privées prenait forcément figure de stagnation » (1976a : 406). Mais Clausewitz aussitôt s'interroge : « La participation à l'État ne saurait-elle être autre chose que cet intérêt direct que chaque conscience individuelle prend aux sources du gouvernement ? Tant d'agitation, tant d'intrigues où l'on brigue la direction de l'ensemble ne sont-elles pas plutôt une déviation morbide de l'action ? » (1976a : 406). La réponse ne fait aucun doute : « Cette agitation inconsidérée, cette participation déréglée et partiale au gouvernement, qui tient les plus actifs prisonniers d'un cercle en constante effervescence, est une réelle anomalie, calquée sur l'image de certaines petites républiques fort turbulentes » (1976a : 407). Ainsi se trouve réduit à l'état d'anomalie ce que nous tenons aujourd'hui pour le cœur même de la politique. Nous avons ici une manifestation de ce mépris de la politique qui est une très ancienne tradition, non seulement prussienne, mais allemande ; près d'un siècle plus tard, cette tradition inspirera à Thomas Mann ses *Considérations d'un apolitique* et lui fera écrire : « Je ne veux pas de la gestion des parlements et des partis qui empoisonne l'ensemble de la vie nationale avec la politique [...]. Je ne veux pas de politique. Je veux l'objectivité, l'ordre, la décence[20]. »

Cela dit, nous ne sommes pas tenus d'épouser à notre tour un tel préjugé, et nous pouvons nous demander ce que signifie, pour notre compréhension de la politique, la double hypothèse clausewitzienne d'une continuité et d'une ressemblance entre guerre et politique. Parmi les penseurs qui ont exploré cette hypothèse, il faut citer au premier rang Carl Schmitt. Pour Schmitt, on le sait, il y a continuité entre guerre et politique parce que celle-ci est par essence conflit ; en effet, c'est le contraste entre l'ami et l'ennemi qui fonde et gouverne l'ordre politique : « La distinction spécifique du politique, à laquelle peuvent se ramener les actes et les mobiles politiques, c'est la discrimination de l'ami et de l'ennemi[21]. » Le sens de cette distinction, précise Schmitt, est simplement « d'exprimer le degré extrême d'union ou de désunion, d'association ou de dissociation[22] ». C'est dire qu'elle ne renvoie pas à une région particulière du social : « Tout antagonisme religieux, moral, économique, ethnique ou autre se transforme en antagonisme politique dès lors qu'il est assez fort pour provoquer un regroupement effectif des hommes entre amis et ennemis[23]. » Il y a là un élargissement considérable du champ politique : sitôt qu'un affrontement – quelle qu'en soit l'origine – devient assez

20. Thomas Mann, *Considérations d'un apolitique*, traduction de Louise Servicen, Paris, Grasset, 1975, p. 222.

21. Carl Schmitt, *La Notion de politique*, traduction de M.L. Steinhauser, Paris, Calmann-Lévy, 1972, p. 66.

22. *Ibid.*

23. *Ibid.*, p. 77-78.

intense pour que les adversaires se transforment en ennemis, il prend *ipso facto* un caractère politique ; en même temps, le rôle central donné à la catégorie de l'« ennemi » introduit la guerre au cœur même de la politique. Car l'ennemi est ici l'autre, l'étranger, avec lequel des conflits sont possibles « qui ne sauraient être résolus, ni par un ensemble de normes générales établies à l'avance, ni par la sentence d'un tiers, réputé non concerné et impartial[24] ».

Nous retrouvons par cette voie certains des thèmes majeurs de la pensée de Schmitt. Tout d'abord, la confrontation avec l'autre ainsi défini est bien une « situation exceptionnelle », puisque, précisément, elle ne peut être soumise à aucune norme. En face d'une telle situation, chacun des adversaires en présence est seul à pouvoir décider si l'autre représente une menace telle qu'il doive être traité en ennemi, c'est-à-dire combattu par tous les moyens, y compris, le cas échéant, ceux de la violence. Or on se rappelle la définition fameuse : « Est souverain celui qui décide de la situation exceptionnelle[25] ». Par nature, les protagonistes du drame politique sont donc des collectivités souveraines ; il suffit qu'une collectivité quelconque se déclare telle pour qu'elle le devienne effectivement, et se transforme du même coup en acteur politique. Par ailleurs, le conflit politique est l'antagonisme suprême, puisque, à son horizon, la guerre et la mort sont nécessairement inscrites. Par guerre, il faut entendre ici aussi bien la guerre étrangère – entre communautés politiques déjà constituées – que la guerre civile, à l'intérieur d'une communauté qui se dissout aussitôt et du même coup en deux ou plusieurs unités nouvelles. L'existence politique et le droit de décider de la paix et de la guerre sont donc intrinsèquement liés, puisque « la guerre n'est que l'actualisation ultime de l'hostilité[26] », laquelle est la relation constitutive de l'ordre politique. « Est politique,

24. Carl Schmitt, *La Notion de politique*, *op. cit.*, p. 67.

25. Carl Schmitt, *Théologie politique*, traduction de J.-L. Schlegel, Paris, Gallimard, 1988, p. 15.

26. Carl Schmitt, *La Notion de politique*, *op. cit.*, p. 73.

dit encore Schmitt, tout regroupement qui se fait dans la perspective de l'épreuve de force[27]. »

On le voit, il n'y a ici ni fusion ni confusion entre guerre et politique ; la guerre est posée comme la « limite essentielle » de la politique : lorsque la logique de la politique est conduite à son terme, elle aboutit à la guerre. Ainsi « la guerre est loin d'être l'objectif, la fin, voire la substance du politique, mais elle est cette hypothèse, cette réalité éventuelle qui gouverne selon son mode propre la pensée et l'action des hommes, déterminant de la sorte un comportement spécifiquement politique [...]. Le politique n'est pas donné dans la lutte elle-même, qui a ses propres lois techniques, psychologiques et militaires ; il consiste dans un comportement commandé par l'éventualité effective de celle-ci[28] ».

Au cours de son cheminement, Schmitt rencontre tout naturellement la pensée de Clausewitz, et il est amené à se prononcer sur elle. En apparence, leurs deux thèses sont inverses : pour Clausewitz, la guerre est un moyen de la politique, et c'est de la politique qu'elle tient son sens ; pour Schmitt, au contraire, c'est la guerre qui donne son sens à la politique, puisque c'est la possibilité du conflit armé qui définit cette dernière. De nombreux commentateurs – et récemment encore J.-F. Kervégan dans le livre qu'il a consacré à Hegel et à Schmitt[29] – s'en tiennent à cette opposition. Pourtant, Schmitt lui-même ne s'en satisfait pas. Dans une note de *La Notion de politique* – ouvrage où sont élaborés les concepts que je viens de présenter –, il écrit : « La guerre est pour lui [Clausewitz] un simple instrument de la politique. Ce qu'elle est aussi, bien sûr, mais cette définition n'épuise pas la signification de la guerre pour qui cherche à déterminer la nature de la politique. D'ailleurs, à y regarder de plus près, la guerre n'est pas, chez Clausewitz, un instrument parmi beaucoup d'autres, elle est

27. Carl Schmitt, *La Notion de politique*, *op. cit.*, p. 80.

28. *Ibid.*, p. 74 et 78.

29. Jean-François Kervégan, *Hegel, Carl Schmitt ; le politique entre spéculation et positivité*, Paris, PUF, 1992, p. 75.

l'*ultima ratio* de la configuration ami-ennemi[30]. » À en croire Schmitt, la relation entre guerre et politique chez Clausewitz ne serait pas de simple extériorité, comme celle qui peut exister entre une fin et un moyen qui s'offre « entre autres » et qui lui est en soi étranger et indifférent. La guerre ne peut être un moyen de la politique que parce qu'elles sont liées par une sorte de « convenance préétablie ». Ceux qui soulignent la différence qui séparerait chez Clausewitz la guerre de la politique oublient que les notions de « continuité » et de « ressemblance » sont nécessairement réciproques ; lorsqu'on les utilise, on ne se prononce pas seulement sur l'un des termes confrontés – la guerre –, on énonce aussi quelque chose de l'autre – la politique. Après avoir affirmé l'existence d'une similitude entre guerre et politique, Clausewitz poursuit : « De plus, la politique est la matrice dans laquelle la guerre se développe ; en celle-là, les linéaments déjà formés rudimentairement de celle-ci se cachent, comme les propriétés des êtres vivants dans leurs embryons » (145, 113). Ainsi les caractères de la guerre opèrent déjà de façon latente et à l'état de germes dans la politique : Schmitt dit-il autre chose ?

Les théories qui fondent l'ordre politique sur le contrat et le soumettent à l'empire du droit méconnaissent cette parenté essentielle, ce lien organique entre la guerre et la politique. La discrimination entre l'ami et l'ennemi, constitutive de la politique comme de la guerre, oppose d'abord les uns aux autres les peuples et leurs États ; autrement dit, le peuple comme entité politique est par nature une communauté d'amis. Plus précisément, l'existence de l'État en tant qu'acteur souverain, apte à trancher de la paix et de la guerre, et l'exercice de son pouvoir constituant supposent l'existence préalable du peuple comme être politique unifié et homogène, ce qui implique à la fois l'égalité et l'identité de vues entre les citoyens. Dès lors, le pacte social n'est pas le fondement de l'État, il en est tout au plus l'ouvrage ou le résultat. C'est dire qu'en réalité il est sans objet ;

30. Carl Schmitt, *La Notion de politique*, *op. cit.*, p. 201-202.

car ou bien le peuple est homogène au sens défini plus haut, et le contrat social est alors superflu : pourquoi formaliser une entente acquise dans les faits ? Ou bien il est hétérogène, c'est-à-dire déchiré dans des domaines décisifs par des clivages et des conflits profonds et durables ; en pareil cas, ce n'est pas un contrat qui lui permettra d'accéder à cette unité substantielle qu'exige l'existence politique. On peut atteindre la même conclusion par une autre voie : un contrat ne peut lier par définition que des partenaires autonomes, libres de leur adhésion, mais, en conséquence, il n'est jamais plus qu'une trêve plus ou moins longue, sur fond d'hostilité persistante : « Sur la base du seul mot d'ordre : *pacta sunt servanda*, on ne saurait fonder une quelconque unité de l'État ; en effet, les groupes sociaux singuliers sont alors comme tels, au titre de sujets passant des contrats, les éléments déterminants : ils font usage du contrat et ne sont plus liés que par un lien contractuel. Ils se font face au titre d'entités politiques autonomes, et ce qui subsiste d'unité est simplement le résultat d'une alliance révocable, comme toutes les alliances et tous les contrats. Le contrat a, dans ce cas, uniquement pour fonction de conclure la paix entre des groupes qui pactisent, et la conclusion d'une paix comporte toujours, que les partis le veuillent ou non, une référence à la possibilité, fût-elle lointaine peut-être, d'une guerre. C'est pourquoi, à l'arrière-plan de ce type d'éthique du contrat, il y a toujours une éthique de la guerre civile[31]. »

À cette critique du contrat vient tout naturellement se joindre une critique du droit. Celui-ci est toujours enregistrement et ratification d'un état de fait dont la genèse s'accomplit ailleurs. En dernier recours, la loi trouve son origine et son fondement dans une décision politique, prise par les détenteurs d'un pouvoir ; avant d'être règle, elle est commandement et volonté. Du même coup, « le règne du Droit n'est jamais que le règne de ceux qui établissent et qui appliquent les normes du

31. Carl Schmitt, *Parlementarisme et Démocratie*, traduction de J.-L. Schlegel, Paris, Seuil, 1988, p. 149-150.

droit[32] ». De même, « la primauté du Droit ne signifie rien d'autre que la légitimation d'un *statu quo* précis[33] », celui-là même que les dominants ont institué à leur avantage. Au total, rappelle Schmitt, « ce sont toujours des groupes humains concrets qui, au nom du Droit, ou de l'Humanité, ou de l'Ordre, ou de la Paix, luttent contre d'autres groupes humains concrets[34] ». En outre, la décision qui est la source première de la loi s'exerce non seulement sur les actes, mais aussi sur les mots : « C'est même un des faits majeurs de l'histoire juridique et intellectuelle de l'humanité : celui qui détient la vraie puissance définit aussi les mots et les concepts. *Caesar Dominus et supra grammaticam*[35]. »

Le contrat et le droit se découvrent donc comme des écrans destinés à dissimuler l'état d'hostilité irréductible qui forme le fond et la trame de l'ordre politique. Dans cette perspective, guerre et politique deviennent des notions pratiquement coextensives, et Schmitt le reconnaît lorsque, généralisant la notion de guerre, il distingue la « guerre-action » et la « guerre-état ». Celle-ci, écrit-il, « implique l'existence d'un ennemi subsistant au-delà de la cessation des hostilités immédiates et violentes[36] ». La guerre froide telle que le monde l'a connue entre 1945 et 1989 illustre très bien, me semble-t-il, ce que Schmitt entend par « guerre-état ». Mais, si nous acceptons de considérer que guerre chaude et guerre froide ne sont que de simples variétés à l'intérieur d'un même genre, il devient possible de subsumer sous la rubrique de la guerre la quasi-totalité des relations politiques. Nous avons vu plus haut Schmitt s'attacher à prévenir toute confusion entre guerre et politique ; ici, au contraire, il semble en accepter le risque : « Est guerre, au sens total où

32. Carl Schmitt, *La Notion de politique*, *op. cit.*, p. 113-114.

33. *Ibid.*, p. 113.

34. *Ibid.*, p. 114.

35. Carl Schmitt, *Du politique*, traduction de J.-L. Pesteil, Puiseaux, Pardès, 1990, p. 99.

36. Carl Schmitt, *La Notion de politique*, *op. cit.*, p. 165.

on l'entend ici, tout ce qui, action ou état, procède de l'hostilité[37]. »

En définitive, l'ordre politique est donc essentiellement pluriel et divisé ; l'unité et la cohésion intérieures de l'agent politique, les solidarités de toute nature qui rassemblent ses membres, sont donc des phénomènes extra- (infra- ou supra-) politiques. La multiplicité des peuples et des États est irréductible : « Le caractère spécifique du politique entraîne un pluralisme des États. Toute unité politique implique l'existence éventuelle d'un ennemi et donc la coexistence d'une autre unité politique[38]. » En conséquence, une humanité une et réconciliée ne serait pas une communauté politique, et « l'humanité n'est pas un concept politique[39] ». Comme l'a bien vu Léo Strauss[40], cette scission originelle du politique s'enracine en dernière analyse dans une vision théologique. « Toutes les théories politiques véritables, observe Schmitt, postulent un homme corrompu, c'est-à-dire un être dangereux[41]. » De fait, parce qu'il est corrompu, l'homme peut toujours devenir l'ennemi de l'homme, et c'est pourquoi l'ordre politique existe. Mais cette corruption, à son tour, est le reflet ou l'effet d'une corruption métaphysique qu'exprime le dogme du péché originel. Satan, qui est par excellence l'Ennemi de Dieu comme des hommes, s'introduit dans le Jardin ; alors prend fin la paix qui y régnait ; alors s'interrompt le perpétuel présent dans lequel ses habitants vivaient ; alors commence l'Histoire – la nôtre.

À l'origine du droit, Schmitt, on vient de le voir, nous invite à découvrir la décision et, par conséquent, le pouvoir de ceux qui décident. Par un chemin différent, Michel Foucault en arrive à des résultats voisins. Si les rapports de pouvoir sont, en

---

37. Carl Schmitt, *La Notion de politique*, *op. cit.*, p. 166.
38. *Ibid.*, p. 97.
39. *Ibid.*, p. 99.
40. Leo Strauss, *Trois lettres à Carl Schmitt*, in : Heinrich Meier, *Carl Schmitt, Leo Strauss et la notion de politique*, traduction de Françoise Manent, Paris, Julliard, 1990, p. 167-172.
41. Carl Schmitt, *La Notion de politique*, *op. cit.*, p. 107.

dernière instance, des rapports de force, et si « la guerre peut passer comme le point de tension maximum, la nudité même des rapports de force[42] », alors les rapports de pouvoir peuvent effectivement être pensés dans la catégorie de la guerre, et la guerre apparaît comme le cœur et la vérité du pouvoir. Autrement dit, la guerre est au commencement de la domination, d'un point de vue chronologique comme d'un point de vue logique. Au départ, il y a eu un affrontement, qui a laissé des vainqueurs et des vaincus, et c'est entre eux désormais que s'établit un rapport de pouvoir. Mais l'arrêt des hostilités ouvertes ne signifie pas la fin de la guerre ; celui qui l'a emporté fait maintenant la loi, mais « la loi n'est pas pacification, car, sous la loi, la guerre continue de faire rage à l'intérieur de tous les mécanismes de pouvoir, même les plus réguliers. C'est la guerre qui est le moteur des institutions et de l'ordre : la paix, dans le moindre de ses rouages, fait sourdement la guerre. Autrement dit, il faut déchiffrer la guerre sous la paix[43] ».

Dès lors, Foucault n'hésite pas un instant à retourner la Formule de Clausewitz et à faire de la politique la continuation de la guerre. En fait, suggère-t-il, la Formule de Clausewitz n'est elle-même que le renversement d'un principe plus ancien, d'« une sorte de thèse à la fois diffuse et précise qui circulait depuis le XVIIe et le XVIIIe siècle[44] ». Laissons ici de côté l'aspect historique de la démonstration de Foucault pour n'en retenir que les conclusions : « Nous sommes donc en guerre les uns contre les autres ; un front de bataille traverse la société tout entière, continûment et en permanence, et c'est ce front de bataille qui place chacun de nous dans un camp ou dans un autre. Il n'y a pas de sujet neutre. On est forcément l'adversaire de quelqu'un[45]. » On reconnaîtra sans difficulté ici le clivage entre l'ami et l'ennemi cher à Carl Schmitt. De même, il n'y a

42. Michel Foucault, *Il faut défendre la société*, Paris, Gallimard-Seuil, 1997, p. 40.

43. *Ibid.*, p. 43.

44. *Ibid.*, p. 41.

45. *Ibid.*, p. 44.

pas de vérité universelle ; toute vérité est située d'un côté ou de l'autre de la frontière qui partage la société : « La vérité est une vérité qui ne peut se déployer qu'à partir de sa position de combat, à partir de la victoire cherchée. » Cette thèse de la guerre sociale, Foucault montre bien comment les penseurs qui en sont en apparence les plus ardents partisans s'attachent en réalité à en limiter la portée et à en conjurer les effets. Cela est vrai de Machiavel, qui en tire avant tout « une technique politique à mettre entre les mains du souverain[46] » ; cela est encore plus vrai de Hobbes : en premier lieu, la « guerre de tous contre tous » est en fait une fausse guerre, sans batailles, sans vainqueurs ni vaincus ; s'il en était autrement, si un camp l'emportait, il établirait sa suprématie sans autre forme de procès, et le contrat qui donne naissance au Léviathan serait sans objet. Dans la souveraineté d'institution comme dans la souveraineté d'acquisition, le pouvoir naît, selon Hobbes, d'une lassitude et d'une peur générales, qui amènent les hommes à renoncer au combat, donc à abdiquer leurs libertés propres et leurs droits individuels ; dès lors, ces hommes ont voulu le Monstre qui les opprime, et la suprématie de l'État est fondée sur leur consentement, quels que soient les moyens par lesquels celui-ci a été obtenu. Ainsi se trouve reléguée dans l'ombre la guerre civile larvée qui se poursuit entre gouvernants et gouvernés.

Dressons un bilan du chemin parcouru. D'un côté, Clausewitz maintient fermement la distinction qui sépare la guerre de la politique, mais, par politique, il entend avant tout la diplomatie ; de l'autre, il admet une ressemblance entre les deux activités, et il constate que les caractères de l'une sont repérables à l'état de germes dans l'autre : il ouvre ainsi la voie à des rapprochements plus poussés. Schmitt fait de la relation ami-ennemi l'étoffe commune de la guerre et de la politique, en sorte que la différence entre elles porte sur l'intensité de l'hostilité. Toutefois, la constitution intérieure de la communauté qui intervient comme acteur sur la scène politique échappe

46. Michel Foucault, *Il faut défendre la société*, *op. cit.*, p. 145.

encore pour sa part à la politique, puisque, précisément, celle-ci est ce qui se joue *entre* les acteurs et non pas en leur sein ; dans la mesure où le peuple et l'État sont des acteurs politiques privilégiés, la politique intérieure se trouve de nouveau exclue du champ, sauf lorsqu'elle se développe dans la perspective de la guerre civile. Foucault enfin se place au-delà de la distinction entre guerre étrangère et guerre civile : c'est la politique en tant que telle qui peut être déchiffrée comme une guerre. Dès lors, toutes les lois et toutes les institutions – si pacifiques qu'elles puissent paraître – sont susceptibles d'être représentées comme des machines de guerre. Sur ce point, il serait facile de trouver à Foucault des prédécesseurs ; écoutons, par exemple, Élias Canetti évoquer le suffrage universel et la règle démocratique de la majorité :

> « Personne n'a jamais cru réellement que l'opinion du plus grand nombre soit aussi, lors d'un vote, la plus sage du fait qu'elle l'emporte. C'est une volonté qui s'oppose à une autre volonté comme dans la guerre ; chacune de ces volontés est nécessairement convaincue de son meilleur droit et de sa propre raison ; conviction facile à trouver et qui se trouve d'elle-même. Le sens d'un parti est justement de maintenir éveillées cette volonté et cette conviction. L'adversaire battu aux voix ne se soumet nullement parce qu'il ne croirait plus soudain à son bon droit, il s'avoue tout simplement battu [...]. Le meilleur des candidats, le vainqueur, est celui qui se montre le plus fort. Le plus fort est celui qui a le plus de voix. Si les 17 562 personnes qui sont pour lui s'alignaient en armée contre les 13 204 qui suivent son adversaire, elles ne pourraient que remporter la victoire[47]. »

La lutte des classes et la guerre

Parmi les théoriciens qui ont pensé la vie sociale et politique sous le signe du conflit, et qui ont été du même coup tentés par

47. Élias Canetti, *Masse et Puissance*, Paris, Gallimard, 1960, p. 200-201.

l'analogie guerrière, il faut bien entendu compter Marx, ses compagnons et ses successeurs. On se rappelle la proposition inaugurale du *Manifeste du parti communiste* : « L'histoire de toute société jusqu'à nos jours, c'est l'histoire de la lutte de classes[48]. » Bien entendu, prise en elle-même, la lutte des classes n'est pas une guerre, et elle ne le devient que dans certaines circonstances. Pour penser la différence, Marx et Engels utilisent dans le *Manifeste* le contraste du manifeste et du latent ; le conflit des classes est décrit comme « une lutte sans répit, tantôt déguisée, tantôt ouverte[49] ». Rapportant la genèse et le développement du prolétariat industriel, Marx et Engels concluent : « Nous avons suivi à la trace la guerre civile qui déchire la société actuelle, guerre plus ou moins occulte, jusqu'à l'heure où elle éclate en une révolution ouverte, et où le prolétariat jette les fondements de son règne par le renversement violent de la bourgeoisie[50]. » Bien entendu, cela ne signifie pas qu'entre la lutte des classes et la guerre des classes il n'y ait qu'une différence de visibilité : celle-ci n'est que l'indice d'un accroissement d'intensité, entraînant un changement qualitatif quant aux modalités du conflit. Les formules marxiennes soulèvent donc deux problèmes : en premier lieu, où passe exactement la frontière entre lutte des classes et guerre des classes, et sur quelles bases peut-on fonder la distinction qui les sépare ? Par ailleurs, s'il faut en croire les auteurs du *Manifeste*, la lutte des classes se transforme nécessairement à un moment donné en guerre des classes : même déclinante et affaiblie, une classe dominante ne se retire jamais de son plein gré ; si bref soit-il, un affrontement armé est un moment inéluctable de la conquête du pouvoir : quand et à quelles conditions se produit cette mutation ?

Rappelons tout d'abord que, pour Marx, en quelque sorte par définition, « toute lutte de classes est une lutte politique[51] ».

48. Karl Marx, *Œuvres. Économie* I, traduction de M. Rubel, Paris, Gallimard, coll. « La Pléiade », p. 161.

49. *Ibid.*, p. 162.

50. *Ibid.*, p. 173.

51. *Ibid.*, p. 170.

C'est dire que tous les conflits sociaux ne donnent pas nécessairement naissance à une lutte de classes. Il y a lutte de classes lorsque la classe « en soi » se change en classe « pour soi », lorsque des individus qui exercent « objectivement » la même fonction et occupent la même position dans un mode de production donné se réunissent pour constituer une « force subjective », une communauté consciente d'elle-même, capable de réflexion, de décision et d'action collectives. Bien entendu, une telle transformation n'est jamais acquise une fois pour toutes ; le plus souvent, la résistance des opprimés se traduit par des affrontements localisés, parcellaires, dispersés ; en pareil cas, on ne peut pas encore parler de lutte de classes ; il faut que la lutte devienne nationale, donc politique, pour que l'appellation soit légitime. Au reste, les classes ne préexistent pas à leur opposition ; c'est la lutte qui crée la classe, et non l'inverse : « Les individus isolés ne constituent une classe qu'autant qu'ils ont à mener une lutte commune contre une autre classe ; au demeurant, eux-mêmes s'affrontent hostilement dans la concurrence[52]. » Bien plus, l'évolution de la société moderne conduit à une polarisation et à une scission de celle-ci entre deux extrêmes hostiles : « Notre époque – l'époque de la bourgeoisie – se distingue des autres par un trait particulier : elle a simplifié les antagonismes de classes. De plus en plus, la société se divise en deux grands camps ennemis, en deux grandes classes qui s'affrontent directement : la bourgeoisie et le prolétariat[53]. » Alors la lutte des classes atteint son apogée : désormais, les « deux nations » de Disraeli se font face ; pourtant l'heure de la guerre n'a pas encore sonné.

Qu'est-ce qui retient la lutte des classes ainsi portée à l'incandescence de se transformer aussitôt en guerre civile ? Tout d'abord, les classes ennemies sont et demeurent englobées dans des communautés plus vastes qui limitent leur affrontement.

52. Karl Marx, *Œuvres. Philosophie*, traduction de M. Rubel, Paris, Gallimard, coll. « La Pléiade », p. 1107.

53. Karl Marx, *Le Manifeste communiste*, in : *Œuvres. Économie* I, *op. cit.*, p. 162.

Deux genres de communautés jouent à cet égard un rôle particulièrement important : les communautés religieuses et les communautés nationales. Ni les unes ni les autres ne recrutent leurs membres sur la base de critères de classe ; ce sont donc des ensembles « interclassistes », et les solidarités qu'ils engendrent empêchent les antagonismes de classes de se développer jusqu'à leur point de rupture ; l'allégeance religieuse ou nationale vient affaiblir les effets de l'appartenance de classe ; du coup, la classe n'accède pas à cette cohésion, à cette clôture sur soi ni à cette indépendance de jugement qui la rendraient souveraine, c'est-à-dire capable de décider par elle-même de la paix et de la guerre. D'où les assauts de Marx contre la religion – « elle est l'opium du peuple » – et contre la nation – « les prolétaires n'ont pas de patrie » ; présentées comme des constats, ces formules relèvent plutôt du *wishful thinking* : il s'agit de lever quelques-uns des obstacles qui barrent à la classe opprimée le chemin de la guerre.

Mais, surtout, les communautés englobantes dans lesquelles les classes sont insérées tiennent leur unité et leur puissance d'une structure de domination. Je m'en tiendrai ici à la communauté nationale, dont le rôle est aujourd'hui au moins prépondérant. À l'intérieur de celle-ci, une classe est dominante, et les autres lui sont subordonnées. La classe dominante est, d'une façon ou d'une autre, propriétaire des moyens de production, et elle détient le pouvoir politique ; plus exactement, c'est pour Marx la définition même du pouvoir politique que d'être l'instrument de la suprématie d'une classe : « Le pouvoir politique, au sens strict du terme, est le pouvoir organisé d'une classe pour l'oppression d'une autre[54]. » Le pouvoir comprend à son tour deux aspects ou moments : il est d'abord capacité de coercition et, à ce titre, il s'exerce par l'intermédiaire de l'État. Investie du pouvoir politique, la classe dominante est maîtresse de l'État, et, comme celui-ci possède le monopole de la violence légitime, c'est la classe dominante qui

54. Karl Marx, *Le Manifeste communiste*, *op. cit.*, p. 182.

jouit en fait de ce monopole. Autrement dit, en temps « normal », dans les formes « ordinaires » de la lutte des classes, les moyens de contrainte – et très concrètement les armes – sont entre les mains de ses membres. Pour que la lutte de classes devienne guerre, il faut que, par un biais ou par un autre, le contrôle exclusif qu'ils exercent sur les armes soit battu en brèche.

Mais le pouvoir politique est aussi pouvoir de persuasion, et le moment de la force est nécessairement associé en son sein à un moment du consentement : même si elles en contestent certains aspects, les classes dominées acquiescent ou se résignent à leur condition subordonnée. Autrement dit, pour reprendre la terminologie de Gramsci, les dominants sont aussi des dirigeants, ils détiennent non seulement la « dictature », mais aussi l'« hégémonie intellectuelle et morale ». Cette hégémonie est l'effet direct de la domination ; comme l'écrit Marx en un texte célèbre : « À toute époque, les idées de la classe dominante sont les idées dominantes ; autrement dit, la classe qui est la puissance matérielle dominante de la société est en même temps la puissance spirituelle dominante. La classe qui dispose des moyens de la production matérielle dispose en même temps, de ce fait, des moyens de la production intellectuelle, si bien qu'en général elle exerce son pouvoir sur les idées de ceux à qui ces moyens font défaut[55]. »

L'hégémonie produit le consentement de deux façons différentes ; d'une part, elle présente l'ordre établi comme conforme à la nature des choses, et il ne s'agit pas simplement de propagande, encore moins de duperie. La classe dominante, dit Marx, ne devient telle que lorsqu'elle a « assujetti la société tout entière aux conditions de son négoce[56] » ; inversement, elle est menacée lorsqu'elle « ne peut plus imposer à la société, comme loi suprême, ses propres conditions de vie[57] ». Ce sont donc la

55. Karl Marx, *Œuvres. Philosophie*, *op. cit.*, p. 1080-1081.
56. Karl Marx, *Le Manifeste communiste*, *op. cit.*, p. 172.
57. *Ibid.*, p. 173.

vie et les institutions économiques, sociales et politiques elles-mêmes qui sont aménagées de telle sorte que les conditions de la domination d'une classe particulière apparaissent comme les conditions de l'existence sociale en général. Le message n'a pas besoin de paroles, il est inscrit dans l'architecture de la société. L'ordre établi devient donc nécessaire, parce qu'il est posé comme naturel. Lorsque la démocratie bourgeoise finit par s'imposer, un second procédé, non moins efficace, vient s'ajouter au premier : l'ordre établi est maintenant décrit comme le résultat d'un libre choix de la part des individus qui forment la société. Là encore, il ne s'agit pas seulement d'idées : certes, la philosophie du contrat social affirme que la société et ses lois reposent en dernière analyse sur un pacte ; mais cette thèse trouve des échos dans le domaine économique comme dans le domaine politique : dans l'un, l'individu est lié à son employeur par un « contrat de travail » bien réel, dans lequel on peut lui soutenir qu'il est entré de sa propre volonté ; dans l'autre, les dispositifs conjugués du suffrage universel et du régime parlementaire donnent à tous les citoyens le sentiment qu'ils exercent au moins un contrôle indirect sur les décisions et les actes du gouvernement. Enfin, contrairement à une opinion parfois soutenue par Gramsci, il serait trop simple d'admettre une sorte de partage des tâches qui attribuerait la coercition à l'État et réserverait l'hégémonie à la société civile et à ses institutions – famille, école, etc. En fait, au moins en ce qui concerne la démocratie bourgeoise, l'État dispose seul de la coercition, mais il joue également un rôle important dans la production du consensus, comme le montre l'exemple du suffrage universel et du régime parlementaire que je viens d'évoquer[58].

De ce qui précède, on peut déduire en toute sécurité les conditions de possibilité d'une guerre des classes. Pour que la lutte des classes se transforme en guerre, il faut que la classe

58. Sur tout ceci, voir Perry Anderson, *Sur Gramsci*, traduction de D. Letelier et S. Niemetz, Paris, Maspero, 1978, p. 69 et s.

opprimée accède à l'autonomie intellectuelle et politique. Il faut donc d'abord que le consentement soit brisé. L'ordre établi doit être conçu, non plus comme un effet de la nature, mais comme un produit de l'histoire, comme tel fragile et transitoire, à l'instar de tout ce qui est soumis à l'empire du temps. Derrière les apparences du contrat doivent être mises au jour les supériorités et les contraintes réelles, qui rendent illusoires les prétendues liberté et égalité des parties. Positivement, la classe qui aspire à régner doit être à son tour capable de présenter les conditions de sa propre émancipation comme les conditions de l'émancipation de tous. Enfin, il faut que les moyens de coercition de l'État perdent leur pouvoir d'intimidation et de dissuasion.

Le couple du consentement et de la force, et celui de la société civile et de l'État – qui, on l'a vu, ne se recouvrent pas exactement – donnent à Gramsci le moyen de penser la diversité historique des modalités de la lutte des classes, dans la diachronie comme dans la synchronie. En premier lieu, ils permettent de distinguer un état « normal » et un état « d'exception » ; la lutte de classes « ordinaire » privilégie le moment du consentement ; la force demeure latente et ne surgit au grand jour qu'en période de crise, lorsque la classe dominante se sent directement menacée. Autrement dit, le consentement dissimule la coercition à la manière d'un écran, et il faut que cet écran soit abattu pour que la force entre en scène. Par ailleurs, les pays de l'Est européen – où dominent l'État et la coercition – peuvent être opposés aux pays de l'Ouest – où la société civile et le consentement occupent le premier plan[59]. Dans l'histoire de l'Europe, on peut de même discerner deux ères : avant la Commune de 1871, l'ordre établi a pour principaux défenseurs l'État et sa puissance de répression ; après 1871, la société civile prend la relève, et elle agit désormais par la persuasion. Mais lorsque Gramsci veut décrire les formes variées que

59. Gramsci, *Cahiers de prison* (6 à 9), traduction de M. Aymard, Paris, Gallimard, 1983, p. 183-184.

prend la lutte des classes dans ces diverses conjonctures, il emprunte sa terminologie à l'univers conceptuel de la guerre : là où l'État et la coercition jouent le rôle principal – en temps de crise, à l'Est, ou avant 1871 –, la classe opprimée doit se livrer à la « guerre de mouvement » : sa tâche immédiate est de préparer, de déclencher et de mener à bien l'insurrection ; au contraire, là où la société civile et le consentement l'emportent – en temps « normal », à l'Ouest, et après 1871 –, la classe opprimée est contrainte à la « guerre de position[60] » : il lui faut saper progressivement l'hégémonie des dominants, ruiner leur prestige et leur autorité par des offensives partielles et des efforts d'éducation et de propagande qui ne peuvent produire leurs effets qu'à moyen ou long terme.

Sur le plan proprement militaire, c'est la différence entre les guerres napoléoniennes et la guerre de 1914-1918 qui illustre le mieux le contraste entre guerre de mouvement et guerre de position, et qui atteste que, dans ce domaine aussi, l'évolution conduit de l'une à l'autre. D'un côté, la décision est obtenue par la manœuvre, par la mobilité, par l'ampleur et par la rapidité des déplacements qui permettent de concentrer les forces pour l'épreuve cruciale ; de l'autre, les lignes de front demeurent stables pendant de longues périodes, et c'est l'usure relative des adversaires en présence qui fait pencher la balance. Au début de ce siècle, Hans Delbrück, comparant pour sa part les guerres de Napoléon à celles de Frédéric II, avait opposé les stratégies de renversement aux stratégies de l'épuisement, et Kautsky avait repris ces catégories pour désigner cela même que Gramsci appellera un peu plus tard guerre de mouvement et guerre de position[61]. Mais la tentation commune des deux hommes est de regarder ces oppositions comme des alternatives, alors qu'en réalité leurs termes sont complémentaires. L'État et la coercition ne sont véritablement mis à nu qu'à la

60. Gramsci, *Cahiers de prison*, *op. cit.*, *Cahier 1*, p. 118-121 ; *Cahier 6*, p. 118 ; *Cahier 7*, p. 183 ; *Cahier 13*, p. 409 à 413 et 418-419 ; *Cahier 15*, p. 121 à 124.

61. Voir sur ce point, Perry Anderson, *Sur Gramsci*, *op. cit.*, p. 108 à 114.

veille même du soulèvement, et l'hégémonie des dominants ne disparaît pas avec leur chute ; sous forme d'habitudes de pensée ou de comportements coutumiers, elle continue de s'exercer alors même qu'ils ont été chassés du pouvoir. La guerre de mouvement ne permet donc pas de faire l'économie de la guerre de position. Inversement, s'il est vrai que les dominants n'abandonnent jamais leur empire de leur plein gré, la guerre de position ne peut trouver sa conclusion que dans une guerre de mouvement : le bombardement ne dispense pas de l'assaut. Bref, la guerre de position est à elle seule impuissante, mais la guerre de mouvement ne peut aboutir que si elle est préparée par une guerre de position. Lorsque nous examinerons la conception clausewitzienne du combat, nous verrons que tel est exactement le rapport qui unit les deux moments de celui-ci, la destruction et la décision.

Cette complémentarité est parfaitement mise en lumière par la définition que donne Lénine du « moment de la Révolution », c'est-à-dire des conjonctures historiques dans lesquelles la Révolution peut éclater : « La loi fondamentale de la révolution, confirmée par toutes les révolutions et notamment par les trois révolutions russes du XXe siècle, la voici : pour que la révolution ait lieu, il ne suffit pas que les masses exploitées et opprimées prennent conscience de l'impossibilité de vivre comme autrefois et réclament des changements. Pour que la révolution ait lieu, il faut que les exploiteurs ne puissent pas vivre et gouverner comme autrefois. C'est seulement lorsque "ceux d'en bas" ne veulent plus et que "ceux d'en haut" ne peuvent plus que la révolution peut triompher. Cette vérité s'exprime autrement en ces termes : la révolution est impossible sans une crise nationale affectant exploités et exploiteurs[62]. » De fait, toutes les conditions de la révolution sont ici résumées : « il faut que ceux d'en bas ne veulent plus... » ; le consensus doit être brisé, et les opprimés doivent désormais refuser leur condition;

62. Lénine, *La Maladie infantile du communisme*, in : *Œuvres*, t. XXXI, Paris, Éditions sociales, 1961, p. 80-81.

« il faut que ceux d'en haut ne puissent plus... » ; la coercition doit être paralysée ; il faut que des coups venus du dedans et du dehors aient diminué ses forces ; il faut que l'hégémonie soit si profondément minée que les dominants démoralisés en perdent leur confiance en eux-mêmes et leur volonté d'agir.

À l'Est, dit Gramsci, la prééminence de l'État sur une société civile atrophiée entraîne le primat de la guerre de mouvement. C'est à Mao Zedong qu'il appartiendra de tirer toutes les conséquences de ce constat. Mao commence de façon très classique par définir la guerre comme « la forme suprême de la lutte entre nations, entre États, entre classes, entre blocs politiques[63] ». Le chemin qui mène de la politique à la guerre a donc le caractère d'un passage à la limite ; citant la formule de Clausewitz – qu'il découvre par l'intermédiaire de Lénine –, Mao ajoute : « Une guerre éclate pour lever les obstacles qui se dressent sur la voie de la politique, quand celle-ci a atteint un certain stade qui ne peut être dépassé par les moyens habituels [...]. Lorsque l'obstacle est levé et le but politique atteint, la guerre prend fin. Tant que l'obstacle n'est pas complètement levé, il faut poursuivre la guerre jusqu'à ce qu'elle atteigne son but politique[64]. » On le voit, l'orthodoxie clausewitzienne est ici parfaitement respectée : le but de l'action est politique, et la guerre n'est qu'un moyen exceptionnel qui vient suppléer la carence des moyens ordinaires.

Mais ces formules générales sont aussitôt suivies d'une description précise de la différence qui sépare l'Ouest et l'Est, les pays capitalistes développés et les pays arriérés, coloniaux ou semi-coloniaux. Dans les premiers, « le régime est celui de la démocratie bourgeoise » ; en conséquence :

> « Éduquer les ouvriers et accumuler les forces au moyen d'une lutte légale de longue durée et se préparer ainsi à

63. Mao Zedong, *Problèmes stratégiques de la guerre révolutionnaire en Chine*, in : *Œuvres choisies*, Pékin, Éditions en langues étrangères, 1966, t. I, p. 200.

64. Mao Zedong, *De la guerre prolongée*, in : *Œuvres choisies*, *op. cit.*, t. II, p. 163-164.

renverser finalement le capitalisme sont les tâches du parti du prolétariat dans les pays capitalistes. Là, il s'agit de soutenir une longue lutte légale, de se servir de la tribune parlementaire, de recourir aux grèves économiques et politiques, d'organiser des syndicats et d'éduquer les ouvriers. Là, les formes d'organisation sont légales, les formes de la lutte non sanglantes (pas de recours à la guerre) [...]. Tant que la bourgeoisie n'est pas vraiment réduite à l'impuissance, tant que le prolétariat dans sa grande majorité n'est pas résolu à entreprendre l'insurrection armée et la guerre civile, tant que les masses paysannes n'en sont pas venues à aider volontairement le prolétariat, cette insurrection et cette guerre ne doivent pas être déclenchées[65]. »

Nous reconnaissons ici la guerre de position telle que la décrit Gramsci. En revanche, poursuit Mao :

« Il en va autrement de la Chine. La particularité de la Chine, c'est qu'elle n'est pas un État démocratique indépendant, mais un pays semi-colonial et semi-féodal où le régime n'est pas celui de la démocratie, mais de l'oppression féodale, un pays qui, dans ses relations extérieures, ne jouit pas de l'indépendance nationale mais subit le joug de l'impérialisme. C'est pourquoi il n'y a pas en Chine de parlement qui puisse être utilisé, ni de loi qui reconnaisse aux ouvriers le droit d'organiser des grèves. Ici, la tâche essentielle du parti communiste n'est pas de passer par une longue lutte légale pour aboutir à l'insurrection et à la guerre [...]. En Chine, la forme principale de la lutte, c'est la guerre, et la forme principale de l'organisation, l'armée[66]. »

Autrement dit, en Chine, la politique est immédiatement et intégralement guerre, et Mao précise ailleurs que la forme principale de cette guerre est la guerre de mouvement[67]. Nous retrouvons donc bien l'opposition tracée par Gramsci entre

65. Mao Zedong, *Problèmes de la guerre et de la stratégie*, in : *Œuvres choisies*, *op. cit.*, t. II, p. 235-236.
66. *Ibid.*, p. 236-237.
67. Mao Zedong, *De la guerre prolongée*, *op. cit.*, p. 187.

l'Ouest et l'Est. En même temps, la manière dont Mao caractérise la situation chinoise l'amène à transformer sensiblement sa définition du rapport entre la politique et la guerre. Dire qu'en Chine la politique est d'emblée et entièrement guerre ne signifie pas que la première disparaît pour céder la place à la seconde : admettre une telle interprétation, ce serait les regarder comme deux corps étrangers l'un à l'autre, dont l'un devrait quitter sa position pour que l'autre puisse venir l'occuper. Ce qui est affirmé ici, au contraire, c'est une fusion si poussée entre la politique et la guerre qu'elles en deviennent – à une différence près – presque indiscernables. En une formule remarquable, Mao écrit :

> « La politique est une guerre sans effusion de sang et la guerre est une politique avec effusion de sang[68]. »

Le balancement et les symétries de la phrase indiquent, me semble-t-il, que la présence de l'effusion de sang – de la violence armée, dirait Clausewitz – ne modifie pas la nature du processus global dans lequel elle intervient ; ce processus conserve son identité essentielle, que le sang coule ou non, et l'effusion de sang n'a plus que le statut d'un attribut contingent. Selon Clausewitz, « la guerre possède sa propre grammaire, mais non pas sa propre logique » (703 ; 675) qu'elle reçoit de la politique. En posant la guerre comme une « politique sanglante[69] », Mao fait un pas de plus dans la direction d'une congruence quasi parfaite entre les deux activités.

Il faut pourtant noter un paradoxe. Si, pour Gramsci, le prolétariat occidental est contraint de livrer une guerre de position prolongée avant de s'engager dans la guerre de mouvement, c'est en raison de sa faiblesse initiale : soumis à la fois à l'hégémonie et à la domination, il doit se soustraire à l'une avant de s'affranchir de l'autre. Mais comment se fait-il que le prolétariat oriental – dont les forces sont au départ encore

---

68. Mao Zedong, *De la guerre prolongée*, *op. cit.*, p. 164.
69. *Ibid.*, p. 167.

beaucoup moins grandes – puisse accéder d'emblée à la guerre de mouvement ? D'une façon générale, la lutte des classes est dans toutes ses variantes un combat du faible contre le fort ; au moins à l'origine, les dominants disposent en quelque sorte par définition de la supériorité matérielle et intellectuelle. Dans le cas de l'Ouest, ce caractère se traduit par la prééminence, durant une longue période, de la guerre de position ; comment se manifeste-t-il à l'Est ? La réponse de Mao est sans ambiguïtés : la guerre à l'Est est bien en tant que telle une guerre de mouvement, mais elle prend deux formes qui jouent tour à tour le premier rôle : la guerre de partisans et la guerre régulière. La guerre de partisans relève bien de la guerre de mouvement ; on n'y rencontre pas de lignes de front stables, et la mobilité en est la règle absolue ; la loi du partisan, c'est la surprise et la décision rapide, suivie d'une prompte retraite. Mais la guerre de partisans est, par excellence, la guerre du faible. Lorsque celui-ci se renforce, lorsque l'équilibre tend à s'établir, on passe de la dispersion à la concentration, de l'absence totale d'arrières à la constitution de bases d'appui, de l'ubiquité à la délimitation de zones libérées, bref de la guerre de partisans à la guerre régulière[70]. Au total, il reste vrai qu'à l'Est la guerre de mouvement domine de façon exclusive tout au long de l'affrontement, mais, en elle, la guerre de partisans est à la guerre régulière ce qu'à l'Ouest la guerre de position est à la guerre de mouvement.

Cette brève incursion sur le continent marxiste nous confirme ce que notre rencontre avec Schmitt et Foucault nous a déjà enseigné. Clausewitz affirme une continuité et une ressemblance entre la politique et la guerre, mais, par politique, il entend avant tout la diplomatie. Si la vie intérieure des États est, elle aussi, semblable à la guerre, ce ne peut être que l'effet d'un déplorable dévoiement. À partir de cette conviction, il peut maintenir entre la guerre et la politique une différence

70. Mao Zedong, *Problèmes stratégiques de la guerre de partisans contre le Japon*, in : *Œuvres choisies*, *op. cit.*, t. II, p. 77-116.

accusée. Au contraire, les penseurs qui font du conflit le mode normal de l'existence politique – au-dedans des États comme entre eux – sont naturellement conduits à estomper ou à réduire cette différence. On peut estimer qu'ainsi ils s'éloignent grandement des opinions de Clausewitz : c'est pourtant bien lui qui leur a ouvert la porte.

Suivant les suggestions de Clausewitz, nous avons confronté la guerre au jeu, au commerce et à la politique. Chemin faisant, nous avons réuni un faisceau impressionnant d'analogies : dans tous les cas, nous avons une structure de compétition qui instaure entre les partenaires un rapport mixte, distinct aussi bien de l'égalité parfaite que de l'inégalité absolue ; dans tous les cas, cette structure est productrice d'indétermination et d'incertitude, en vertu à la fois des propriétés de l'action réciproque et de l'irruption du hasard ; dans tous les cas, une question de vie ou de mort est d'une certaine façon posée, puisque celui qui perd est expulsé du champ déployé par la structure. Ces caractères communs définissent bien un genre, dont la guerre n'est plus alors qu'une espèce parmi d'autres. L'évocation de la lutte des classes confirme cette conclusion : lorsque le social est décrit comme conflit, la frontière entre la lutte et la guerre tend à s'effacer. Finalement – le résultat n'est certes pas inattendu –, c'est bien la violence brutale, l'effusion de sang, dirait Mao, qui constitue la marque spécifique de la guerre. Reste à préciser l'efficacité et la puissance exactes de cette marque ; elle vient s'ajouter à des caractères dont nous venons de voir que la guerre les partage avec bien d'autres activités ; annule-t-elle de par sa seule présence la portée des ressemblances ainsi constatées ? Donne-t-elle au « fait guerrier » une « couleur », une « saveur », une « teneur » telles qu'en dépit de ces ressemblances il forme un univers à part, irréductiblement différent et séparé des régions de la vie sociale dont nous l'avons pourtant rapproché ? On le voit, seules de nouvelles réflexions sur la violence nous permettront de répondre à ces questions ; mais, avant de les proposer utilement, il nous faut franchir de nouvelles étapes dans notre voyage au pays de la guerre.

4

La tentation de la science

La guerre se présente comme un défi, lancé aussi bien à l'homme de science qu'à l'homme d'action. Elle s'annonce comme le règne du désordre et de l'incertitude, elle s'enveloppe de brumes et de ténèbres : il s'agit donc tout à la fois de l'annexer à l'empire de la raison et de la soumettre aux décisions de la volonté. Clausewitz s'inscrit ici directement dans la descendance intellectuelle de Guibert, et c'est manifestement l'influence des Lumières qui continue de s'exercer sur lui. Dans ses *Remarques sur la stratégie pure et appliquée de M. de Bülow*, il écrit : « L'unique fin de tout développement de l'art de la guerre est de toujours mieux soumettre les événements (en généralisant : les effets des forces) à la direction délibérée d'une volonté raisonnable, de les rendre de plus en plus indépendants du hasard » (1976a : 73). Ce texte date de 1805 ; plus tard, lorsque l'âge et l'expérience viendront, Clausewitz se donnera pour but moins de faire reculer le hasard que de composer avec lui, mais, à cette époque, son ambition déclarée est bien d'édifier sur la guerre un savoir vrai, capable d'éclairer et de guider l'action. La distinction entre la science et l'art est ici de peu d'importance : le même corps de vérités est science si je le constitue à des fins de connaissance, et art si je le constitue en vue de l'action. Soit un ensemble de propositions : « Si la finalité de l'ensemble est la connaissance pure, cet ensemble est une science, si cette fin est de développer une aptitude en savoir-faire acquis, l'ensemble est un art » (1976a : 127). On le voit, l'art se réduit ici à la mise en œuvre du savoir, à son application aux problèmes posés par la pratique ; j'ai recours à lui lorsque je dois découvrir ou inventer les moyens qui me permettront d'atteindre un but déterminé. C'est la raison instrumentale qui est ainsi mise à contribution : « Tout art a pour objet d'employer les moyens donnés au but qu'on s'est fixé [...]. L'activité de l'art consiste tout entière à adapter les moyens à la fin » (1976a : 70 et 129). Cette formule générale vaut aussi pour la guerre : « Tant qu'il existe des buts et des moyens, il existe aussi une adaptation rationnelle des uns aux autres, en quoi se résume l'art de la guerre » (1976a : 241).

La tentation des théoriciens est, dès lors, de bâtir un savoir assuré, dont l'application serait en quelque sorte automatique : ils ne veulent « obtenir que des résultats certains et positifs, et par conséquent ne tenir compte que des données calculables » (127, 92). D'un tel souci découle l'attention privilégiée qu'ils portent, d'un côté, à l'espace, au nombre, à la matière, bref, à tout ce qui est soumis à la mesure et au calcul, et, de l'autre côté, à l'action unilatérale des agents, telle qu'elle se développe dans sa cohérence à l'abri des réactions imprévisibles de l'ennemi. Plus précisément, ils se tournent vers des domaines déjà explorés par la science, vers des disciplines déjà constituées, dans lesquelles ils espèrent trouver des méthodes et des procédés tout prêts, qu'il leur suffirait de transposer dans le registre de la guerre.

Le recours à la géométrie

Première discipline sollicitée : la géométrie ; en effet, l'espace, les distances, les angles se prêtent parfaitement à la mesure et au calcul. Pourtant, la géométrie n'importe vraiment que dans l'art des fortifications. En tactique, « tout est plus mobile [...], les forces morales, les traits individuels et le hasard ont plus de prise » (225, 192) ; en conséquence, l'élément géométrique pèse moins, et jamais il n'assure à lui seul le succès (529, 497). En outre, les considérations géométriques peuvent jouer un rôle négatif si elles se transforment en dogmes et deviennent des carcans pour la réflexion du commandement ; jadis, note par exemple Clausewitz, la place qui leur était faite interdisait l'utilisation de toutes les forces disponibles (268, 230). En stratégie, enfin, la part de la géométrie est tout à fait réduite ; en effet, tandis qu'en tactique, « le temps et l'espace se réduisent très vite à leur minimum absolu », il n'en va pas de même en stratégie, où « ils prennent une ampleur bien plus considérable » (225-226 ; 192). De fait, lors du combat, le contact est direct et le danger immédiat ; une configuration géométrique – un mouvement tournant, une attaque de revers – peut donc opérer à la manière d'un étau, réduire de façon drastique la liberté d'action du décideur, ne lui laisser aucune échappatoire. En stratégie, les délais sont plus longs, les distances plus grandes, les événements s'accomplissent à une échelle supérieure : ne serait-ce que pour cette seule raison, la gamme des options offertes est plus étendue, et la pression exercée par les considérations géométriques est plus faible.

Clausewitz juge donc très durement les théoriciens qui font de la géométrie le chapitre principal de l'art de la guerre. Parmi ses contemporains, il s'en prend tout particulièrement à Bülow et à Jomini. Pour le premier, la victoire tient à deux facteurs décisifs : l'étendue de la base d'opérations et l'angle que celle-ci forme avec la ligne d'opérations de l'armée – plus cette étendue et cet angle sont grands, plus le succès est assuré (127-128 ; 381-382 ; 598 ; 93, 345, 573 ; voir aussi 1976a : 67-87 et 365). De ces propositions Bülow déduit la supériorité absolue de l'attaque sous forme d'enveloppement (128, 94 ; 1976a : 365). Or, observe Clausewitz, la notion de « base » confond sous un même terme des réalités très différentes : les sources du ravitaillement de l'armée, lesquelles comprennent elles-mêmes « les ressources du territoire, les dépôts de provisions aménagés en différents points et la région où ces provisions sont collectées » (382, 345) ; les points où s'opère le renouvellement des effectifs et de l'équipement, les voies qui garantissent la continuité des relations avec le territoire national et la sûreté d'un éventuel repli (127-128 ; 93). La multiplicité et l'hétérogénéité de ces fonctions ne sauraient être représentées par une simple ligne sur la carte. Par ailleurs, l'enveloppement, si prometteur qu'il soit, n'est jamais qu'une possibilité parmi d'autres, et ne peut pas être décrit comme la clef unique et universelle de la victoire. Mais le plus grave est ailleurs : en accordant à la géométrie une telle prépondérance, en ne retenant dans l'art de la guerre que ce qui relève d'un calcul mathématique, Bülow tient les « forces morales » pour quantités négligeables ; par exemple, il réduit à rien les conséquences morales d'une bataille perdue ; du coup, « la guerre n'est à ses yeux qu'un simple jeu de cartes » (1976a : 79), où la perte d'une partie ne compromet nullement le résultat des suivantes.

Clausewitz se montre un peu moins sévère pour Jomini et son principe du combat sur lignes intérieures : « Je ne crois pas que Jomini ait affirmé quoi que ce soit de faux à proprement parler, mais il a souvent fait passer pour essentiel ce qui n'est qu'accident » (1976a : 56). Ce qui demeure cependant inacceptable chez lui comme chez Bülow, c'est l'ambition plus ou moins explicite de découvrir une recette infaillible du succès : si une telle recette existait, c'est la guerre elle-même qui deviendrait impossible, puisque son résultat serait connu d'avance. D'une façon générale, Jomini comme Bülow ne parviennent à leurs conclusions qu'au moyen de deux opérations aussi peu légitimes l'une que l'autre. D'abord, tous deux accordent un privilège abusif à des aspects particuliers ; érigés en principes généraux, ceux-ci s'exposent aussitôt à être démentis par l'infinie diversité des circonstances (598, 573) ; la guerre est un phénomène complexe, et cette complexité doit être respectée ; on ne saurait se prononcer justement à son sujet sans tenir compte de tous ses éléments constituants. Par ailleurs, tous deux adoptent « une perspective unilatérale, incapable de dominer la vie réelle » (128, 94) ; en effet, elle fait abstraction de l'action réciproque, qui, on l'a vu, est l'une des sources majeures de l'incertitude à la guerre ; elle oublie que la guerre est un duel, et que chacun de mes coups est suivi d'un contre-coup susceptible de me contraindre à modifier mes principes et mes plans. Par de tels artifices, on peut réussir à bon compte à énoncer des propositions universelles, mais celles-ci restent tout à fait étrangères à la réalité.

Le recours à la mécanique et à la physique

La seconde tentation du théoricien, c'est de se tourner vers des grandeurs « matérielles » telles que le nombre, la vitesse, la puissance de feu ou de choc : elles se prêtent toutes en effet à la mesure et au calcul ; c'est, dans le même esprit, d'utiliser des analogies empruntées à la mécanique ou à la physique. Or le nombre – pour commencer par lui – n'est jamais à lui seul un atout décisif ; en effet, « quand un adversaire peut et veut se dérober, il ne suffit pas de lui être numériquement très supérieur pour pouvoir lui arracher d'importants avantages, il faut encore être habile et entreprenant » (1972 : 73). Bien plus, le nombre n'est rien sans la qualité : « 60 000 ennemis auxquels le vainqueur a laissé deux mois pour se refaire sont de tout autres adversaires que 60 000 fuyards échappés à grand-peine au désastre » (1972 : 63). Nous retrouvons ici le rôle capital des forces morales ; il leur appartient de trancher en cas d'égalité numérique entre les adversaires : « Les forces en présence, telles que nous les supposons disposées, se font à peu près équilibre ; jetons les grandeurs morales dans un des plateaux de la balance et l'équilibre sera rompu » (1972 : 60); « elles sont même capables de compenser dans une large mesure l'infériorité des effectifs » (1976a : 81). On notera d'ailleurs que trois des formules qui viennent d'être citées sont extraites du livre que Clausewitz consacre à la campagne de 1814 en France, durant laquelle Napoléon a effectivement démontré à quel point l'inégalité des forces pouvait être contrebalancée par l'ardeur des troupes et par le génie du commandement. Bref, faire du nombre l'arbitre suprême des conflits armés et lui donner le dernier mot, c'est commettre à nouveau le péché d'abstraction que nous venons de reprocher à Bülow et à Jomini :

> « La supériorité numérique est une donnée matérielle. Parmi tous les facteurs dont la victoire est le produit, on fit donc choix de celui-là pour la bonne raison que des combinaisons dans le temps et l'espace permettaient de le réduire à des lois mathématiques. On pouvait, croyait-on, faire abstraction de toutes les autres conditions, celles-ci étant égales des deux côtés, et se neutralisant naturellement. Nous n'y verrions aucun mal ; encore aurait-il fallu procéder ainsi temporairement, pour approfondir dans ses contingences ce facteur isolé ; mais adopter cette conception de façon définitive, tenir la supériorité numérique pour la seule loi valable, et faire tenir tout le secret de l'art militaire dans la formule : amener en un temps donné une supériorité numérique sur tels points donnés, c'était opposer à la puissance de la vie réelle une limite insoutenable » (127 ; 92-93).

La notion de choc entretient des illusions semblables. Au XVIIIe siècle, on sait le rôle que lui fait jouer Folard ; le choc est l'instrument privilégié de la décision ; c'est pourquoi celui qui veut l'emporter doit adopter l'ordre profond et former son armée en colonnes qui enfonceront les lignes adverses grâce à l'énergie qu'elles tiendront de leur cohésion et de leur élan : « La force d'un corps d'infanterie consiste bien plus dans la hauteur ou la profondeur de ses files et dans leur pressement dans le combat que dans l'augmentation de son feu[1]. » Dès la fin du siècle, cependant, Guibert montre que le choc et les analogies mécaniques qu'il appelle ne sont que des métaphores ruineuses :

> « Toutes les lois physiques sur le mouvement et le choc des corps deviennent des chimères quand on veut les adapter à la tactique ; car, premièrement, une troupe ne peut se comparer à une masse, puisqu'elle n'est pas un corps

1. Jean Chagniot, *Le Chevalier de Folard*, Paris, Éditions du Rocher, 1997, p. 105.

> compact et sans interstices. Secondement, dans une troupe qui aborde l'ennemi, il n'y a que les hommes du rang qui le joint qui aient force de choc ; tous ceux qui sont derrière eux ne pouvant se serrer et s'unir avec l'adhérence et la pression qui existerait entre des corps physiques, ils sont inutiles et ne font souvent qu'occasionner du désordre et du tumulte. Troisièmement, ce prétendu choc pût-il avoir lieu de manière que tous les rangs y contribuassent, il existe, dans une troupe composée d'individus qui, machinalement du moins, calculent et sentent le danger, une sorte de mollesse et de désunion des volontés qui ralentit nécessairement la détermination de la marche et la mesure du pas ; donc plus de quantité entière de mouvement, plus de produit de masses et de vitesse, plus de choc ; car le choc suppose que la vitesse, une fois imprimée au corps, mû par la cause motrice, continue jusqu'à la rencontre du corps choqué[2]. »

Au XIXe siècle, le colonel Ardant du Picq prolongera les indications de Guibert en soulignant que les interstices de la colonne sont autant d'espaces clos à l'intérieur desquels le combattant reste seul avec sa peur ; l'énergie déployée lors de l'assaut n'est donc pas une grandeur mécanique, elle est faite de discipline et de résolution[3].

La critique de Clausewitz porte sur un autre point : si la vérité de la bataille était le choc, cela exclurait tout engagement successif des forces. En effet, la puissance de choc est égale à la quantité de mouvement, c'est-à-dire au produit m × v de la masse par la vitesse ; elle est donc proportionnelle au volume des effectifs qui peuvent être engagés simultanément. Mais, en tactique, l'engagement simultané ne s'impose que lors des charges et assauts ; si la bataille prend la forme d'une destruction mutuelle par érosion progressive, alors l'engagement successif des forces devient la règle, puisque la victoire

---

2. Comte de Guibert, *Essai général de tactique*, in : *Stratégiques*, *op. cit.*, p. 197 ; voir aussi p. 248.

3. Charles Ardant du Picq, *Études sur le combat*, Paris, Champ libre, 1978, p. 96 et 129-133.

appartient à celui qui dispose au dernier moment de réserves fraîches. Or ce cas est le plus fréquent, car le feu l'emporte désormais sur le corps-à-corps ; celui-ci intervient lors de la conclusion, mais « la plus grande partie de la destruction des forces adverses revient de loin au combat à feu » (1998 : 33). En stratégie, la loi de l'engagement simultané retrouve sa validité, mais comme le domaine de la stratégie s'arrête à l'entrée du champ de bataille, l'image du choc perd ici toute pertinence (215-216 ; 181-183).

Clausewitz relève une dernière différence entre les lois de la guerre et celles de la mécanique : « On ne trouve pas trace en guerre d'une action réciproque entre temps et force comme celle qui se produit en dynamique » (694, 665). En d'autres termes, la guerre ignore le principe de l'accélération. En mécanique, on le sait, une force qui s'exerce de façon constante sur un mobile lui imprime une certaine accélération : sa vitesse croît avec le temps ; plus les espaces parcourus sont considérables, plus elle est grande. À la guerre, au contraire, l'élan s'use et la célérité diminue à mesure que le temps passe ; nous verrons que cette action « négative » du temps est l'une des principales causes de la supériorité de la défensive.

Clausewitz écarte donc le concours de la physique comme celui de la géométrie. Tout au plus peut-on observer que sa défiance est ici un peu moindre et ses condamnations un peu moins catégoriques. Tout d'abord, il ne s'interdit pas à l'occasion de recourir lui-même à des analogies mécaniques : nous reviendrons, par exemple, sur l'importance qu'il accorde à la notion de « centre de gravité » (*Schwerpunkt*). Par ailleurs, il ne souhaite pas s'appesantir sur les rapports du choc et du feu, et se borne à constater la supériorité actuelle du second. C'est que ces rapports sont déterminés par l'évolution technique de l'armement : les privilégier l'obligerait à renoncer à une théorie universelle et intemporelle de la guerre.

Le recours à la géographie : le rôle du terrain

L'invocation du terrain, dit drôlement Clausewitz, figure parmi les « thèmes favoris du soldat savant », elle est la

« baguette magique des apprentis stratèges » (394, 359). En Prusse, au XVIIIe siècle, on tient qu'elle apporte « dans la conduite de la guerre un principe scientifique » (1976a : 39). Bien entendu, il n'est pas question de contester le rôle capital que l'espace et le terrain jouent dans les opérations militaires. Les armées se déploient dans l'espace ; la distance ou la proximité par rapport à l'ennemi, la longueur des fronts et des communications entraînent à elles seules des conséquences importantes quant à la sûreté des positions et des actions. En outre, les conditions d'échelle sont souvent déterminantes : comme le montre Clausewitz par l'exemple de la retraite russe de 1812, la même manœuvre change de sens et de portée selon qu'elle s'accomplit sur une petite ou sur une grande échelle (1987 : 11). La configuration « qualitative » du terrain, le relief, l'hydrographie, le climat, la flore, le paysage sont, eux aussi, des facteurs dignes de considération. Tout d'abord, certains genres de terrain commandent une forme particulière de guerre ; sans parler de la mer – complètement passée sous silence par *Vom Kriege* –, c'est surtout le cas des montagnes, auxquelles Clausewitz consacre de substantiels développements (474 s. et 622 s. ; 439 s. et 597 s. ; 1979 : 28-29 ; 59 s. et 74). Par ailleurs, le terrain remplit d'une façon générale une double fonction : il fait obstacle au mouvement des troupes, le rendant plus difficile ou plus lent, et il empêche l'observation, dissimulant les concentrations et les progressions (1976a : 101). Dans sa première fonction, le terrain favorise la défense ; dans la seconde, il peut être utilisé par les deux parties. Mais il y a, en tout état de cause, un avantage du terrain, et celui-ci agit d'ordinaire au profit du défenseur, puisque, au moins au commencement des hostilités, il appartient au défenseur de choisir le lieu où il attendra l'assaut de l'attaquant (404-406 ; 363-367).

Mais nombre de chefs sont tentés de donner une valeur absolue à ce qui n'est que relatif, et de confondre le moyen avec la fin. Dans la doctrine militaire qui domine en Prusse à l'orée du XIXe siècle, l'armée est comme « mariée au terrain : le bataillon protège la montagne et la montagne le bataillon » (1976b : 36). Or la conquête d'une position n'a jamais d'intérêt en elle-même (187, 155) ; les notions de « hauteurs dominantes », de « clef de pays », etc., sont trompeuses : en chaque cas, l'on prend « les conditions pour la chose elle-même, l'instrument pour la main » (394, 359). En réalité, toutes ces données n'ont de signification que dans le contexte de l'engagement ; elles sont inséparables des autres facteurs qui conditionnent l'issue de celui-ci ; prises en elles-mêmes, elles demeurent indéterminées. Aussi Clausewitz se montre sévère pour les chefs qui professent ce que l'on pourrait appeler le « fétichisme du terrain » ; c'est le cas du colonel Massenbach, l'une des « têtes pensantes » de l'état-major prussien en 1806 : on observe chez lui « la mauvaise tendance à donner au terrain, aux circonstances géographiques et surtout aux considérations d'espace une importance exagérée, et à perdre de vue la force combattante ainsi que le combat et ses conséquences » (1976b : 36). L'archiduc Charles, qui dirige les opérations de l'armée autrichienne en Suisse lors de la campagne de 1799, est affligé des mêmes défauts : « Il a [...] une idée essentiellement fausse de la stratégie : il prend le moyen pour le but et le but pour le moyen. Cet anéantissement de la force combattante de l'ennemi pour lequel on doit tout faire à la guerre, n'existe absolument pas dans la série de ses idées comme un objet particulier ; il n'existe que parce qu'il est aussi un moyen de chasser l'ennemi de tel ou tel point. Par contre, il voit uniquement le succès dans le fait de gagner certaines lignes et certaines régions, ce qui ne peut pourtant être qu'un moyen de vaincre, c'est-à-dire d'anéantir les forces morales et physiques de l'ennemi » (1979 : 109). Les adversaires français de l'archiduc se voient pareillement reprocher d'adopter un objectif qui n'en est pas un, « parce qu'il consiste partout seulement à atteindre certains points géographiques » (1979 : 50).

Nous rejoignons ici une proposition capitale sur laquelle nous aurons l'occasion de revenir : à la guerre, l'objectif militaire est toujours la destruction des forces de l'ennemi ; il faut donc rechercher ces forces et les anéantir ; car seules elles forment la liberté d'action de l'ennemi ; seules elles lui donnent le pouvoir de me menacer ou de me nuire. Les autres éléments qui doivent être considérés dans le cours des opérations – et notamment les aspects géographiques – ne sont, pris en eux-mêmes, que des facteurs inertes ; seule l'utilisation qu'en font les adversaires qui s'affrontent leur donne un sens, un rôle, un poids. Bref, l'espace et le terrain ne sont jamais que des moyens, et le moyen n'est rien sans la main qui s'en saisit. Il n'y a donc jamais lieu de défendre « le territoire pour le territoire » ; une retraite, regardée isolément, n'est pas un mal ; elle ne le devient que si elle entraîne l'abandon de ressources indispensables ou la dégradation des forces morales (541-549 ; 510-519). Du même coup, on mesure combien il serait illusoire et vain d'espérer bâtir une science de la guerre sur des données qui occupent en elle une place aussi secondaire et aussi subordonnée.

Le principe de totalité et l'esprit spéculatif

Qu'il s'agisse des figures géométriques, du nombre ou du terrain, l'erreur commise est toujours la même : on isole un aspect particulier du fait guerrier, et on le transforme en facteur décisif. C'est oublier que la guerre est étroitement soumise à un principe de totalité qui en régit tous les moments et toutes les parties constituantes. Celles-ci sont multiples et diverses, et leur hétérogénéité est irréductible : elles ne sont pas redondantes et ne se réduisent pas les unes aux autres, en sorte qu'aucune d'entre elles ne peut être négligée sans dommage. « La guerre, dit Clausewitz, doit être regardée comme un tout organique dont aucun membre individuel ne peut être détaché, et où par conséquent chaque action individuelle s'absorbe dans le tout et trouve son origine dans l'idée de ce tout » (706, 677). Il s'ensuit deux conclusions, auxquelles on ne porte pas toujours la même attention ; d'un côté, certes, les parties sont placées sous la dépendance du tout : « En guerre plus que partout ailleurs, les parties sont déterminées par le tout, et sont imprégnées et essentiellement modifiées par le caractère de celui-ci » (558,

528). Mais cette suprématie du tout a en quelque sorte sa contrepartie : la guerre forme un espace unique et ouvert, tel que tous les éléments qui s'y trouvent présents, quelle que soit leur importance, agissent et réagissent les uns sur les autres et interviennent dans la configuration finale du tout ; en d'autres termes, il n'y a pas de détail à la guerre ; rien n'y est futile ou insignifiant : « Dans la guerre comme en toute chose en ce monde, tout est en rapport avec un ensemble ; par conséquent, toute cause, si minime soit-elle, étendra ses effets jusqu'au bout de l'acte de guerre, modifiant le résultat final à un certain degré, si faible soit-il. De même, chaque moyen exercera des effets qui s'étendront jusqu'au but final » (156, 123). Bref, il n'y a pas dans la guerre de domaines disjoints, susceptibles de poursuivre à l'écart de l'ensemble une évolution indépendante. Enfin, ce qui est vrai dans la synchronie l'est aussi dans la diachronie, et nous retrouvons ici l'analogie avec le commerce : « De même qu'un commerçant ne peut mettre de côté et en sécurité le bénéfice d'une seule affaire, en guerre un seul avantage ne peut être isolé du succès global ; le commerçant doit toujours opérer avec l'ensemble de sa fortune, et, en guerre, seul le bilan final fait apparaître les profits ou les pertes de chaque opération » (187-188 ; 155).

Assurément, cette cohérence de la guerre se renforce à mesure que l'affrontement se rapproche de sa forme absolue. En ce cas, dit Clausewitz, les opérations s'enchaînent rigoureusement, de telle sorte qu'« il n'y a qu'un seul résultat, à savoir le résultat final. Jusqu'à ce qu'il soit atteint, rien n'est décidé, rien n'est perdu [...]. La conclusion couronne l'œuvre. D'après cette conception, la guerre est donc un tout indivisible dont les parties (les résultats particuliers) n'ont de valeur que dans leur rapport à ce tout » (675, 646). Dans les conflits modérés, au contraire, « la guerre se compose de résultats particuliers existant par eux-mêmes (*sich bestehenden*), où, comme dans les différents coups au jeu, le résultat précédent n'a pas d'influence sur les suivants. Dans ce cas, par conséquent, tout dépend de la somme définitive des résultats, et l'on peut enregistrer de chaque côté chaque résultat séparément, comme dans un compteur de jeu » (675-676 ; 646). Nous avons là, précise Clausewitz, deux extrêmes qui ne se réalisent jamais à l'état pur, et qui se partagent la réalité dans des proportions variables. La guerre n'est jamais un mécanisme implacable qui opérerait du début à la fin des hostilités sans répit ni ratés ; inversement, les « coups » successifs ne sont jamais tout à fait indépendants les uns des autres, ne serait-ce qu'en raison des effets moraux que l'issue des premiers, positive ou négative, exerce sur les suivants. En tout état de cause, le cas des conflits modérés ne contredit pas la détermination des parties par le tout ; nous avons simplement affaire à deux modalités alternatives de cette détermination ; elle opère, dans un cas, en imposant à l'ensemble une cohérence diachronique et, dans l'autre, par le biais d'une sommation en fin de parcours.

À la guerre plus encore qu'ailleurs, seule la totalité est concrète, et finalement le principal coupable des erreurs qui viennent d'être dénoncées n'est autre que l'esprit spéculatif et son penchant irrépressible pour l'abstraction. Le réquisitoire de Clausewitz contre l'esprit spéculatif s'inspire d'abord, selon toute apparence, de Goethe. On se souvient de la remarque de Mephisto dans le premier *Faust* :

Grise est toute théorie, mon ami,
Et vert l'arbre d'or de la vie.

De même, abstraire un facteur isolé pour édifier sur lui une prétendue science exacte de la guerre, c'est – assure Clausewitz – « restreindre de façon intenable la puissance de la vie réelle (*Die Macht des wirklichen Lebens*) » (127, 93). De telles opérations d'abstraction sont précisément ce qui distingue, dans les ouvrages consacrés à la guerre, la formule de l'exemple : « L'exemple et la formule sont de nature tout à fait différente. L'exemple, c'est le cas vivant, la formule, c'est l'abstraction. Quand l'abstraction n'élimine rien qui soit spécifique de son objet, comme par exemple dans les mathématiques, elle satisfait parfaitement à sa finalité. Mais si elle doit constamment éliminer la réalité vivante pour s'en tenir à ce qui est évidemment le plus facile à abstraire, à la forme inerte, elle finit par être un squelette desséché » (1976a : 66). Parce qu'ils ne sont guère que des recueils de formules, « les manuels militaires sont toujours venus trop tard, ils n'ont jamais décrit que procédés morts » (1976a : 55). Mais cet héritage goethéen n'est pas exclusif d'une inspiration plus romantique. En même temps qu'aux adeptes de l'abstraction Clausewitz s'en prend aux faiseurs de systèmes, car, selon lui, « tout système, tout édifice scientifique (*Lehrgebäude*) a la nature limitative d'une synthèse (*die beschränkende Natur einer Synthesis*) » (126, 92). De par son caractère clos, en effet, le système ne peut accueillir la diversité, la richesse présente et future du réel. Bref, l'esprit spéculatif est à la fois impatient et paresseux ; trop vite excité par les événements du monde réel, il n'attend pas qu'ils se développent et il ne les examine pas sous tous leurs aspects (1976a : 365) ; d'un autre côté, il se contente d'énoncer des principes ; or, avec les seuls principes, tout est simple et facile (1987 : 118). « Malheur à la théorie qui s'oppose à l'esprit ! » finit par s'exclamer Clausewitz, transférant l'esprit en tant que tel dans le camp de la vie (129, 95).

On pourra s'étonner de trouver de tels propos sous la plume d'un auteur que la plupart de ses premiers lecteurs et commentateurs ont tenu pour un esprit abscons, féru d'abstractions, tout enveloppé de brouillards métaphysiques. Il ne s'agit pourtant pas chez lui de propos de circonstance : ils expriment une conviction profonde qui ne se manifeste pas seulement dans le domaine militaire. Clausewitz prend très résolument ses distances avec les philosophes qui, emportés par l'esprit spéculatif, préfèrent le concept à l'histoire. Au XVIIIe siècle, leur aveuglement les a dressés contre l'ordre social : « Ces philosophes n'étaient ni accoutumés ni enclins à considérer un état de société comme le produit d'une évolution historique ; s'appuyant sur le concept abstrait d'un contrat social, ils ne surent voir de toutes parts qu'une injustice et qu'une corruption sans nom » (1976a : 394). D'une façon générale, l'idée de révolution exerce une sorte de fascination sur des « philosophes qui ont raison de toutes choses à coups de concepts universels et qui sont des esprits trop distingués pour avoir quelque respect pour les particularités locales et historiques » (1976a : 397). Même Fichte, dont Clausewitz apprécie pourtant l'œuvre, n'échappe pas à cette condamnation ; dans une lettre à sa femme du 15 avril 1808, l'auteur de *Vom Kriege* écrit : « Il y a de fort bonnes choses à mon avis dans Fichte, mais l'ensemble, quoi qu'en ait dit Stein, n'est qu'une abstraction, et pas très pratique ; il est également manifeste qu'il a beaucoup craint toute allusion à l'histoire et à la réalité empirique » (1976a : 247 ; 1953 : 86-87). À la même correspondante il confie que son idéal est au contraire de « tendre vers une vue raisonnable, étendue et pratique de la vie » (lettre du 3 juillet 1807, 1976a : 218 ; 1953 : 65). On aurait tort toutefois de l'accuser de pragmatisme ; ce qu'il incrimine, c'est moins la spéculation en tant que telle que sa prétention à l'indépendance et à l'autosuffisance, c'est donc la rupture entre la théorie et la pratique : « Nous avons cette malchance que les hommes soient infiniment rares qui allient l'habileté pratique à une intelligence solide et remarquable. Nos vrais hommes d'action sont d'habitude d'une grande platitude d'esprit ou de sensibilité, tandis que les esprits distingués vivent dans de continuelles abstractions, loin du monde réel, et, ce qui est le plus grave, la sensibilité n'y gagne rien. Hélas ! ils poursuivent de lointains principes et ils en oublient de haïr et d'aimer » (lettre à sa femme du 17 août 1809, 1976a : 267 ; 1953 : 149). Là encore, Goethe, on le voit, n'est pas loin...

La loi et le probable

Ainsi la géométrie, la mécanique et la géographie ne sont, pour la connaissance de la guerre, que des disciplines auxiliaires ; elles portent sur des aspects trop particuliers ou trop secondaires pour que l'on puisse fonder sur elles le caractère scientifique de la théorie de la guerre. D'une façon générale, les doctrines qui se présentent comme des approches scientifiques de la guerre commettent trois erreurs :

> « Elles visent des grandeurs certaines alors qu'en guerre tout est incertain, et que tous les calculs se font avec des grandeurs variables.
> « Elles ne considèrent que des grandeurs matérielles, alors que l'acte de guerre est tout pénétré de forces et d'effets spirituels et moraux.
> « Elles ne tiennent compte que de l'activité d'un seul camp, alors que la guerre repose sur l'action incessante que les deux camps exercent l'un sur l'autre » (128, 94).

Du même coup, ces doctrines sont incapables d'énoncer des lois, ce qui est pourtant la vocation même de la science. Dans le domaine de la connaissance, Clausewitz donne de la loi une définition visiblement inspirée par Montesquieu. « Les lois – disait celui-ci – sont les rapports nécessaires qui dérivent de la nature des choses[4] »; « la loi – dit celui-là – traduit les relations des choses et leurs effets réciproques » (147, 114). Dans le domaine du vouloir et de la pratique, la loi, poursuit Clausewitz, « est une détermination de l'action, et elle équivaut alors au commandement et à l'interdiction » (147, 114). Mais qu'elles soient constats ou règles, l'établissement de lois est pour la théorie de la guerre un objectif inaccessible.

Il faut explorer plus avant les raisons d'une telle incapacité. En premier lieu, « la nécessité logique est exclue de la conduite de la guerre et de sa théorie » (138, 105). Nous retrouvons ici la démonstration du premier livre de *Vom Kriege* : il y a sans doute une essence de la guerre, dont on pourrait déduire par simple examen interne des lois telles que le caractère inéluctable de la montée aux extrêmes, et cette essence de la guerre exerce effectivement une influence sur la réalité si et pour autant que la guerre approche de sa forme absolue. Mais, précisément, cette condition n'est remplie qu'à l'occasion, lorsque les circonstances politiques s'y prêtent. En conséquence, les lois « analytiques » tirées de la nature propre de la guerre ne sauraient être posées comme des lois générales du phénomène

4. Montesquieu, *De l'Esprit des lois*, *op. cit.*, livre I, chap. 1er, p. 232.

guerrier, puisque leur pertinence dépend de la conjoncture historique. Clausewitz met ainsi en garde ceux qui tireraient trop hâtivement les leçons de l'ère des guerres napoléoniennes :

> « La période qui vient juste de se clore, où la guerre atteignit son énergie absolue, contient presque tout ce qui y est universellement valable et nécessaire. Mais il est tout aussi peu probable que les guerres ultérieures auront toutes ce grand caractère, qu'elles ne trouveront les larges barrières qui se sont ouvertes devant elles toujours complètement refermées. Par conséquent, une théorie qui s'en tiendrait à cette guerre absolue condamnerait ou exclurait comme erreurs tous les cas dans lesquels les influences externes altéreraient l'essence de la guerre. Tel ne peut être l'objet de la théorie, qui doit être une science de la guerre dans des conditions réelles et non idéales. La théorie, tout en jetant un regard inquisiteur, discriminateur et classificateur sur les objets, doit donc toujours avoir en vue la diversité des causes dont la guerre peut procéder, et doit par conséquent retracer les grands éléments de la guerre de façon à faire leur place aux exigences de l'époque et du moment » (689-690 ; 661).

S'il existe des lois de la guerre, elles ne peuvent donc être qu'inductives, fondées sur un examen aussi exhaustif que possible de l'expérience. Mais ici le chercheur se heurte aussitôt à une sorte de dilemme : à la guerre, « les phénomènes complexes ne sont pas assez réguliers, ni les phénomènes réguliers assez complexes » (148, 115) pour qu'une loi puisse être à la fois significative et valide. Ou bien la loi porte sur des phénomènes réguliers, qui se reproduisent à l'identique d'une guerre à l'autre ; mais alors ces phénomènes sont simples, et les propositions dont ils sont l'objet sont banales et pauvres ; ce ne sont guère plus que des vérités de bon sens. Ou bien la loi prétend décrire des phénomènes complexes, mais ceux-ci sont singuliers et ne se répètent pas ; on ne rencontre donc pas en eux cette uniformité qui est la condition nécessaire de l'établissement d'une loi ; pourtant, ce sont eux qui sont décisifs ; « Les choses dont l'importance est primordiale dans la guerre et dans la stratégie, les caractéristiques les plus particulières, les plus originales et les plus locales, sont précisément celles qui échappent le plus aux abstractions et aux systèmes scientifiques » (1976a : 66). Du point de vue de l'action, il en est de même : « En raison du changement et de la variété des phénomènes, il n'existe pas de disposition de nature assez générale pour mériter le nom de loi » (148, 115). Au total, le savoir de la guerre porte sur des singularités ; c'est pourquoi l'établissement de lois inductives n'est pas à sa portée : « Sous son aspect supérieur, la guerre ne consiste pas en une quantité infinie de petits événements analogues en dépit de leur diversité, que l'on peut dominer plus ou moins bien selon que la méthode est plus ou moins bonne, mais en un certain nombre d'événements singuliers de grande envergure et décisifs qu'il faut aborder séparément. Ce n'est pas un champ de blé que l'on fauche plus ou moins bien avec une faux plus ou moins bonne sans égard à la forme des tiges. Ce sont au contraire de grands arbres auxquels il faut mettre la hache avec discernement, selon la nature et l'inclinaison de chaque tronc » (150 ; 117-118).

À la diversité infinie des phénomènes dans l'expérience acquise correspond, dans l'avenir, l'imprévisibilité dont chacun d'eux est affecté. Nous avons rappelé plus haut l'inventaire que propose Clausewitz des causes de cette imprévisibilité : incertitude, grandeurs morales, action réciproque. L'incertitude forme avec l'effort et le danger la principale composante du « milieu » dans lequel baigne la guerre : nous en avons repéré les sources lorsque nous avons examiné les « frictions » qui réduisent l'énergie de la guerre et ralentissent son cours : fragilité de l'information, irruption « objective » du hasard, etc. Les grandeurs morales – courage, fermeté, résolution, audace, volonté de vaincre – « ne sont perceptibles que par l'œil intérieur » (129, 95). En outre, elles sont fluides, instables, sujettes à de brusques variations ; pour illustrer ce point, Clausewitz évoque le tambour que Gneisenau plaça à la tête des troupes qui poursuivaient l'armée impériale en déroute après Waterloo : il lui suffisait de se faire entendre pour que les héros d'Austerlitz, d'Iéna et de Wagram, démoralisés, soient gagnés par la panique et prennent leurs jambes à leur cou (1973 : 179). Pour toutes ces raisons, les forces morales sont réfractaires à la mesure et au calcul ; elles ne peuvent être qu'« aperçues ou senties » (190, 157) ; pourtant, une fois de plus, elles jouent un rôle décisif à la guerre, puisqu'elles sont même capables de compenser le déficit des forces physiques (1976a : 240). Enfin, dit Clausewitz, « l'action réciproque se dérobe par nature à tout plan préétabli » (133, 99). En conséquence, les seuls calculs auxquels les chefs puissent se livrer sont des calculs de probabilité, et les seules lois que les théoriciens de la guerre puissent espérer établir sont des « lois de probabilité » (*Wahrscheinlichkeitsgesetzen*) (58, 24 ; 101, 70 ; 107, 75).

La difficulté est ici de comprendre ce que Clausewitz entend exactement par « loi de probabilité » ; elle est également de repérer, parmi les thèses qu'il avance, celles qui pourraient avoir été énoncées sous l'influence de la théorie des probabilités. Un chercheur hongrois, Geza Perjes, s'est penché sur ces problèmes, sans parvenir à mon sens à des solutions vraiment satisfaisantes. Au moment où Clausewitz écrit, il a pu avoir connaissance, directement ou indirectement, des œuvres de Pascal, de Fermat, de Huygens, de l'*Ars conjectandi* de Bernoulli (1713), des traités de Moivre (1711), de Condorcet (1805) et de Laplace. Au niveau de la stratégie, la guerre, on l'a vu, est faite d'événements singuliers qui ne se répètent pas ; ce sont donc, non pas les probabilités statistiques, mais les probabilités élémentaires qui intéressent ici Clausewitz. Dans ce domaine, nous le voyons présenter comme une véritable loi la proposition selon laquelle l'ampleur du succès est fonction des risques encourus et, par conséquent, inversement proportionnelle à la sa probabilité ; nous constaterons le rôle capital qu'il fait jouer à cette relation lors de l'élaboration des plans et décisions stratégiques. Si nous la rapportons à la théorie des probabilités, nous pouvons lui supposer plusieurs origines. Elle peut tout d'abord avoir été tirée d'observations très élémentaires concernant les jeux de hasard. Soit deux adversaires qui jouent à pile ou face et conviennent d'attribuer la victoire au meilleur en quatre parties. Grâce au triangle arithmétique de Pascal, nous savons que chacun d'eux a cinq chances sur seize de l'emporter, et qu'il y a six chances sur seize pour que le résultat soit égal. Mais les cinq chances de gain ne sont pas équivalentes : chaque adversaire a une chance sur seize de gagner les quatre parties, et une chance sur quatre d'en gagner trois : il est donc exact que, plus le succès est grand, moins il est probable.

Cependant, la règle selon laquelle l'ampleur du succès est en raison inverse de sa probabilité peut aussi avoir été inspirée par la notion d'espérance mathématique. Celle-ci se définit, on le sait, comme le produit de la valeur d'un enjeu par la probabilité de l'obtenir. La formule de Clausewitz signifierait alors qu'en guerre l'espérance mathématique est une constante, puisque les deux termes du produit qui la constitue varient en sens inverse l'un de l'autre. D'une façon plus générale, dans la mesure où la notion d'espérance mathématique suppose la prise en considération de l'enjeu et de sa valeur, elle tient certainement une place importante dans la pensée de Clausewitz ; en particulier, elle explique son insistance sur la notion de coût : tout résultat a un prix, et ce prix doit être déduit de la valeur du résultat. Réserve faite des cas où les armes ont tranché sans ambiguïté, ce sont des réflexions de cet ordre qui décident de la poursuite ou de l'interruption des hostilités : « Deux choses peuvent dans la réalité remplacer l'impossibilité de résister et fournir des motifs de paix. C'est d'abord l'improbabilité du succès, ensuite le prix excessif qu'il faudrait le payer [...]. La considération qui pèse de façon plus générale encore sur la décision de faire la paix, c'est la dépense de force déjà faite et celle qui reste à faire. La guerre n'étant pas un acte de passion aveugle, mais un acte dominé par un dessein politique, la valeur de ce dessein déterminera l'ampleur des sacrifices nécessaires à sa réalisation. Cela vaut pour l'étendue des sacrifices comme pour leur durée. Dès que les dépenses de force deviennent si grandes qu'elles ne correspondent plus à la valeur de l'objectif politique, il faudra abandonner cet objectif et signer la paix » (72 ; 39-40). La conclusion de la campagne menée par Bonaparte en Italie en 1797 illustre ces affirmations : les Autrichiens auraient pu l'emporter à la fin s'ils avaient d'abord accepté d'abandonner Vienne et de se replier à l'intérieur de leur empire, comme les

Russes le feront en 1812. Bonaparte ne l'ignore pas, et leur offre donc un traité de paix modéré. Dès lors, dans l'esprit des Autrichiens, la perspective d'une issue heureuse est annulée par l'ampleur des sacrifices qu'elle exige ; mieux vaut consentir aux conditions point trop défavorables proposées par l'ennemi (157-159 ; 125-127).

La théorie des probabilités exerce son influence sur d'autres points encore ; elle explique sans doute, au moins en partie, la préférence de Clausewitz pour la simplicité des plans et des opérations. Lors de la campagne de Suisse en 1799, Souvorof s'efforce de faire converger contre l'armée de Masséna six colonnes différentes empruntant chacune un itinéraire propre ; un tel projet, dit Clausewitz, n'a aucune chance d'aboutir : « Six généraux [...] qui se trouvaient séparés et par suite indépendants les uns des autres au moment de l'action, et par conséquent six volontés distinctes devaient agir pendant quatre ou cinq jours en parfaite concordance. Cela suffisait à faire échouer le meilleur plan » (1979 : 512). On se souviendra ici du théorème des probabilités composées : si l'arrivée d'un événement dépend de l'arrivée antérieure de plusieurs événements indépendants, la probabilité de l'événement final est égale au produit des probabilités respectives de chacun des événements antécédents. Comme ces probabilités s'expriment par des fractions, leur produit est nécessairement inférieur à chacune d'elles. Dans la mesure où la marche des colonnes de Souvorof est si peu que ce soit soumise au hasard, on voit que leur réunion au point et en temps voulus devient tout à fait problématique. En tactique, enfin, on assiste plus facilement à la répétition des mêmes événements ; le recours aux probabilités statistiques est dès lors concevable, et l'élaboration des méthodes de combat est fondée sur leur utilisation : « Le méthodisme n'est donc pas fondé sur des prémisses définies particulières, mais sur la probabilité moyenne des cas analogues : il a pour but d'établir une vérité moyenne dont l'application constante, uniforme, ne tarde pas à engendrer une sorte d'aptitude mécanique grâce à laquelle on finit par faire ce qu'il faut presque inconsciemment » (148, 115).

Il reste que, ni dans *Vom Kriege* ni dans les ouvrages historiques, on ne trouve de calcul des probabilités au sens propre du terme. C'est que les hypothèses de la théorie des probabilités sont trop exigeantes pour que celle-ci puisse être directement appliquée à l'histoire, à la politique ou à la stratégie. Elle suppose une pluralité de cas possibles ; il faut donc que ces cas soient distincts et dénombrables. Or en histoire – souligne Pierre Vendryès dans un livre injustement oublié – « entre deux cas possibles, on [peut] toujours en imaginer un nouveau en intermédiaire. Si l'on voulait absolument se servir du langage mathématique, il faudrait dire que les cas possibles [forment] un ensemble non dénombrable qui a la puissance du continu[5] ». De même, les chances de chacun de ces cas ne sont pas commensurables, car les facteurs qui pèsent sur la décision et l'orientent dans tel ou tel sens sont tout à fait hétérogènes et ne sauraient être évalués selon le même étalon de mesure. Enfin, on peut sans doute ordonner les enjeux selon leur importance, mais il est impossible de les ranger sans arbitraire sur une échelle graduée ; leur relation mutuelle ne se prête pas à une évaluation quantitative. Au total, conclut Vendryès, « ni les enjeux ni les chances de l'histoire ne sont numérables[6] » ; cela ne signifie pas qu'ils ne puissent être supputés et appréciés, mais ces opérations de l'intelligence ne sauraient donner lieu à aucun calcul.

En conséquence, la référence au calcul et aux lois des probabilités ne transforme pas le savoir sur la guerre en science. Clausewitz demeure finalement fidèle à la définition kantienne de la science, fondée sur la causalité et le déterminisme ; c'est pourquoi il refuse de ranger la théorie de la guerre parmi les sciences. Au regard d'une telle définition, en effet, il est impossible au théoricien de la guerre de proposer une « doctrine positive » (*eine positive Lehre*) (133, 100). Rédigeant en 1808 un essai de stratégie, Clausewitz met lui-même en garde son

5. Pierre Vendryès, *De la probabilité en histoire*, Paris, Albin Michel, 1952, p. 45.
6. *Ibid.*, p. 44.

lecteur : « Nous sommes en présence d'une théorie qui n'admet guère de plan systématique et encore moins de rigueur scientifique » (1976a : 65). Dès lors, l'homme d'action ne saurait se décharger sur elle de l'accomplissement de sa tâche : « Étant donné la nature du sujet, il nous faut bien dire qu'il serait proprement impossible de munir l'art de la guerre d'un édifice doctrinal (*Lehrgebäude*) comme d'un échafaudage qui puisse toujours fournir à celui qui agit un point d'appui extérieur » (133 ; 100). En un mot, « la théorie n'offre pas de formules pour résoudre les problèmes » (670, 642) : quelle est alors son utilité ?

Principes et méthodes

Que propose la théorie ? Des principes et des méthodes. Un principe (*Grundsatz*) est une maxime générale, mais non universelle, qui ne s'applique que de manière conditionnelle, si les circonstances adéquates sont réunies (147-149 ; 114-116). En présence d'une conjoncture quelconque, il appartient donc au jugement (*Urteil*) de vérifier si les conditions sont réunies et si le principe est applicable ou non (155, 122). Quant à la méthode, elle est un procédé choisi pour être utilisé dans des situations qui sont semblables au moins sous leurs aspects les plus généraux ; elle est fondée, on l'a vu, sur les cas les plus probables, et elle a pour fin d'engendrer des automatismes. Elle ne se présente pas comme un corps de prescriptions absolues et nécessaires, mais comme « la meilleure des formes générales qui puissent être proposées en tant que chemin le plus court à la place des décisions individuelles » (149, 116, traduction revue). Elle est de plus en plus nécessaire à mesure que l'on descend les échelons de la hiérarchie militaire en direction des officiers et des troupes qui sont au contact direct de l'ennemi ; elle permet en effet, d'une part, de prévenir les idées incongrues et les initiatives désordonnées, d'autre part, de faire l'économie du temps nécessaire à la décision individuelle et des hésitations qui souvent l'accompagnent (148-150 ; 115-117). La méthode apparaît ainsi comme un instrument privilégié pour la réduction des frictions.

Le jugement, éclairé par les principes, et la méthode sont les deux éléments, à la fois antagonistes et complémentaires, dont se compose le savoir-faire de la guerre. Tous deux lui sont également nécessaires, et c'est en cela qu'il s'apparente à l'art. L'art, lui aussi, est à la fois génie et métier, inséparablement. L'art est d'abord création, libre invention de formes ; en tant que tel, il s'élève au-dessus de toute règle. Comme l'écrit Clausewitz, « l'art commence où le logicien tire un trait, où cessent les prémisses qui sont un résultat de l'entendement, pour faire place au jugement » (144-145 ; 112). Plus précisément, c'est « le tact du jugement » (*der Takt des Urteils*) qui est sollicité, sa capacité intuitive de reconnaître dans la multiplicité indéfinie des formes imaginables celle qui convient à son dessein (678 ; 649-650). Ensuite commence l'exécution, et elle exige l'intervention d'une habileté technique qui naît de l'expérience et doit avoir été apprise ; pour que le résultat soit fidèle au projet, des règles doivent être respectées que le créateur doit connaître : tout artiste est aussi un artisan.

Le rôle et l'importance relative des principes et de la méthode varient selon le domaine de l'activité guerrière – tactique ou stratégie – auquel on se trouve confronté, et selon le genre de guerre – absolue ou modérée – que l'on mène. Plus le poids des facteurs matériels – le nombre, la puissance de feu, l'espace, le terrain – est considérable, plus il est facile d'établir une théorie et de formuler des règles ; lorsque les forces morales occupent au contraire le devant de la scène, la tâche du théoricien devient très malaisée, du fait de leur nature fluide et insaisissable. Évoquant les difficultés qui se dressent devant lui, Clausewitz note qu'« elles diminuent à mesure que les actions se manifestent dans le monde matériel et augmentent à mesure qu'elles passent au monde de l'esprit pour devenir des motifs qui déterminent la volonté. Voilà pourquoi il est plus facile de déterminer par des règles théoriques l'ordre interne, le plan et la conduite d'un engagement que de fixer l'usage auquel il doit servir. Les armes physiques y sont aux prises et, bien que l'esprit ne puisse en être absent, il faut pourtant laisser ses droits à la matière. Mais, dans l'effet des engagements où les résultats matériels deviennent des motifs, il s'agit seulement de leur nature spirituelle. En un mot, il est bien plus facile d'établir une théorie pour la tactique que pour la stratégie » (134, 101). C'est donc en tactique que la part de la méthode est la plus grande (148, 115). Nous observons une variation parallèle en fonction de la place dans la hiérarchie du commandement ; aux échelons inférieurs, on l'a vu, les situations se répètent et l'on peut donc concevoir des règles pour les traiter ; aux échelons supérieurs, la guerre se compose de grands événements singuliers ; aucune règle générale ne saurait donc leur être appliquée, si bien que « pour le commandant en chef, presque tout revient au génie » (134, 101).

Ainsi la stratégie est le royaume de la libre imagination. Clausewitz est sur ce point catégorique : « Il n'y a pas la moindre règle de la manœuvre stratégique ; aucune méthode, aucun principe général ne peut fixer le mode d'action » (628, 603). C'est qu'en stratégie un principe abstrait ne saurait être qu'un lieu commun ou un truisme (1976a : 54) : comme chaque situation est pour l'essentiel unique en son genre, une proposition qui prétendrait s'appliquer à toutes serait nécessairement d'une extrême pauvreté. Du coup, la stratégie suppose « fort peu de savoir et un jugement très exercé » (1976a : 23) ; le savoir stratégique, insiste Clausewitz, « est très simple, et il faut fort peu d'art pour élaborer les plans » (284, 245). Toutefois, simplicité ne signifie nullement facilité (140, 108 ; 182, 150). La stratégie peut certes être ramenée à un petit nombre de maximes dont le bon sens paraît le principal garant – concentrer ses forces, être le plus fort à l'instant et à l'endroit décisifs, etc. –, mais l'application de ces maximes dans une conjoncture donnée est rien moins que simple. Comme le souligne Clausewitz : « l'activité intellectuelle n'est simple et facile qu'aux échelons inférieurs ; sa difficulté augmente avec la fonction, et, à l'échelon suprême, celui de commandant en chef, elle est une des plus difficiles qui puissent être proposées à l'esprit humain » (141, 108).

La place relative du libre jugement et de la règle dépend aussi du genre de guerre dans lequel on se trouve engagé : « La guerre en vue de grandes décisions est non seulement plus simple, mais aussi beaucoup plus conforme à la nature de l'objet, plus exempte de contradictions internes, plus objective, plus soumise à une nécessité interne qui fait sa loi. Voilà pourquoi la raison peut lui prescrire des formes et des lois » (598, 573). Ces formes et ces lois sont celles qui découlent de l'essence de la guerre comme duel : montée aux extrêmes, recherche de l'anéantissement, etc. ; plus la guerre approche de sa forme absolue, plus elles sont contraignantes et restreignent la liberté du commandement. Dans la guerre modérée, où l'on ne recherche pas la décision, « nous nous avouons incapable, dit Clausewitz, d'établir des principes, des règles ou des méthodes ; l'histoire ne présente rien de tel [...]. Mais [...] quand il n'existe pas de système, de vérité reconnue, la vérité existe tout de même ; c'est le jugement, l'intuition due à une longue expérience, qui permet de la découvrir » (599, 574).

L'éducation par l'histoire

Quelle est finalement la fonction de la théorie ? Le chef de guerre est de prime abord confronté à une diversité confuse d'objets et d'informations, et sa première tâche est de l'ordonner. La théorie l'aide donc à dissocier ce qui est dissemblable (119, 85), à séparer l'essentiel de l'accessoire (160, 128), à mettre en évidence les rapports mutuels entre les choses (670, 641). Négativement, elle lui permet de dissiper les erreurs et les préjugés (284, 246). Il peut donc s'appuyer sur elle pour éclairer les données du problème qui lui est posé, pour isoler et préciser les questions auxquelles il doit répondre. La théorie intervient donc lors de la préparation de la décision ; quand l'heure de celle-ci a sonné, le chef de guerre se retrouve-t-il seul avec ses responsabilités ? Pas tout à fait. Son jugement a été formé en vue de ce moment, et cette éducation, il la doit aussi à la théorie. Telle est même la principale utilité de cette dernière ; son rôle est avant tout pédagogique : il s'agit de métamorphoser le savoir en pouvoir en l'incorporant à l'intelligence de l'acteur (142, 110). Les principes énoncés par la théorie doivent devenir « des vues si étroitement assimilées par l'esprit qu'elles ne s'en distinguent plus guère » (1976a : 23). En d'autres termes, il leur faut passer à l'état de véritables réflexes ; sous cette forme, ils sont immédiatement présents à l'esprit du chef de guerre lorsque celui-ci affronte une situation particulière, et ils lui permettent d'appréhender correctement cette situation, sans se laisser subjuguer par ce qu'elle peut avoir de particulier et d'inédit.

Comment acquérir ces réflexes ? Par l'expérience individuelle, mais aussi par l'expérience collective, c'est-à-dire « par la fréquentation ordinaire de l'histoire » (1976a : 23). Nous avons vu le rôle essentiel que Clausewitz fait jouer à ce qu'il appelle le « tact du jugement » : c'est cette faculté qui permet de discerner l'ampleur et la direction exactes de l'effort à fournir ; on peut l'avoir de naissance, ajoute-t-il, mais il « se laisse apprendre par l'expérience, c'est-à-dire par la pratique, plus que toute autre qualité du général en chef » (1973 : 180). D'une manière générale, Clausewitz, en bon réaliste qu'il est, tient qu'« en matière de guerre, l'expérience a plus de valeur que n'importe quelle vérité philosophique » (163, 132). Mais l'expérience est aussi celle d'autrui, celle que les chefs de guerre du passé ont accumulée. L'influence de la théorie sur la pratique s'exerce donc moins par un enseignement direct que par le biais d'une lecture critique de l'histoire militaire ; au reste, la critique n'est rien d'autre que « l'application de la vérité théorique à des événements réels » (153, 120).

Une fois établi le cours exact des faits, la critique a une double tâche à remplir : remonter des effets aux causes, et vérifier l'adéquation des moyens utilisés aux buts visés. En cequi concerne la première, la critique se heurte aussitôt aux incertitudes et aux hasards qui sont le propre de la guerre : les faits nous sont donnés, mais nous ignorons souvent leurs véritables causes, soit parce qu'elles sont restées dissimulées, soit parce que leur caractère fortuit et éphémère n'a pas permis qu'elles fussent enregistrées. Même lorsque certaines causes sont connues, la disparité qui persiste entre ces causes et les effets que nous leur attribuons nous oblige à poursuivre l'investigation. Bien entendu, certaines déchirures dans la trame des causes ne peuvent être réparées, et il y a de l'inexplicable en histoire ; au moins ne doit-on pas arrêter l'examen avant de l'avoir rencontré. Par ailleurs, la guerre apparaît comme un « fait social total », dont les parties sont, d'une manière ou d'une autre, solidaires ; tout effet découle donc d'un ensemble complexe de plusieurs causes dont il faut déterminer l'efficacité respective. Plus je m'éloigne, dans l'espace et dans le temps, de l'événement que je veux expliquer pour en découvrir la cause, plus la place est grande pour l'interférence d'autres causes qu'il faut aussi repérer et évaluer (153-157 ; 120-125). Enfin, après Pascal, Retz et bien d'autres, Clausewitz souligne l'irrégularité du lien causal ; au contraire de ce qui se passe dans la nature, il n'existe pas en histoire de proportion définie entre la cause et son effet : « Il faut reconnaître que souvent de grands effets ont jailli de causes qui paraissaient petites, et que souvent aussi une cause isolée, et par conséquent sous la dépendance du hasard, peut avoir des conséquences d'ordre très général » (1987 : 201).

Seconde interrogation de la critique : les moyens retenus étaient-ils adaptés à la fin que l'on s'était fixée ? Pour répondre à cette question, elle doit d'abord dresser l'inventaire des solutions possibles : « L'examen critique n'est pas seulement l'analyse des moyens réellement employés, mais aussi de tous les moyens possibles qu'il faut d'abord spécifier, c'est-à-dire inventer, et d'ailleurs on ne peut jamais rejeter un moyen si on ne peut le remplacer par un autre meilleur. Or, si faible que soit dans la plupart des cas le nombre des combinaisons possibles, il est indéniable que l'établissement de celles dont on n'a pas fait usage n'est pas une simple analyse de choses existantes, mais une création, une initiative qui n'obéit à aucune prescription, mais dépend de la fécondité de l'esprit » (160, 128). Dans ce recensement des possibilités, l'historien critique doit se mettre à la place de l'acteur, et faire abstraction de ce que celui-ci ne pouvait pas savoir (163-164 ; 132). C'est que son objet est d'établir la vérité des enchaînements, non de distribuer l'éloge ou le blâme (1973 : 93-94). Plus exactement, il ne doit se prononcer que sur les incohérences ; il ne lui appartient pas de discuter des fins ; une seule question lui est posée : l'acteur disposait-il pour atteindre son but de moyens plus efficaces et plus sûrs que ceux qu'il a mis en œuvre ?

S'installant à la place de l'acteur, l'historien s'interdit les « privilèges de l'après-coup ». Est-ce à dire qu'il renonce à utiliser le critère du succès ? Il n'en est rien : la défaite montre infailliblement que les hypothèses et prévisions de l'acteur ont péché par quelque côté. Certes, l'action de guerre vise des succès probables, non des succès certains, mais la décision ne se réduit jamais à un pur pari entre deux issues dont les chances seraient jugées égales et les conséquences équivalentes ; elle se veut toujours une évaluation raisonnable des probabilités et des risques, soit au regard du résultat escompté, soit au regard des enjeux, et c'est en cela qu'elle peut être prise en défaut. Lorsque l'échec intervient, nous sommes donc persuadés qu'une erreur a été commise ; en cas de victoire, nous avons au contraire « l'obscur sentiment qu'entre le succès attribué à la chance et celui qui revient au génie de la personne agissante, il y a un rapport qui échappe au regard de l'esprit » (167 ; 136-137). Analysant les dispositions prises par Napoléon pour envahir la Russie en 1812, Clausewitz montre à la fois que le plan choisi était le meilleur possible, et que son succès reposait pourtant sur la supposition téméraire que le tsar Alexandre s'inclinerait après la perte de sa capitale comme l'empereur d'Autriche l'avait fait après avoir été vaincu à Austerlitz et à Wagram (166-167 et 732-733 ; 135-136 et 703-705). Autrement dit, c'est le principe même de l'entreprise qui a été fautif, et non les moyens mis en œuvre pour la mener à bien : « Nous disons que la campagne de 1812 échoua parce que le gouvernement de l'ennemi demeura ferme, le peuple loyal et inébranlable, parce qu'elle ne pouvait donc pas réussir. Bonaparte a peut-être commis une faute en entreprenant pareille expédition ; en tout cas le résultat montra qu'il s'était trompé dans ses calculs. Mais nous maintenons qu'en supposant qu'il fût nécessaire de chercher à atteindre ce but, il n'aurait pu s'y prendre autrement sur tous les points essentiels » (733, 705). Distinguer ainsi l'erreur sur la fin de l'erreur sur les moyens, c'est pour la critique un résultat qui n'est pas négligeable, et seul le critère du succès lui a permis de l'atteindre.

Un modèle précurseur pour les sciences sociales

On ne saurait trop insister sur la vigilance épistémologique dont Clausewitz fait preuve lors de l'élaboration de son œuvre : nous le voyons constamment soucieux de définir le statut et la portée de ses propositions au regard de l'idéal de la science tel que son époque le conçoit. Mais nous observons aussitôt un fait au premier abord paradoxal : dans cette réflexion sur la nature de son discours, jamais Clausewitz n'évoque directement cette violence qui est pourtant la marque spécifique de la guerre. Dès lors, cette réflexion pourrait s'appliquer à bien d'autres champs du savoir portant sur bien d'autres activités sociales que la guerre ; en particulier, elle pourrait concerner les activités dont Clausewitz a souligné la parenté avec la guerre : le jeu, le commerce et la politique. J'aimerais aller plus loin et suggérer que, à son insu, Clausewitz a sans doute posé les fondations d'une première théorie des sciences sociales, qui prendra ensuite son essor avec les travaux de Comte, de Dilthey, de Weber et de Durkheim. Je ne prétends certes pas que l'auteur de *Vom Kriege* se soit délibérément proposé une telle entreprise, mais je tiens qu'il s'y est engagé « à son corps défendant », ne serait-ce que parce qu'en parlant de la guerre et du savoir qui la vise, on parle nécessairement aussi de la vie sociale en général et de la connaissance que nous en avons. Quant aux résultats, qu'on en juge.

Tout d'abord, Clausewitz définit de manière tout à fait claire la frontière infranchissable qui sépare les sciences sociales des sciences de la nature : « La différence essentielle réside en ce que la guerre n'est pas une activité de la volonté appliquée à une matière inerte, comme dans les arts mécaniques, ni à un objet vivant mais passif et soumis, tels que l'esprit humain et la sensibilité humaine dans les beaux-arts, mais à un objet qui vit et réagit. Il est frappant de voir combien les schémas idéologiques des arts et des sciences sont peu faits pour cette activité, et l'on comprend du même coup comment la recherche et le désir constants de lois analogues à celles que l'on peut tirer du monde des corps inertes n'ont pu manquer d'engendrer des erreurs incessantes » (146, 113). Oublions ce que la notion de vie peut encore receler ici de métaphysique ; l'important est ailleurs : dans les sciences de la nature, il existe entre le chercheur et son objet ce que l'on pourrait appeler une différence ontologique ; ils n'appartiennent pas aux mêmes régions de l'être. Il n'en va pas de même dans les sciences sociales : ici, c'est l'homogénéité qui est la règle, les hommes y réfléchissent sur eux-mêmes et y parlent d'eux-mêmes. De cette divergence fondamentale on pourrait déduire la plupart des contrastes qui opposent les deux familles de sciences, quant au rapport que le chercheur entretient avec sa matière, quant au rôle que jouent ici et là les valeurs et les intérêts, quant au mode de validation des résultats, quant au caractère cumulatif ou non cumulatif de ces résultats, etc. Nous retrouverons plus loin quelques-uns de ces contrastes : contentons-nous ici de noter que Clausewitz a bien situé leur origine ; il a nettement marqué la limite entre les deux règnes, et les dangers auxquels on s'expose quand on méconnaît cette limite.

L'apport de Clausewitz ne s'arrête pas là, et, pour en souligner l'importance, il nous suffira de le confronter aux thèses développées près d'un siècle plus tard par Max Weber dans ses *Essais sur la théorie de la science.* Nous avons d'abord signalé l'insistance de Clausewitz sur la notion de singularité : l'objet du savoir de la guerre, en particulier au niveau de la stratégie, ce sont des totalités singulières, situées dans l'espace et dans le temps, qui sont pour l'essentiel uniques et non reproductibles. De ce caractère Clausewitz déduit les principaux traits de la connaissance stratégique, et notamment le fait qu'elle ne cherche pas à établir des lois qui ne seraient, dans ces conditions, que des banalités. Max Weber étend la proposition à l'ensemble des sciences sociales : « Le point de départ de l'intérêt que nous portons aux sciences sociales est indubitablement la configuration réelle, donc singulière, de la vie culturelle et sociale qui nous environne, quand nous voulons la saisir dans sa contexture universelle, qui n'en est pas moins façonnée singulièrement, et dans son développement à partir d'autres conditions sociales de la civilisation, qui, bien entendu, sont également de nature singulière[7]. » Cette détermination commande aussi bien la méthode que l'objet des sciences sociales. C'est parce qu'elles visent des singularités que les sciences sociales s'attachent à bâtir des « idéal-types », définis comme des « constructions intellectuelles destinées à mesurer et à caractériser systématiquement des relations individuelles, c'est-à-dire significatives par leur singularité, telles que le christianisme, le capitalisme, etc.[8] ». Les singularités ne sont donc plus des exemples invoqués pour illustrer des propositions générales, elles sont le but même de la recherche : « En histoire, les éléments singuliers et individuels entrent en ligne de compte non seulement comme moyens de connaissance, mais tout simplement comme objets de la connaissance[9]. » Le traitement de la causalité obéit aux mêmes exigences : « La connaissance causale de l'historien consiste en une imputation de conséquences concrètes à des causes concrètes[10]. » Bien entendu, poursuit Weber, cette imputation suppose le repérage préalable des régularités causales, mais celui-ci n'est plus pour la connaissance historique qu'un moyen et non une fin. Du coup, Weber

7. Max Weber, *Essais sur la théorie de la science*, traduction de Julien Freund, Paris, Plon, 1992, p. 150-151.

8. *Ibid.*, p. 185.

9. *Ibid.*, p. 233.

10. *Ibid.*, p. 158.

porte le même jugement que Clausewitz sur l'inéluctable insignifiance de la loi :

> « Pour les sciences exactes de la nature, les lois sont d'autant plus importantes et précieuses qu'elles ont une validité plus générale, tandis que, pour la connaissance des conditions concrètes de phénomènes historiques, les lois les plus générales sont régulièrement celles qui ont le moins de valeur, parce qu'elles sont les plus vides en contenu. En effet, plus la validité, c'est-à-dire l'extension d'un concept générique, est large, plus aussi il nous éloigne de la richesse de la réalité, puisque, pour embrasser ce qu'il y a de commun au plus grand nombre possible de phénomènes, il doit être le plus abstrait possible, donc pauvre en contenu. Dans les sciences de la culture, la connaissance du général n'a jamais de prix pour elle-même[11]. »

Dans le travail de critique historique qui est, on l'a vu, la principale source du savoir de la guerre, Clausewitz privilégie l'étude du rapport entre la fin et les moyens. C'est que les fins de la guerre sont d'ordre politique ; elles ne sont donc pas en tant que telles de la compétence du stratège. Celui-ci a pour tâche de dire s'il existe un objectif militaire dont la réalisation permettrait d'atteindre le but politique que le gouvernement s'est fixé, et si cet objectif militaire est accessible compte tenu des forces et des ressources disponibles. Il s'agit chaque fois de vérifier si les moyens sont adéquats à la fin, et la rationalité invoquée est donc de caractère instrumental ; les fins politiques sont soustraites à la discussion. Cette opération de mise à l'écart, Weber la généralise à l'ensemble des valeurs qui orientent l'action des hommes : prises en elles-mêmes, elles ne sont pas du ressort de la science ; la critique des valeurs, précise Weber, « ne peut être qu'un jugement logico-formel sur la matière contenue dans les jugements de valeur et les idées données historiquement ; elle ne saurait être qu'un contrôle des idéaux selon le postulat de la non-contradiction interne du voulu[12] ».

11. Max Weber, *Essais sur la théorie de la science*, *op. cit.*, p. 159.
12. *Ibid.*, p. 124-125.

Au-delà de cet examen formel, le choix ou l'acceptation des valeurs incombe exclusivement à l'acteur, et le savant n'a rien à dire en la matière ; son objet propre, c'est l'adaptation des moyens aux fins : « Toute analyse réflexive concernant les éléments ultimes de l'activité humaine raisonnable est tout d'abord liée aux catégories de la fin et des moyens [...]. Ce qui est avant tout accessible immédiatement à l'examen scientifique, c'est la question de la conformité des moyens quand le but est donné [...]. Partant, sur la base de la situation historique, nous pouvons chaque fois critiquer indirectement l'intention comme pratiquement raisonnable ou déraisonnable dans les conditions données[13]. »

La critique historique exige, selon Clausewitz, que le savant se mette à la place de l'acteur et reconstitue la gamme des possibilités qui s'offraient effectivement à celui-ci au moment de la décision. Weber impose la même règle à la recherche des causes en général : « L'imputation causale se fait sous la forme d'un processus de pensées qui contient une série d'abstractions. La première et la plus décisive d'entre elles consiste justement à modifier en pensée, dans un sens déterminé, un ou plusieurs composants causatifs incontestés du cours des événements, pour nous demander ensuite si, après cette sorte de modification des conditions du devenir, nous aurions pu nous attendre au même résultat dans les points essentiels ou bien à un autre, et lequel[14]. » Prenant l'exemple de la bataille de Marathon, Weber rappelle qu'elle fit la décision entre deux possibilités – hégémonie de la théocratie perse ou victoire du libre esprit hellénique – et conclut : « Il ne serait pas possible d'en établir la signification sans l'estimation de ces possibilités et des valeurs culturelles irremplaçables qui, d'après notre étude rétrospective, dépendaient de cette décision[15]. » Par ailleurs, nous avons vu qu'en dépit de ses proclamations Clausewitz demeure en pratique tout à fait réservé quant à l'utilisation en histoire du calcul des probabilités ; Weber partage cette réserve :

13. Max Weber, *Essais sur la théorie de la science*, *op. cit.*, p. 122-123.
14. *Ibid.*, p. 278.
15. *Ibid.*, p. 279.

« Non seulement il n'est pas possible de prendre en compte dans l'examen causal de l'histoire les principes de ce qu'on appelle au sens étroit le calcul des probabilités, mais déjà le simple essai d'utiliser de manière analogue ses points de vue réclame une grande prudence[16]. »

Une dernière remarque : tout en accusant la différence qui sépare le savoir de la guerre des sciences de la nature, Clausewitz n'en fait pas une barrière étanche et infranchissable. Dans le domaine de la tactique, les facteurs matériels – disposition géométrique, nombre, terrain – jouent un rôle essentiel ; les événements sont largement récurrents et le comportement au combat a souvent le caractère d'une conduite instinctive ou d'un automatisme acquis. Dès lors, la mesure, le calcul et le déterminisme causal prennent une grande importance, et l'on se rapproche de l'idéal des sciences de la nature. Dans le domaine de la stratégie, au contraire, les épisodes sont singuliers, et de même qu'en art, la parole est à l'imagination et à la liberté créatrice de l'acteur ; le modèle des sciences de la nature perd donc sa pertinence. Un contraste analogue partage, à mon avis, l'ensemble des sciences sociales : plus le comportement des individus et des groupes est régi par leurs pulsions inconscientes, leurs passions, leurs habitudes ou leurs fanatismes, plus il se prête à l'établissement de lois et à une analyse causale déterministe. On peut ainsi compléter la célèbre formule de Durkheim : pour autant que l'homme est réifié, les faits sociaux doivent être traités comme des choses. Mais si nous suivions le seul Durkheim, les sciences sociales ne prospéreraient que dans la mesure où, à l'intérieur de l'homme, c'est l'inhumain qui gouvernerait. Un autre modèle de savoir est à la fois concevable et nécessaire, qui concernerait la société et l'histoire lorsqu'elles sont décision délibérée, action consciente, invention, liberté, autrement dit lorsqu'elles sont proprement humaines.

---

16. Max Weber, *Essais sur la théorie de la science*, *op. cit.*, p. 273, note.

5

Tactique et stratégie

L'activité guerrière et le savoir qui la décrit comprennent deux « versants » à la fois antagonistes et complémentaires : la tactique et la stratégie. Le plus souvent, Clausewitz les définit l'une par rapport à l'autre : la tactique est l'usage des forces armées dans le combat, la stratégie est l'usage des combats au service des buts de la guerre (118, 84 ; voir aussi 1976a : 45, 63-64, 78). En d'autres termes, l'une concerne la forme du combat et l'autre son utilisation ; l'une désigne la conduite de l'engagement, l'autre sa préparation et son exploitation (124 ; 89). Les rapports de la tactique et de la stratégie sont un mixte indissociable de divergences et de convergences : « La stratégie et la tactique sont deux activités qui s'imprègnent mutuellement dans le temps et dans l'espace, tout en différant essentiellement l'une de l'autre » (124, 90). De fait, au moins en apparence, tactique et stratégie se rapportent à des moments successifs du cours de la guerre, et ces moments semblent mutuellement exclusifs ; la stratégie intervient avant le combat pour en déterminer le lieu et l'instant, ainsi que les forces qui pourront y être engagées ; elle s'efface ensuite devant la tactique, qui est l'art du combat proprement dit (1976a : 72) ; à l'issue de celui-ci, elle reprend la parole, pour faire servir son résultat – positif ou négatif – aux fins de la guerre, pour tirer les conséquences du succès ou pallier celles de l'échec : de ce point de vue, le combat apparaît comme le matériau de la stratégie, le moyen dont elle se sert (1976a : 64 et 78). De cette description, on aurait pourtant tort de conclure que tactique et stratégie sont en relation d'extériorité : « La stratégie ne cesse pas au début de chaque combat pour laisser faire la tactique » (1979 : 164). Au contraire, il y a entre elles une connexion constante et intime, dont l'étroitesse augmente avec le temps :

> « Actuellement, et surtout depuis les guerres de Silésie, la situation en dehors de l'engagement est si imprégnée de tout ce qui tient à l'engagement lui-même, et la corrélation entre les deux situations est si étroite qu'on ne peut même plus tout à fait concevoir l'une sans l'autre. Autrefois, l'engagement était l'outil réel, et la situation en dehors de l'engagement n'en était pour ainsi dire que le manche ; celui-là était la lame d'acier, celle-ci la poignée de bois rapportée ; l'ensemble se composait donc de parties hétérogènes. Tandis qu'à présent l'engagement est le tranchant de la lame ; la situation extérieure à l'engagement en est le dos ; le tout est un métal si bien soudé qu'il n'est plus possible de distinguer l'acier du fer » (327, 289).

Entre la stratégie et la tactique, Clausewitz établit donc le même rapport qu'entre la politique et la guerre. La guerre, on s'en souvient, est définie comme la continuation et le moyen de la politique, mais, pour autant, la politique ne s'efface pas lorsque la guerre commence (66, 703, 705-706 ; 33, 674, 677) ; la première continue de pénétrer de part en part la seconde et d'en déterminer étroitement les modalités et les fins. Il en est de même ici, et nous aurons à nous interroger sur la signification de ce parallélisme.

Les différences entre stratégie et tactique

Entre stratégie et tactique, quelles sont les différences ? Nous en avons déjà rencontré quelques-unes au chapitre précédent. Parce que les facteurs matériels y jouent un rôle plus important, parce que les phénomènes y sont plus circonscrits et les données plus précises, la tactique se prête davantage à la théorie que la stratégie (134, 101). De même, la tactique concerne une infinité de petits épisodes semblables, alors que la stratégie vise de grands événements singuliers ; il est donc plus facile d'élaborer une méthode pour la première que pour la seconde (150 ; 117-118). En conséquence, la tactique et la stratégie n'exigent pas du chef de guerre les mêmes qualités : la tactique donne la première place au courage, la stratégie fait d'abord appel à l'intelligence, au jugement et même au génie (134, 197 ; 100-101, 164). L'activité intellectuelle, dit encore Clausewitz, est simple aux échelons inférieurs du commandement, et de plus en plus difficile à mesure que l'on s'élève dans la hiérarchie, c'est-à-dire que l'on passe de la tactique à la stratégie (141 et 199 ; 108 et 166).

Qu'en est-il à présent de la tactique et de la stratégie, non plus comme savoir, mais comme activité ? Pour la stratégie, le combat forme une unité indivise : la décision exige donc la concentration de toutes les forces disponibles et leur emploi simultané. Pour la tactique, au contraire, le combat peut prendre la forme d'un affrontement prolongé, composé de multiples engagements partiels et successifs ; en pareil cas, c'est l'intervention de réserves fraîches qui fait pencher le fléau de la balance : la tactique peut donc envisager un usage échelonné des forces (216 ; 182-183). Nous nous trouvons ici en présence d'une différence d'« ordre » au sens pascalien du terme : ce qui est complexe en tactique – le combat – est un et simple en stratégie. Il en résulte une conséquence importante : en tactique, la possession de réserves, on vient de le voir, est souvent un atout maître ; en stratégie, en revanche, toutes les forces doivent prendre part à l'action décisive, et l'idée d'une réserve destinée à être utilisée après cette action est tout simplement absurde (222-223 ; 189-190). D'une façon générale, le gouvernement et le commandement sont souvent rassurés par l'existence d'une réserve stratégique permettant de faire face à l'imprévu ; mais si cette réserve est conçue comme une force maintenue dans l'inaction en attente de l'imprévisible, il n'en résulte qu'un gaspillage des forces qui peut aller jusqu'à compromettre l'issue des opérations en cours (1979 : 558). C'est en modifiant la répartition des unités engagées que le chef de guerre peut parer aux hasards et aux surprises, et non pas en tenant une partie d'entre elles à l'écart de l'action.

En second lieu, le temps et l'espace disponibles sont beaucoup plus considérables en stratégie qu'en tactique. Au moins à l'époque de Clausewitz, la plupart des batailles se livrent en une journée, et sur un espace relativement étroit, coïncidant avec le champ de vision du chef ou n'en débordant que d'assez peu les limites ; au contraire, le stratège opère au minimum sur la durée d'une campagne et à l'échelle d'un théâtre de guerre (217, 275-276 et 408 ; 184, 192 et 368-369). Du coup, les manœuvres d'enveloppement sont beaucoup plus faciles en tactique qu'en stratégie, où celui qui est menacé d'être tourné dispose de davantage de temps et d'espace pour se dérober. Cette différence d'échelle fait également varier le statut de la surprise. Celle-ci est de toute évidence un facteur important du succès : « L'effet de surprise ne peut venir que de celui qui dicte sa loi à l'autre » (210, 177) et il exerce sur qui le subit une action de désagrégation : les liens de l'unité – organisation, discipline – sont défaits, et l'individu retrouve son indépendance. Cependant, précise aussitôt Clausewitz, « la surprise fait plutôt partie du domaine de la tactique, pour la simple raison que toutes les données de temps et de lieux y sont bien plus courtes » (207-208 ; 174) ; en effet, le secret requis est alors beaucoup plus facile à préserver. En revanche, la surprise est difficile en stratégie, et elle l'est de plus en plus à mesure que l'on s'éloigne de la tactique pour se rapprocher de la politique : « Il est extrêmement rare qu'un État en surprenne un autre par la guerre ou par l'orientation générale de ses forces » (208, 175). D'un autre côté, la surprise « est un moyen beaucoup plus effectif et important en stratégie qu'en tactique » (407, 367) ; elle y est même « le principe le plus important de la victoire » (1976a : 109). Nous retrouvons ici la loi selon laquelle l'ampleur et la probabilité du succès varient en sens inverse : en tactique, la surprise est possible, mais elle ne crée pas à elle seule les conditions de la victoire ; elle ne fait que préparer de bonnes conditions pour livrer une bataille qui demeure inéluctable et n'est jamais jouée d'avance (1987 : 96). En stratégie, la surprise est rare, car il est difficile de dissimuler longtemps des préparatifs de quelque volume, mais, lorsqu'elle intervient, ses conséquences ont une tout autre portée qu'en tactique.

En troisième lieu, comme le temps de la stratégie est plus long que celui de la tactique, et que, à l'échelle de la stratégie, le chef de guerre ne voit de ses propres yeux qu'une très faible partie de ce qui se passe, un champ beaucoup plus vaste s'ouvre pour le doute, les hésitations, les repentirs ; en d'autres termes, la pression exercée par l'incertitude est à la fois plus durable et plus intense ; aussi, « une importante décision stratégique exige beaucoup plus de volonté qu'une décision d'ordre tactique » (183, 150). Par ailleurs, la destruction des armées prend des formes différentes selon qu'elle s'accomplit en tactique ou en stratégie. Au combat, c'est le choc, le corps à corps, mais surtout le feu, qui sont à l'origine des pertes ; les hommes « mis hors de combat » sont tués ou blessés (215 et 311 ; 181 et 273 ; 1998 : 31 s.). En stratégie, l'érosion des armées est due aux efforts, aux fatigues, aux privations, aux maladies ; ces données ne sont pas absentes du combat, mais leur terrible efficacité se manifeste surtout lors des mouvements qui précèdent ou suivent celui-ci, lorsqu'il s'agit, soit de le préparer, soit d'exploiter son résultat. Ici encore, c'est l'ampleur de l'espace et du temps stratégiques qui fait du mouvement un redoutable « principe de destruction » (217-218 ; 184).

Enfin, il suit de la définition même de la tactique et de la stratégie – et de la place qu'y tient respectivement le combat – que certaines notions ont un sens pour l'une et pas pour l'autre. C'est en particulier le cas de la victoire. En tactique, la victoire – quels qu'en soient les critères, à quelque signe qu'on la reconnaisse – est la fin de toute action (136, 103). Pour la stratégie, la victoire n'est en revanche qu'un moyen, un matériau à utiliser (137, 104). En toute rigueur, déclare donc Clausewitz, « en stratégie, il n'y a pas de victoire » (406, 367) ; en effet, la victoire vient à la stratégie *du dehors*, c'est-à-dire du domaine de la tactique. La fin de la stratégie, c'est donc la renonciation de l'ennemi à la lutte, et la conclusion d'une paix avantageuse, introduisant une situation plus favorable que celle qui prévalait avant le conflit.

L'ensemble des différences qui viennent d'être recensées amène Clausewitz à conclure que tactique et stratégie demeurent deux domaines irréductiblement distincts. Que penser aujourd'hui de cette appréciation ? Assurément, les modalités de la distinction se transforment avec le temps et avec l'évolution des armements et des équipements. Dans son *Introduction à la stratégie*, le général Beaufre met fort bien en lumière ces variations en examinant le rapport qui s'est établi à diverses époques entre, d'un côté, la bataille, relevant de la tactique, et, de l'autre, les opérations qui la précèdent et la suivent, relevant, elles, de la stratégie. À l'origine, les opérations sont entièrement séparées de la bataille ; celle-ci peut toujours être acceptée ou refusée ; les opérations ont pour but de « forcer l'adversaire à accepter la bataille dans des conditions désavantageuses pour lui[1] » – sous peine de devoir renoncer à un enjeu essentiel. En conséquence, le général n'accepte de livrer bataille que s'il est presque sûr de l'emporter ; du coup, les batailles sont rares et les campagnes interminables. À la fin du XVIIIe siècle, l'accroissement des effectifs et l'avènement du principe divisionnaire entraînent une mutation profonde : « C'est Napoléon qui comprit le premier tout le parti que l'on pouvait tirer des possibilités nouvelles. Son système d'opérations reposait sur une distinction absolue entre le dispositif opérationnel dispersé et formant un large filet et le dispositif de bataille concentré[2]. » Dans ce genre d'affrontement, les opérations et la bataille sont distinctes, mais liées, les premières commandant la

1. Général André Beaufre, *Introduction à la stratégie*, Paris, Economica, 1985, p. 51.

2. *Ibid.*, p. 53.

seconde ; les guerres sont désormais brèves et décisives. Telle est la situation que Clausewitz a sous les yeux.

Cependant, la croissance des effectifs se poursuit, et, au terme du processus, la bataille et les opérations finissent par se confondre : pendant la guerre de 1914-1918, le front de bataille coïncide avec le théâtre des opérations. Comme le renforcement concomitant de l'armement rend la rupture difficile, l'enveloppement devient la manœuvre privilégiée ; pour qu'il soit efficace, encore faut-il que la marche de l'aile tournante soit plus rapide que l'acheminement des réserves destinées à lui barrer la route ; or, entre 1914 et 1918, ce n'est pas le cas : la première se déplace à pied ou à cheval, les secondes en chemin de fer. Dès lors, le front se stabilise, l'heure est à la guerre de position et aux stratégies de l'usure. En 1939, l'entrée en scène des chars et des avions change de nouveau la donne : désormais, « la mobilité tactique de l'attaque » dépasse « la mobilité stratégique des réserves » ; on en revient donc à la guerre de mouvement, mais c'est maintenant la bataille « qui précède et prépare les opérations décisives[3] ».

Ces mutations rendent-elles caduque l'opposition entre tactique et stratégie ? Il n'en est rien. Les deux termes désignent parfois des moments successifs, parfois des aspects complémentaires de l'action, mais, en tout état de cause, ils renvoient à des objets distincts, et leur distinction tient à la nature même de la guerre, ou plus exactement de la guerre réelle. Pour autant que celle-ci est une épreuve de force, dont l'issue est toujours incertaine et qui doit être préparée et exploitée, pour autant, par conséquent, qu'elle se développe dans la durée avec des temps forts et des temps faibles, la séparation des deux domaines demeure pertinente. Elle ne serait remise en cause que par une utilisation effective et massive de l'arme nucléaire : dans les scénarios de l'apocalypse nucléaire, le combat disparaît, et l'affrontement se réduit à un échange de coups distants de quelques minutes. C'est l'ensemble du modèle de Clausewitz

3. Général André Beaufre, *Introduction à la stratégie*, *op. cit.*, p. 53.

qui serait alors périmé ; toutefois, nous sommes ici dans l'espace de la guerre virtuelle.

Relation de la tactique et de la stratégie

Comment Clausewitz conçoit-il le rapport entre tactique et stratégie ? Quel que soit le but politique de la guerre (*Zweck*), son but militaire (*Ziel*) est toujours d'exercer une contrainte sur l'ennemi, donc de réduire sa liberté d'action par rapport à la mienne. Comme sa liberté d'action tient à l'existence de ses forces, grâce auxquelles il peut limiter la mienne, l'action de guerre a toujours pour but la défaite et la destruction des forces ennemies. Pour obliger l'ennemi à se soumettre à ma volonté, il me faut le désarmer ; c'est alors seulement qu'il acceptera mes exigences politiques (51, 53-54 et 669-671 ; 17, 19-20 et 640-642). Bien entendu, cette maxime n'est vraie en toute rigueur que de la guerre absolue, dont la fin politique est l'anéantissement ou l'asservissement de l'ennemi. D'une façon générale, le but politique vient déterminer et moduler le but militaire : si le premier est modéré, le second le sera également ; ne seront alors recherchées qu'une défaite et une destruction partielles de la puissance adverse : « La guerre n'étant pas un acte de passion aveugle, mais un acte dominé par un dessein politique, la valeur de ce dessein déterminera l'ampleur des sacrifices nécessaires à sa réalisation » (72, 40). Il reste que la destruction de l'ennemi demeure à l'horizon de toute guerre comme ce qui lui donne son sens ; une guerre de pure observation, qui laisserait tout à fait intactes les forces en présence, serait considérée, soit comme une simple étape préliminaire avant une confrontation plus vive, soit comme un épisode absurde, une « drôle de guerre »... Quelle que soit l'intensité du conflit, « la destruction des forces ennemies apparaît donc toujours comme le moyen supérieur et le plus efficace devant lequel tous les autres doivent s'effacer » (80, 48).

Or l'engagement, le combat, est l'instrument privilégié de cette destruction de l'ennemi. Clausewitz établit cette proposition en deux temps. Tout d'abord, la destruction de l'ennemi est la fin (*Ziel*), non seulement de la guerre dans son ensemble, mais aussi de chacun des engagements particuliers dont elle se compose (244-245 et 253 ; 206-208 et 216). Plus précisément, chaque engagement peut bien se voir assigner un objectif spécifique : la conquête de tel ou tel point, la mise en échec de telle ou telle entreprise de l'ennemi ; mais la destruction de celui-ci demeure toujours une fin concomitante, en tant que telle et non pas seulement parce qu'elle est un moyen d'atteindre l'objectif spécifique (243, 205). Bien mieux, cette fin concomitante doit toujours être considérée comme la fin principale. Au chapitre précédent, nous avons déjà établi cette proposition en ce qui concerne les objectifs géographiques, dont le caractère subordonné et secondaire a été clairement affirmé ; nous pouvons à présent la généraliser : « La destruction immédiate des forces militaires ennemies est partout le facteur dominant (*das Vorherrschende*) » (244, 206). Par ailleurs, c'est principalement par l'engagement qu'est obtenue la destruction de l'ennemi (279, 240). Certes, d'autres « principes de destruction » opèrent au cours des hostilités ; nous avons notamment évoqué plus haut le rôle du mouvement, et les fatigues, les privations, l'épuisement qu'il peut entraîner. Il reste qu'en la matière le combat est plus efficace que le mouvement (312-313 ; 273) : il agit plus vite, de façon plus radicale, et, lorsqu'il aboutit à une conclusion, il creuse des écarts soudains et profonds qui sont plus difficiles à combler.

Dès lors, le combat apparaît comme la principale activité de la guerre, et Clausewitz ne se lasse pas d'affirmer sa primauté absolue : le combat est l'unique moyen de la guerre (*das einzige Mittel*) (76, 82 et 669 ; 44, 51 et 640) ; plus précisément, il est « l'unique activité efficace » de la guerre (*die einzige Wirksamkeit*) (79 et 119 ; 47 et 85). Le combat est « seul décisif », dit encore Clausewitz (1976a : 31) ; en guerre, « ce sont les batailles qui décident de tout » (1976a : 111). Dès lors, il est « ce qui constitue la guerre » (*er ist es, der den Krieg ausmacht*)

(117, 82) ; il « embrasse (*umfaßt*), par ses effets physiques et moraux, de façon tantôt plus simple et tantôt plus complexe, l'objet de la guerre tout entière (*den Zweck des ganzen Krieges*) » (239, 202). Il faut donc dénoncer impitoyablement l'illusion selon laquelle il serait possible à la guerre de vaincre sans combattre (121, 86). Certes, le combat fait couler le sang, et lorsqu'il prend la forme de la grande bataille, il en fait couler beaucoup ; par ailleurs, à la veille de toute rencontre importante, le gouvernement et le commandement ont toujours quelque peu le sentiment de jouer le sort de l'État sur un coup de dés. Dès lors, l'appréhension du coût et celle du risque s'allient pour les faire hésiter :

> « Aussi les gouvernements et les généraux se sont-ils de tout temps efforcés d'éviter la bataille principale, d'atteindre leur but en se passant d'elle ou de renoncer à ce but sans en avoir l'air. Théoriciens et historiens se sont ensuite donné beaucoup de mal pour trouver dans quelque autre aspect de ces campagnes et de ces guerres, non seulement l'équivalent de la décision évitée, mais aussi les marques d'un art supérieur. C'est ainsi qu'en matière d'économie de guerre, on en est presque arrivé actuellement à considérer la bataille principale comme un malheur dû aux erreurs commises, comme un symptôme morbide auquel un système de guerre prudent et bien conçu ne devrait jamais aboutir. Les lauriers ne reviendraient alors qu'aux généraux qui savent mener la guerre sans effusion de sang, et la théorie de la guerre serait un véritable culte destiné à enseigner cette méthode » (281 ; 242-243).

Pour Clausewitz, il n'y a là que rêveries : comme les guerres de la Révolution et de l'Empire le démontrent de manière surabondante, l'activité guerrière ne saurait faire l'économie du combat, et les divers procédés qu'on suggère de lui substituer n'ont pas l'efficacité qu'on leur prête. La surprise, on l'a vu, ne fait que préparer les conditions d'un affrontement avantageux (1987 : 96), et une opération qui ne miserait que sur les effets qu'elle produit serait inéluctablement vouée à l'échec. En 1814, Napoléon envisage un instant de renoncer à la défense de Paris pour se porter sur les arrières des Alliés : « Bonaparte vit là une suprême tentative à risquer ; il crut qu'une opération tout à fait inusitée ferait un grand effet de terreur. Mais qu'est-ce donc qu'une entreprise qui n'a pour elle que son étrangeté, sinon un vain fantôme ? » (1972 : 82). En fait, la surprise n'échappe pas au principe de totalité qui gouverne le domaine de la guerre ; elle n'a pas d'efficacité propre, et une stratégie fondée exclusivement sur elle conduirait vite à l'extravagance :

> « Bien qu'à la guerre l'extraordinaire ait une certaine action due à la surprise et au grandiose, à cause de l'impression morale, il ne suffit pas à lui seul, et l'inattendu et le grandiose conduisent au but seulement s'ils sont en concordance avec l'ensemble. Si donc un général audacieux se décide à une mesure extraordinaire parce qu'il se sent la force de la mettre à exécution, la première condition sera toujours que son tact lui fasse toujours sentir le rapport du moyen au but. Autrement la tendance à l'extraordinaire deviendra facilement une tendance à l'abandon du sens commun et conduira aux pires désastres » (1979 : 518).

De même, Clausewitz se déclare très sceptique sur le rôle de la ruse, à laquelle il ne consacre dans *Vom Kriege* qu'un bref chapitre de deux pages. En dépit des apparences, la ruse n'occupe dans l'activité guerrière qu'une place très réduite, en particulier au niveau de la stratégie : « Ce qui en guerre y ressemble – ordres et plans factices, fausses nouvelles répandues à l'intention de l'ennemi, etc. – est généralement si peu efficace dans le domaine de la stratégie qu'on ne peut y recourir que dans certaines occasions isolées » (213, 179). C'est que la ruse déploie la fiction ; elle est de l'ordre de la comédie ou du jeu ; or, « le sérieux de l'amère nécessité rend l'action directe si urgente qu'elle ne laisse pas place à ce jeu. En un mot, les pièces de l'échiquier sont dépourvues de cette mobilité (*Beweglichkeit*) qui est l'élément même de la ruse et de l'astuce » (213, 180). Au total, dans la mesure où la guerre est épreuve de force, ou plus exactement épreuve de volontés qui, pour trancher entre elles, s'en remettent à l'épreuve de leurs forces, elle ne saurait se passer d'une confrontation effective de celles-ci, c'est-à-dire du combat.

Clausewitz introduit ici une précision essentielle : la primauté ainsi conférée au combat n'implique pourtant pas nécessairement que seuls les engagements effectivement livrés soient efficaces ; une rencontre offerte et refusée peut, elle aussi, produire des résultats. En d'autres termes, l'engagement possible exerce une action par ses conséquences, et grâce à celles-ci, il entre à son tour dans le champ du réel (79, 186 et 434-435 ; 47-48, 153 et 396 ; 1976a : 45). Pour illustrer ce point, Clausewitz évoque la manière dont Napoléon organisa en 1813 la « défense fictive du Rhin », après sa défaite de Leipzig : en rangeant ses corps sur la rive gauche du fleuve sans avoir toutefois l'intention de s'y maintenir durablement en cas de franchissement massif, il offrit aux Alliés un engagement que ceux-ci préférèrent refuser, et gagna ainsi un temps précieux : « Cette défense fictive du Rhin suffit donc à arrêter l'avance des Alliés et à décider ceux-ci à remettre leur traversée jusqu'à l'arrivée de renforts, c'est-à-dire qu'elle fut retardée de six semaines. Six semaines qui devaient être pour Bonaparte d'un prix inestimable » (507, 477). Toutefois, on aurait tort de voir dans ces indications l'expression d'un repentir : l'efficacité ainsi concédée à l'engagement possible ne signifie pas que la guerre puisse jamais se dispenser du combat : si l'engagement possible est finalement refusé, c'est que l'ennemi se juge assuré de le perdre s'il était livré. Le spectre de la défaite entre donc en scène, et même s'il n'est pas l'exact équivalent de la défaite, il n'en exerce pas moins une influence effective sur le cours des événements : refusant de m'affronter, l'ennemi doit m'abandonner quelque chose en contrepartie, payer le prix de la défaite évitée : me céder une position, du temps, ou encore une certaine quantité de force morale. Sous forme de menace, c'est donc bien le combat qui continue ici d'opérer.

À son tour, la primauté du combat entraîne la domination de la tactique sur la stratégie ; la première est reine, parce que le pouvoir de trancher lui appartient : « C'est la tactique qui, en fin de compte, décide d'une affaire, parce que la stratégie ne saurait atteindre son but que par une issue heureuse du combat. C'est par conséquence à la tactique que revient le privilège de la décision » (1976a : 64). Il faut bien comprendre le sens et la portée de cette prééminence « logique » de la tactique : en dernière instance, tout se joue dans le combat, et ce qui est gagné sur le champ de bataille détermine et mesure ce que rapportera ensuite la manœuvre stratégique : « Seuls de grands succès tactiques peuvent mener à de grands succès stratégiques [...]. Les succès tactiques ont une influence prépondérante sur la conduite de la guerre » (244, 206). C'est qu'en réalité, les mouvements stratégiques n'ont pas d'efficacité propre ; ils n'opèrent que par la médiation des événements tactiques qu'ils préparent ou exploitent : « La stratégie n'est rien sans le combat, car le combat est la matière qu'elle utilise et le moyen dont elle se sert » (1976a : 78). En d'autres termes, c'est du combat qu'elle tire toute sa capacité d'agir sur le réel. « On fait fausse route, conclut donc Clausewitz, quand on attribue aux combinaisons stratégiques un pouvoir indépendant des résultats tactiques (121, 86). » Admettre un tel pouvoir, ce serait en effet prétendre que l'on peut l'emporter par la seule manœuvre, ce serait donc retomber dans l'illusion de la guerre sans combat.

Stratégie indirecte et primauté du combat

La primauté du combat, et celle, corrélative, de la tactique sont certainement l'une des parties les plus controversées de l'héritage intellectuel de Clausewitz. Selon une opinion communément partagée, l'histoire de la pensée stratégique ferait apparaître un contraste persistant d'âge en âge entre deux traditions antagonistes : d'un côté, les adeptes de la « guerre sans bataille », de l'autre, ceux de la bataille décisive. Les premiers trouveraient en Sun Zi leur porte-parole le plus ancien : « Remporter cent victoires en cent combats n'est pas ce qu'il y a de mieux ; soumettre l'ennemi sans combattre est ce qu'il y a de mieux[4] » ; mais ils seraient également nombreux en Europe, où ils auraient été hégémoniques au XVIIIe siècle ; j'ai déjà cité la fameuse remarque de Maurice de Saxe : « Je ne suis cependant point pour les batailles, surtout au commencement d'une guerre, et je suis persuadé qu'un habile général peut la faire toute sa vie, sans s'y voir obligé[5]. » Deux motifs principaux inspireraient ces formules ; le rôle prépondérant conféré à la manœuvre consacrerait le primat de l'intelligence calculatrice sur le hasard et sur la force brutale ; la prise en considération du coût des batailles agirait dans la même direction. La seconde tradition – la recherche de la décision par la bataille – aurait d'abord été écartée comme une méthode fruste, seulement digne des hordes barbares ; mais elle aurait été réhabilitée à la suite des guerres de la Révolution et de l'Empire, notamment par Clausewitz, selon lequel Napoléon aurait restauré le « véritable esprit de la guerre ». Dans le sillage de Clausewitz, elle serait devenue dominante au XIXe siècle, en France comme en Allemagne, et c'est elle qui aurait conduit aux carnages de 1914-1918. En 1939-1945, l'avènement du char et de l'avion aurait permis un retour progressif de la manœuvre sur le devant de la scène, en attendant que l'apparition de l'arme nucléaire rende la confrontation directe inconcevable et assure la fortune de toutes les variétés de la « stratégie indirecte ».

Dans un tel tableau, il faut assurément faire la part de l'exagération, sinon de la caricature. Pour Sun Zi, la « guerre sans bataille » est un idéal vers lequel il faut tendre, non une peinture de la réalité ; au reste, son nom est souvent associé à celui de son compatriote Wu Ch'i, capitaine fameux dont la chronique rapporte qu'« il défendit les fleuves de l'Ouest et livra soixante-seize batailles aux seigneurs féodaux, dont il vint à bout entièrement en soixante-quatre affrontements,

4. Sun Zi, *L'Art de la guerre*, traduction de Valérie Niquet, Paris, Economica, 1990, p. 105.

5. Maurice de Saxe, *Mes rêveries*, *op. cit.*, p. 139. Voir p. 40.

les autres étant restés indécis[6] ». De même, j'ai replacé la remarque de Maurice de Saxe dans son contexte, et j'ai montré qu'elle était avant tout dictée par le souci de ne pas livrer au hasard le sort de l'État. Inversement, Raymond Aron a fait justice à la fois des lectures réductrices que les épigones de Clausewitz ont faites de *Vom Kriege* et des critiques qui furent ensuite dirigées contre Clausewitz à partir de ces lectures, entre autres par Liddell Hart. La plupart des commentateurs de Clausewitz auraient attribué une validité générale à ses thèses sur la guerre absolue, oubliant que celle-ci n'est qu'un concept limite, permettant de mesurer la diversité des guerres réelles, sans que, pour autant, elles puissent être subsumées sous lui. Ils auraient accordé un privilège abusif à l'offensive, alors que, pour Clausewitz, c'est la défensive qui est la forme la plus forte de la guerre. Enfin, ils auraient donné la préférence au choc frontal, alors que Clausewitz voit dans l'enveloppement la « forme naturelle » de l'attaque[7] (1998 : 78).

Entre les deux traditions évoquées, la distance est donc moindre qu'on ne le croit ; la première n'écarte pas la perspective de la bataille, la seconde admet l'existence des guerres modérées et ne s'interdit pas le recours à la manœuvre. Leur opposition s'évanouit-elle pour autant ? Je ne le pense pas ; il y a bien deux approches distinctes, et ce n'est pas par erreur ou à partir d'un malentendu que Liddell Hart s'en prend à Clausewitz, même s'il a tendance à déformer ses positions. Essayons de préciser ce qui les sépare. Liddell Hart s'est fait de nos jours le principal avocat de l'« approche indirecte ». Il procède tout d'abord à la critique de son contraire, l'approche directe, entendant par là l'assaut frontal, lancé sans détours ni préalables sur les points où l'ennemi l'attend. L'approche

6. Voir Sun Zi, *L'Art de la guerre*, traduction de Francis Wang, Paris, Flammarion, 1972, annexe I, p. 199.

7. Raymond Aron, *Penser la guerre : Clausewitz*, *op. cit.*, vol. II, p. 7-56 ; voir aussi Michael Handel (ed.), *Clausewitz and Modern Strategy*, *op. cit.*, contributions de Jay Luvaas, Jehuda Wallach et Douglas Porch.

directe donne à la force brutale le pas sur l'intelligence ; elle permet à l'ennemi de se préparer au choc ; elle exalte en lui le courage et la fermeté ; enfin, même si elle parvient en un premier temps à le faire plier, il recule en direction de sa base et de ses réserves, en sorte que sa retraite raffermit sa résistance au lieu de l'effriter.

À l'inverse, l'approche indirecte prend tout d'abord acte d'une suprématie des forces morales que Liddell Hart proclame hautement[8]. En conséquence, toute opération, offensive ou défensive, doit ébranler et disloquer l'ennemi *avant* de l'affronter[9], en outre, ébranlement et dislocation doivent être *à la fois* physiques et moraux, matériels et psychologiques[10]. D'un côté, il faut désagréger le dispositif adverse en accomplissant un mouvement tournant qui interrompe ses communications et sa ligne de retraite, en attirant l'ennemi hors des positions où il attend l'assaut, en reculant au besoin pour mieux le frapper ensuite par des contre-attaques foudroyantes. De l'autre côté, la surprise est un facteur décisif de la victoire ; il faut donc se proposer des objectifs alternatifs, et ne choisir entre eux qu'au dernier moment, de façon à maintenir le plus longtemps possible l'ennemi dans l'incertitude et à le placer « sur les cornes d'un dilemme » ; il faut attaquer sur la « ligne de moindre attente », qui est aussi celle de la moindre résistance. Les deux composantes – matérielle et psychologique – sont nécessaires. Frédéric II, inventeur de l'« ordre oblique » est un expert de l'approche indirecte « géométrique », mais il en néglige l'aspect moral : « Sa manière indirecte était trop directe. Autrement dit, il considéra l'approche indirecte comme une manœuvre simple, fondée uniquement sur la mobilité, au lieu d'y voir une manœuvre combinée, exigeant mobilité et surprise[11]. » Inversement, la surprise ne produit pas d'effet

8. Basil Liddell Hart, *Stratégie*, traduction de Lucien Poirier, Paris, Perrin, 1998, p. 80.

9. *Ibid.*, p. 70 et 226.

10. *Ibid.*, p. 349 et 400.

11. *Ibid.*, p. 175.

décisif si l'assaut demeure frontal : après un premier temps de trouble, l'ennemi parvient en règle générale à se ressaisir, puisque l'arrivée de ses renforts n'est pas perturbée[12]. Au total, l'élément psychologique reste cependant prédominant : « La décision est produite plus encore par la dislocation mentale et morale du commandement que par la dislocation physique, matérielle, des forces dont il dispose. Et ces données psychiques dépassent infiniment dans leurs effets les considérations géométriques et les calculs statistiques qui remplissent les neuf dixièmes des ouvrages classiques consacrés à l'histoire militaire[13]. » Aussi le stratège ne doit pas se tromper de cible : « Le véritable but de la guerre est l'esprit des chefs ennemis, et non le corps de leurs soldats ; la balance entre la défaite et la victoire oscille sous l'effet des impressions mentales, et indirectement seulement sous les coups physiques[14]. »

Pour autant que, dans la guerre, le combat représente le moment de la force, il est alors nécessairement relégué au second plan : « Bien que la guerre soit contraire à la raison, puisqu'elle est un moyen de trancher par la force quand la discussion n'a pu donner une solution acceptable par les parties, la conduite de la guerre doit être commandée par la raison si l'on veut qu'elle remplisse son objet. En effet, si le combat est un acte physique, la direction du combat est un processus mental[15]. » Bien entendu, Liddell Hart n'imagine pas une guerre sans combats, mais le stratège doit s'efforcer d'arracher la décision *avant* le combat ; cette décision, il doit la rechercher dans la manœuvre, dans une manœuvre conduite de façon telle que la bataille et la victoire n'en seront plus que des conséquences nécessaires. Ainsi la manœuvre gouvernera le combat, et la raison imposera sa tutelle à la force. La bataille n'est donc jamais un but et elle n'est que « l'un des moyens

12. Basil Liddell Hart, *Stratégie*, *op. cit.*, p. 248.
13. *Ibid.*, p. 170.
14. *Ibid.*, p. 282.
15. *Ibid.*, p. 429-430.

parmi d'autres pour atteindre la fin de la stratégie[16] ». Les combats sont sans doute inévitables, mais le but du stratège est précisément de les réduire « aux proportions les plus faibles possibles[17] ». Comment y parviendra-t-il ?

> « Supposons un stratège chargé de rechercher une décision militaire. Sa responsabilité consiste à tâcher de l'obtenir dans les conditions les plus avantageuses afin d'obtenir les résultats les plus bénéfiques. Donc son véritable but ne sera pas tant de rechercher la bataille que de chercher à créer une situation stratégique si avantageuse que, si elle n'amène pas d'elle-même la décision, sa continuation par une bataille sera assurée d'obtenir cette décision. En d'autres termes, la dislocation est le but de la stratégie. Ses suites peuvent être la décomposition de l'ennemi ou sa rupture plus facile au cours de la bataille. La décomposition peut impliquer dans une certaine mesure des combats, mais ces combats n'auront pas le caractère d'une bataille[18]. »

Au total, conclut Liddell Hart, « la perfection stratégique serait de parvenir à une issue décisive sans combats sérieux[19] ». Certes, cette perfection est rarement atteinte, mais la victoire sans effusion de sang conserve le statut d'une Idée au sens kantien du terme : elle est l'indication d'une tâche à accomplir et elle détermine comme telle la pratique effective des agents[20]. Enfin, le primat de l'approche indirecte et la prééminence du mouvement sur le combat ont pour effet « d'accroître la puissance et l'importance de la stratégie relativement à la tactique[21] ».

Avec l'approche indirecte, Liddell Hart demeure cependant à l'intérieur du domaine militaire. En 1963, le général Beaufre propose de généraliser la notion, et il avance à cette fin le

16. Basil Liddell Hart, *Stratégie*, *op. cit.*, p. 398.
17. *Ibid.*, p. 396.
18. *Ibid.*, p. 398.
19. *Ibid.*, p. 397.
20. *Ibid.*
21. *Ibid.*, p. 420.

concept de « stratégie indirecte » : celle-ci « inspire toutes les formes de conflit qui ne recherchent pas directement la décision par l'affrontement des forces militaires, mais par les procédés les moins directs, soit dans l'ordre politique ou économique [...], soit même dans l'ordre militaire, en procédant par actions successives coupées de négociations[22] ». En exaltant l'approche indirecte, Liddell Hart tentait de confiner le combat dans un rôle subalterne ; avec la « stratégie indirecte », c'est de la guerre elle-même que le général Beaufre entend faire l'économie ; mais la même tendance est à l'œuvre dans les deux cas : il s'agit toujours de réduire autant que faire se peut la place accordée à la force.

On discerne mieux dès lors l'origine exacte des divergences entre Clausewitz et Liddell Hart. J'ai déjà évoqué le scepticisme de l'auteur de *Vom Kriege* quant à l'efficacité de la surprise et à celle de la ruse. À ses yeux, des notions comme la « ligne de moindre attente » ou la « ligne de moindre résistance » sont grosses d'illusions et de déconvenues. Si l'ennemi ne s'attend pas à être attaqué sur un point et s'il ne le défend pas, c'est peut-être aussi parce que ce point ne présente pas pour lui d'importance ou de valeur stratégiques. Tant qu'il conserve l'essentiel de ses forces, sa liberté d'action demeure presque entière : ce sont donc bien ces forces que je dois désagréger si je veux emporter la décision. En d'autres termes, la ligne de moindre attente n'a d'intérêt que si elle désigne une direction sur laquelle le *gros* de l'armée ennemie s'estime à tort protégé. Si cette condition n'est pas remplie, les notions de « moindre attente » ou de « moindre résistance » risquent fort de détourner l'attention vers des objectifs secondaires ou insignifiants, donc d'entraîner une dangereuse dispersion des efforts. Nous rencontrons ici un concept dont le rôle est capital chez Clausewitz, celui de « centre de gravité » :

> « Le centre de gravité est toujours situé là où la plus grande masse de matière est concentrée, et le coup porté au centre de

22. Général André Beaufre, *Introduction à la stratégie*, *op. cit.*, p. 37.

> gravité d'un corps est le plus efficace ; le coup le plus puissant est aussi celui que l'on frappe avec le centre de gravité de la puissance utilisée. Il en va de même en guerre. Les forces armées de tout belligérant, État isolé ou alliance d'États, ont une certaine unité et, par suite, une certaine cohésion. Ces forces armées ont donc certains centres de gravité, dont le mouvement et la direction déterminent ceux des autres points, et ces centres de gravité se trouvent là où sont réunis les corps de troupes les plus importants [...]. C'est contre ce centre de gravité de l'ennemi qu'il faut diriger le coup concentré de toutes ses forces » (560 et 692 ; 531 et 663).

Ainsi, les vertus de l'approche indirecte ne deviennent actives et profitables que si l'opération engagée a pour cible le cœur de la puissance ennemie ; mais il est bien improbable en pareil cas qu'elle puisse aboutir « sans combats sérieux », comme le voudrait Liddell Hart.

Mais surtout, des entreprises comme celles de Liddell Hart – ou, avant lui, de Sun Zi – tendent à dissoudre le combat dans la manœuvre, ou la tactique dans la stratégie. Or, pour Clausewitz, de telles tentatives sont nécessairement vaines : la stratégie ne crée jamais que les conditions du succès ; aucune bataille n'est gagnée d'avance ; les combinaisons les plus parfaites et les mieux exécutées peuvent toujours être déjouées sur le champ de bataille, par une qualité supérieure des combattants, ou par l'irruption du hasard. C'est que l'engagement fait appel à des ressorts et à des ressources spécifiques que nulle manœuvre, si habile soit-elle, ne peut balancer ou remplacer. Il est donc pour tout stratège un « passage obligé » dont l'issue est irréductiblement incertaine.

Plus profondément, le combat est, dans la guerre, un moment à la fois nécessaire et décisif, parce qu'il est épreuve de force, et qu'il existe un rapport intime et privilégié entre la force et la vérité. Dans le cadre de l'analogie globale qu'il suggère entre la guerre et le commerce, Clausewitz illustre la primauté de l'engagement par une comparaison très éclairante : « La décision par les armes représente pour toute opération de guerre, grande et petite, ce que le paiement en espèces représente dans les transactions financières. Si éloignées que soient ces relations, si rares que puissent être les règlements, ils ne sauraient faire entièrement défaut » (79, 48 ; traduction revue). J'observe ici que, dans deux textes très remarquables, Valéry se sert de la même comparaison pour décrire le rapport entre la politique et la guerre. Dans *La Politique de l'esprit*, il pose d'abord que :

> « [...] toute la structure sociale est fondée sur la croyance ou sur la confiance [...]. Le pouvoir n'a que la force qu'on veut bien lui attribuer ; même le plus brutal est fondé sur la croyance. On lui prête comme devant agir en tout temps et en tout point la puissance qu'il ne peut, en réalité, dépenser que sur un point et à un certain moment. En somme, tout pouvoir est exactement dans la situation d'un établissement de crédit dont toute l'existence repose sur la seule probabilité, d'ailleurs très grande, que tous les clients à la fois ne viendront pas le même jour réclamer leurs dépôts[23]. »

Mais dans la première édition de *Regards sur le monde actuel*, Valéry précise que cette description ne concerne que le temps de paix :

> « C'est que la paix n'est qu'un système de conventions, un équilibre de symboles, un édifice essentiellement fiduciaire. La menace y tient lieu de l'acte, le papier y tient lieu de l'or, l'or y tient lieu de tout. Le crédit, les probabilités, les habitudes, les souvenirs et les paroles sont alors des éléments immédiats du jeu politique – car toute politique est spéculation, opération plus ou moins réelle sur des valeurs fictives. Toute politique se réduit à faire de l'escompte ou du report de puissance. La guerre liquide enfin ces positions, exige la présence et le versement des forces vraies, éprouve les cœurs, ouvre les coffres, oppose le fait à l'idée, les résultats aux renommées, l'accident aux prévisions, la mort aux phrases.

23. Paul Valéry, *Variété III*, Paris, Gallimard, 1936, p. 219-221.

> Elle tend à faire dépendre le sort ultérieur des choses de la réalité toute brute de l'instant[24]. »

À s'en tenir à ces textes, et à les rapprocher de celui de Clausewitz, la stratégie est à la tactique ce que la politique est à la guerre ; c'est qu'au travers de chacun de ces deux couples deux règnes s'affrontent, celui du discours et celui de la force. Le discours est le lieu et l'instrument du mensonge ; les mots répandent l'erreur, l'équivoque et l'illusion ; au contraire, la force ne trompe pas ; lorsqu'elle entre en scène, c'est, comme on dit, l'« heure de vérité » qui sonne ; avec la vigueur corrosive d'un acide, elle dissout les simulacres, les vantardises, les déguisements ; sous sa pression, les apparences s'effacent devant la réalité. Que la politique appartienne à l'ordre du discours, inutile d'y insister, mais, pour Clausewitz, il en est de même de la stratégie, dès lors qu'elle ne se réduit pas à la préparation immédiate du combat. Pour autant qu'afin de duper l'ennemi, elle diffuse à son intention signaux et messages, pour autant qu'elle s'efforce de lui jouer la comédie, elle devient, elle aussi, discours, encore que, dans son cas, il s'agisse d'une certaine manière d'une évolution contre nature : « La stratégie a pour seule activité l'organisation des engagements et les mesures qui s'y rapportent. À l'encontre de ce qui se passe dans la vie courante, elle ne connaît pas l'activité qui consiste en simples paroles, c'est-à-dire en discours, en déclarations, etc. Pourtant, ce sont elles qui, sans coûter beaucoup, servent au rusé à tromper son monde » (213, 179).

Dans l'échange interminable des arguments et des raisons, dans le conflit indécidable des ambitions et des volontés, la guerre et en son sein le combat fixent une borne et marquent un point d'arrêt, parce qu'ils mettent au jour la vérité du rapport des forces en présence. Ils permettent donc de conclure. On peut regretter le caractère arbitraire du procédé ; malheureusement on n'en a pas encore inventé de plus efficace.

---

24. Paul Valéry, *Regards sur le monde actuel*, 1re édition, Paris, Stock, 1931, p. 166.

Anatomie et physiologie du combat

Deux principes destructeurs sont à l'œuvre lors du combat : le feu et le corps à corps, ou, pour traduire plus exactement Clausewitz, la mêlée (*Handgemenge*) (311, 272). Ces deux principes correspondent à la différence des armes utilisées : armes opérant à distance, ou armes de l'affrontement rapproché. De ces deux principes, le feu est aujourd'hui le plus efficace (311, 272) en sorte que, désormais, « l'arme à feu est la base principale (*Hauptgrundlage*) de toute tactique » (215, 181). Pourtant, continue Clausewitz, « le combat personnel d'homme à homme doit être considéré comme la base proprement indépendante (*die eigentliche selbstandige Basis*) de l'engagement » (311, 273). Le rôle ainsi confié au corps à corps découle tout naturellement de la représentation de la guerre comme duel (*Zweikampf*) (51, 264 et 669 ; 17, 226 et 641). Entre le feu et la mêlée, l'un et l'autre décrits comme la « base » du combat, quelles sont les relations et quel est, en dernier ressort, le facteur principal ?

Dans la *Théorie du combat*, Clausewitz montre qu'entre le combat de feux et le combat corps à corps, il existe un rapport d'antagonisme et de complémentarité semblable à celui que nous avons déjà rencontré entre la stratégie et la tactique. Tous deux sont des moyens de destruction, mais celle-ci « se réalise certainement dans le combat corps à corps alors qu'elle reste aléatoire dans le combat à feu » (1998 : 31). En conséquence, le combat de feux ne promet pas, à coup sûr, de chasser l'ennemi du champ de bataille, ce qui est pourtant, nous le verrons, le signe le plus clair de la victoire ; les destructions qu'il entraîne préparent cette expulsion, mais celle-ci n'est acquise qu'au moyen et à l'issue du corps à corps. Lors de la mêlée, le moindre avantage pèse d'un poids décisif ; l'affrontement est donc très bref et les pertes limitées : le vrai but du corps à corps est de mettre l'ennemi en fuite et de rester maître du terrain. Ainsi « comme le combat corps à corps a comme objectif l'expulsion et le combat à feu la destruction de forces ennemies, le premier est le vrai instrument de la décision, alors que le second en est la préparation » (1998 : 32, traduction revue). Du même coup, le combat corps à corps est l'acte naturel de l'attaque, puisque celle-ci a pour fin de contraindre l'ennemi à se retirer ; au contraire, le combat à feu est l'« élément naturel du défenseur » (1998 : 35), dont l'objectif est d'interdire l'assaut, ou tout au moins de le retarder aussi longtemps que possible. Dans le combat de feux, la supériorité numérique ne compte guère, car elle accroît la vulnérabilité en même temps que la puissance de feu ; la sagesse recommande donc un engagement progressif des forces disponibles ; au contraire, le nombre joue un rôle décisif dans le corps à corps, qui appelle donc l'emploi simultané des forces. Enfin les deux moments mobilisent des vertus opposées : « De la même façon que la patience, la fermeté et le sang-froid doivent prévaloir lors de l'acte de préparation, la hardiesse et l'ardeur doivent prédominer lors de l'acte décisif » (1998 : 49).

Au total, même si Clausewitz ne fait aucune difficulté pour admettre que « la plus grande partie de la destruction des forces adverses revient de loin au combat à feu » (1998 : 33), c'est pourtant bien le corps à corps qui emporte la décision. Nous retrouvons donc ici ce que nous avions déjà noté en étudiant le rapport entre stratégie et tactique : si importante que soit la préparation, elle ne parvient jamais qu'à réunir les conditions du succès. Si habile que soit la manœuvre stratégique, on ne saurait faire l'économie du combat ; si dévastateurs que soient les tirs de l'artillerie et les feux de l'infanterie, on ne saurait se dispenser de l'assaut. Dans un cas comme dans l'autre, le moment du contact direct – qui est aussi celui de la force brutale – fait intervenir des énergies et des qualités spécifiques, auxquelles il n'existe pas de substitut ; ce moment est donc inéluctable. Du même coup, l'univers de la guerre est parcouru par un contraste récurrent, que l'on pourrait énoncer comme suit : la paix est à la guerre ce que, à l'intérieur de la guerre, la stratégie est à la tactique ; et la stratégie est à la tactique ce que, à l'intérieur de la tactique, le combat de feux est au combat corps à corps. Chaque fois, le second terme du rapport est le lieu de la décision, et nous savons désormais pourquoi : c'est qu'il est le moment de la force, qui est l'exacte servante de la vérité.

En outre, les rapports du combat à distance et du combat rapproché varient avec le temps. Autrefois, les armes de poing l'emportaient sur les armes de jet, et les batailles anciennes étaient comparables à des duels (334, 296). L'avènement des armes à feu a profondément bouleversé la tactique, et elle a donné naissance à la bataille moderne, qui recourt de préférence à l'usure et à l'érosion (240, 268 et 274 ; 202-203, 230 et 236). Désormais, l'avantage revient à celui qui a su conserver les dernières réserves fraîches, « car elles seules possèdent encore toute leur vigueur morale, et les scories refroidies que sont les restes de bataillons décimés et entremêlés par l'élément destructeur ne peuvent rivaliser avec elles » (268, 230).

Au-delà de ces généralités, il faut examiner de plus près la dynamique qui aboutit à la victoire : si elle est simple quant à ses résultats, les mécanismes qui la composent et les ressorts qu'elle fait jouer sont remarquablement complexes. Essayons de la suivre à partir de ses origines. La suspension de l'acte de guerre – résultant du fait qu'aucun des deux adversaires en présence ne se juge assez fort pour attaquer – produit un état d'équilibre ou de repos (233 et 594 ; 199 et 569). Aussitôt que l'un d'eux prend une initiative en vue d'atteindre un but positif, le repos fait place à la tension (*Spannung*). Celle-ci est proportionnelle à l'enjeu de l'opération en cours ; elle est aussi fonction du rapport des forces : plus il est inégal, plus la tension du camp qui est en état d'infériorité sera grande, « car il se trouve talonné par le danger » (310 ; 271-272). Par ailleurs, la tension accroît l'efficacité des mesures prises : une action insignifiante à l'état d'équilibre peut prendre une importance considérable dans un moment de tension. Enfin, la tension persiste et s'accroît « jusqu'à ce qu'une décision y mette fin, c'est-à-dire jusqu'au moment où l'un renonce à son but ou que l'autre le lui cède » (233, 199).

L'instant de la tension suprême, précédant immédiatement la décision, est celui de la crise (*die Krise*). La crise est produite par le combat, et elle affecte aussi bien le vainqueur que le vaincu. Durant l'affrontement, les unités engagées ont connu des sorts différents ; certaines ont avancé ou reculé plus que d'autres ; les unes ont subi de lourdes pertes, les autres ont été épargnées. La crise est donc désordre et désagrégation du dispositif, perturbation des communications, dispersion des forces ; elle met en cause la cohésion et l'unité de l'armée qui a livré bataille, son existence en tant que tout organisé, et elle est d'autant plus profonde que les effectifs concernés sont importants (216, 258-260 et 285 ; 182, 221-223 et 247). Elle intervient de toute évidence lors du combat corps à corps, qui se produit à l'issue d'un assaut ou d'une charge, mais elle survient aussi lors du combat de feux, en dépit de son caractère plus statique, « de sorte que celui qui vient de l'emporter sur l'adversaire par le feu d'armes se trouve, à ce moment, considérablement affaibli dans son ordre et sa puissance. Cela dure jusqu'à ce que tout ce qui s'était détaché de la structure de l'organisation se remette à sa place » (1998 : 66). De fait, la crise entraîne la paralysie des forces – victorieuses ou vaincues – qui en sont victimes ; le vainqueur doit en sortir pour engager la poursuite et exploiter son avantage. L'ampleur de la crise détermine ainsi les effets du succès : plus elle a été profonde, plus la poursuite tarde, et plus les conséquences de la victoire sont limitées. Bien plus, « aussi longtemps que la crise du vainqueur dure lors d'un combat, le vaincu conserve la possibilité de rétablir la situation, c'est-à-dire de retourner la situation en apportant un nombre suffisant de troupes fraîches » (1998 : 67).

Ainsi la décision n'est acquise qu'à l'issue de la crise. Plus précisément, tout engagement peut être décomposé en une série de chocs partiels, aussi bien simultanés que successifs ; chacun d'eux produit un résultat, mais celui-ci est provisoire : c'est la décision finale qui le confirme ou l'annule. À quel moment suis-je en droit de tirer un trait et de faire les comptes ? Clausewitz propose trois moyens de déterminer ce moment. Si l'engagement a pour enjeu la possession d'un objet mobile – des magasins, un convoi –, sa conquête ou sa perte forme la décision ; s'il a pour fin l'occupation d'un territoire ou d'une position, il en va de même, à condition que ceux-ci soient malaisément accessibles et difficiles à reprendre. Mais, dans le cas le plus général – et notamment lorsque la destruction des forces ennemies est le but des deux parties –, l'affrontement se conclut d'une autre manière : au bout d'un certain temps, les deux camps sont en crise, et le moment de la décision survient lorsque l'un des deux sort de sa crise et retrouve sa capacité d'action, tandis que l'autre demeure paralysé. Ici, l'intervention de réserves fraîches prend toute son importance, puisque, précisément, elles n'ont pas été affectées par la crise ; celui qui en dispose surmonte du même coup l'impuissance entraînée par celle-ci. C'est l'écart ainsi creusé qui met un terme à l'engagement : le vainqueur est de nouveau en mesure de frapper, alors que le vaincu a épuisé ses réserves et se trouve hors d'état d'agir (257 à 261 ; 219 à 224). Reste que ce moment n'est pas toujours facile à saisir : en particulier, le vaincu peut être tenté de ne pas admettre sa défaite et de s'acharner dans une persévérance qui devient alors « folie désespérée » (271, 234). L'obstination de Napoléon à Waterloo illustre la réalité de ce péril.

Dans la notion de victoire, Clausewitz distingue trois composantes : « l'ennemi a subi de plus grandes pertes d'ordre physique ; il a subi de plus grandes pertes d'ordre moral ; il le reconnaît ouvertement et renonce à ses intentions » (251, 214). Lorsqu'il en vient cependant à l'idée de défaite, il ne propose pas tout à fait la même analyse :

> « La première chose qui frappe l'imagination – et l'on peut bien dire aussi la raison – dans une bataille malheureuse, c'est la disparition des masses, puis la perte de terrain [...], enfin la destruction de l'ordre initial, la confusion des parties, les dangers de la retraite » (275, 237).

La différence des deux listes est paradoxale : entre la victoire et la défaite, il existe une relation de polarité ; les deux énumérations devraient donc être identiques et ne se distinguer que par l'inversion des signes, positifs dans un cas, négatifs dans l'autre. La difficulté tient au fait que le statut des éléments énumérés est équivoque : on trouve parmi eux des indices, des causes et des résultats. Aussi longtemps que dure le combat, les pertes physiques sont l'objet de rapports confus et contradictoires ; il y a donc doute à leur sujet, et elles ne sauraient déterminer la décision (251, 214). En outre, la plupart des pertes physiques du vaincu ne surviennent qu'au moment de la retraite ; elles sont donc, non pas la cause, mais l'effet de la décision ; à l'instant où celle-ci intervient, il est fréquent en réalité que les pertes s'équilibrent (247, 209). Les pertes morales ne se prêtent pas à la mesure ; en conséquence, elles ne peuvent pas opérer comme signe ; en revanche, elles sont bien la cause principale de la décision :

> « Au moment où se pose la question de savoir s'il faut poursuivre l'engagement ou non, il ne s'agit pas seulement des pertes en hommes, en chevaux ou en canons, mais du manque d'ordre, de courage, de confiance, de cohésion et d'organisation. Ce sont avant tout les forces morales qui entrent ici en jeu et, toutes les fois que le vainqueur a subi autant de pertes que le vaincu, ce sont elles qui ont dicté la décision à prendre » (247 ; 209-210).

Ce rôle majeur des forces morales ne fait pas de la victoire une affaire d'opinion, comme le suggère la célèbre formule de Joseph de Maistre : « Une bataille perdue [...], c'est une bataille qu'on croit avoir perdue[25]. » Les pertes morales se traduisent par la dislocation des unités et le découragement des combattants, qui se manifestent sur le champ de bataille de façon tout à fait visible ; par suite, « l'impression d'être vaincu n'est pas une simple idée que l'on pourrait surmonter ; la supériorité de l'ennemi est au contraire une vérité évidente » (275, 237).

Les pertes morales de l'ennemi sont donc la cause, et ses pertes physiques l'effet de ma victoire ; quant au signe de celle-ci, je ne puis le trouver que dans son comportement : j'ai gagné lorsqu'il s'avoue vaincu et agit en conséquence : « L'abandon de

25. Joseph de Maistre, *Les Soirées de Saint-Pétersbourg*, *op. cit.*, vol. II, p. 32.

la lutte reste donc la seule véritable preuve (*Beweis*) de la victoire » (251, 214). Le plus souvent, cet abandon se traduit par l'abandon du champ de bataille, et celui-ci devient à son tour le « signe (*Zeichen*) » du succès (136 : 103 ; 1998 : 27). Certes, la retraite n'implique pas nécessairement le renoncement aux objectifs pour lesquels on a combattu ; elle peut être simple repli tactique, recul temporaire dans l'attente de renforts, etc. Pourtant, comme elle présente les apparences du renoncement, elle peut entraîner des conséquences morales qui la transforment en défaite, en dépit des intentions du commandement (252, 215). Au total, la destruction des forces physiques et morales de l'ennemi constitue la substance de la victoire (45, 11) et la conquête du champ de bataille n'en est que l'indice ; toutefois, cet indice est lui-même producteur d'effets. Nous retrouvons ici les considérations initiales de Clausewitz sur la nature de l'engagement : la fin de celui-ci est toujours une destruction au moins partielle des forces ennemies ; la possession du terrain n'est jamais qu'un but secondaire, ce qui ne veut pas dire insignifiant.

Quant à l'ampleur de la victoire, elle est le produit de quatre facteurs (283, 245). Le premier est la « configuration tactique » qu'a prise la bataille : un mouvement tournant est plus dévastateur qu'un affrontement sur lignes parallèles ; le deuxième est la nature du terrain : un terrain dégagé est plus favorable qu'un terrain semé d'obstacles ; le troisième est l'importance relative des trois armes à l'intérieur de l'armée victorieuse : la présence d'une cavalerie nombreuse accroît la portée du succès ; enfin le dernier est le rapport des forces en présence à l'issue du combat proprement dit. Comme on le voit, ces facteurs sont décisifs parce qu'ils déterminent l'efficacité de la poursuite. C'est en effet l'énergie de cette dernière qui fait la valeur de la victoire (290, 252). Seule la poursuite « donne corps à la notion de victoire », dit encore Clausewitz, et « une bataille après laquelle il ne peut y avoir de poursuite est à peine une victoire » (1979 : 306 et 453). Par ailleurs, la dialectique des pertes physiques et des pertes morales continue d'opérer ; on l'a vu, les pertes morales sont la cause prochaine de la décision, et les premières conséquences de celle-ci sont également d'ordre moral : « La perte d'une bataille brise le ressort moral de l'armée plus encore que son ressort physique » (295, 256). Lors de la poursuite, il faut exploiter la supériorité morale ainsi acquise pour parvenir à la destruction physique de l'ennemi ; en effet, c'est alors que celle-ci intervient ; plus exactement, c'est alors que l'écart se creuse entre des pertes physiques qui, durant le combat lui-même, sont restées à peu près équilibrées. En outre, les pertes infligées lors de la poursuite constituent le seul profit définitif de la victoire : les forces morales peuvent à terme se reconstituer ; en revanche, les morts ne ressuscitent pas (247-248 ; 209-211).

De cette description du combat nous pouvons tirer une conclusion importante quant à l'interprétation de la pensée de Clausewitz. Nous avons entendu celui-ci affirmer la primauté du combat et la domination de la tactique sur la stratégie, et nous avons alors suggéré qu'au fondement de ces thèses il y avait le pressentiment d'un rapport privilégié entre la force et la vérité. Nous ne rejoignons pas pour autant les commentateurs qui se sont recommandés de *Vom Kriege* pour exalter l'offensive à outrance, l'assaut frontal, la tactique du « rouleau compresseur », bref, le déchaînement de la force dans ce qu'elle peut avoir de plus aveugle et de plus matériel. Certes, le rôle décisif du combat dans la guerre tient à son statut d'épreuve de force ; mais les forces qui se mesurent au travers du combat sont à la fois physiques et morales, et l'analyse de la décision a fait apparaître la prééminence du moral sur le physique. Bref, Dieu n'aime pas nécessairement les gros bataillons ; « épreuve de force » signifie avant tout épreuve des volontés et des courages.

La stratégie : des principes à l'action

Sous la conduite de Clausewitz, nous avons tenté d'explorer le labyrinthe du combat ; essayons maintenant de pénétrer avec lui les arcanes du calcul et du choix stratégiques. Nous l'avons vu, la stratégie énonce des principes, c'est-à-dire des règles dont l'application demeure conditionnelle. Deux variétés doivent être ici distinguées : certaines règles ont vocation à la généralité, mais elles ne s'imposent jamais nécessairement ; il appartient toujours au jugement de décider si elles sont pertinentes dans la situation particulière ; si tel est le cas, on peut toutefois tirer de la règle une prescription positive quant à l'action à entreprendre.

Prenons comme exemple l'impératif de la concentration : il faut être le plus fort sur le point décisif. Nous avons là, déclare Clausewitz, « la loi suprême et la plus simple de la stratégie » (214, 180). Cette loi peut aussi être énoncée sous forme négative : « On commet toujours une grande erreur en dispersant une armée sur des positions très étendues » (505, 474). Pourtant, chaque fois que Clausewitz rappelle l'exigence de la concentration, il assortit son propos d'une clause de sauvegarde : « Aucune parcelle ne doit être séparée de l'armée principale *à moins d'un motif urgent* » (214, 180, souligné par moi E.T.). En 1799, le Directoire répartit ses effectifs entre deux armées totalement indépendantes l'une de l'autre, en Italie et sur le Rhin ; or, commente Clausewitz, « tout fractionnement des forces [...] est un mal auquel on ne se soumettra *que si des objectifs importants l'exigent* » (1979 : 611). Durant la même campagne, les généraux des deux camps ont tendance à étirer leurs fronts ; or « tout fractionnement et toute augmentation de l'étendue occupée par les troupes *doit avoir un motif suffisant.* Si ce motif fait défaut, il y a dispersion des forces et par suite erreur » (1979 : 613). En 1814, les Alliés décident de marcher droit sur Paris, négligeant l'occupation de la Belgique et de la Hollande, alors que cette opération aurait été facile et fructueuse ; Clausewitz leur donne raison : « Le partage des forces n'est admissible dans l'offensive *que s'il doit en résulter un avantage absolument exceptionnel* » (1972 : 51). Bref, l'énoncé le plus exact de l'impératif de la concentration est sans doute que « toute division *qui n'est pas rendue nécessaire par un objet* impossible à atteindre par le seul succès de la bataille ou qui soit lui-même nécessaire au succès de la bataille est condamnable »

(563, 534 ; traduction revue). Mais, dans tous ces cas, il appartient au seul chef de guerre, aidé de son jugement, d'apprécier l'urgence ou la suffisance du motif, l'importance de l'objectif, le caractère absolument exceptionnel de l'avantage qui autoriseraient une dérogation à la règle.

Or Clausewitz lui-même évoque un certain nombre de situations où une telle dérogation est à la fois possible et nécessaire. Par exemple, l'impératif de la concentration l'amène à critiquer la notion de « débordement stratégique », entendant par là un mouvement tournant à grande distance, accompli par des unités qui, du coup, se trouvent pour un temps tout à fait séparées du gros de l'armée et incapables de lui porter secours ou d'en recevoir de l'aide. Le débordement stratégique, dit Clausewitz, n'est acceptable qu'à une condition : je dois disposer d'une supériorité numérique telle que, durant son exécution, je demeure le plus fort sur le front principal ; en revanche, si cette condition est remplie, il devient tout à fait recommandé. De même, le vainqueur peut et doit éparpiller ses forces pendant la poursuite : « Dans ces périodes où la fortune lui sourit, le vainqueur ne doit jamais hésiter à diviser ses forces pour entraîner dans le tourbillon tout ce qui est à la portée de son armée » (294, 256). Enfin, la concentration est interdite dans la guerre populaire : plus une guérilla est dispersée, plus elle est efficace (551 s. ; 521 s.). Bref, la « loi de statique morale », selon laquelle il faut « se restreindre en étendue pour gagner en énergie » (1972 : 54), est sujette à de multiples exceptions ; et la seule expression vraiment universelle du principe de concentration est que toute séparation doit être regardée comme un écart qui doit être dûment motivé (214, 180).

Par ailleurs, l'impératif de concentration prescrit que celle-ci doit s'effectuer sur le « point décisif » ; en revanche, on peut prendre des risques et même subir des revers sur les points secondaires (1976a : 108-109). Par ce biais, un second espace s'ouvre au jugement du chef de guerre. Aucune règle universelle ne permet, en effet, de distinguer l'essentiel de l'accessoire. Voici que nous rencontrons de nouveau la notion de « centre de gravité » ; nous aurons l'occasion de l'examiner à loisir ;

rappelons simplement ici qu'il faut atteindre ce centre si l'on recherche un succès décisif ; or, pour emprunter un mot à Lénine, seule l'« analyse concrète de la situation concrète » permet de le discerner.

Il existe une seconde variété de principes, qui ne sont directement applicables à aucune situation, mais qui sont susceptibles d'éclairer la décision de l'acteur en lui rappelant les contraintes que lui impose la réalité. Soit, par exemple, la proposition selon laquelle les résultats d'une opération sont proportionnels aux risques encourus. Tout d'abord, ce principe apparaît dans *Vom Kriege* et dans les autres écrits de Clausewitz sous deux formes qui ne sont pas équivalentes. D'un côté, il nous est rappelé que toute victoire peut être située sur deux échelles d'évaluation : échelle de probabilité, échelle de l'ampleur ; le principe établit alors que les positions sur ces deux échelles sont en raison inverse l'une de l'autre : plus un résultat est certain, moins il est considérable ; plus il est important, moins il est probable. Par exemple, la défensive – acte négatif puisqu'elle ne se propose que de maintenir ce qui est – réussit plus aisément et offre plus de garantie que l'offensive, qui vise un but positif, une transformation effective du donné (75, 43). Dans le cadre de l'offensive, une victoire obtenue aux frontières est plus aisée, mais moins décisive qu'une victoire remportée au cœur du pays ennemi : « là comme ailleurs, la facilité et la grandeur du succès s'équilibrent » (729, 700). De l'autre côté, Clausewitz affirme que l'ampleur de la victoire est en proportion directe des risques acceptés pour l'arracher : « Il y a toujours des dangers à courir quand on recherche de grands succès. Ils sont de même ampleur que ceux-ci, seulement ils s'éloignent quand des succès positifs sont probables, et se rapprochent à mesure que ces succès sont plus incertains » (1979 : 508-509). Dans les leçons qu'il donne au prince héritier de Prusse, il déclare de façon concise : « Quand on vise grand, il faut savoir prendre de grands risques » (1976a : 93). On voit bien ce qui sépare les deux énoncés : la non-probabilité de la victoire désigne, dans le premier cas, le maintien du *statu quo*, et, dans le second cas, la défaite ; c'est que, dans le premier cas, un succès très probable est minime ; en d'autres termes, il ne change rien à la situation ; dans le second cas, le danger auquel s'expose celui qui recherche une grande victoire est non seulement celui de l'échec, mais bien celui de la défaite.

À moins que l'une des deux parties ne bénéficie d'une supériorité numérique écrasante, les deux camps sont donc toujours confrontés au dilemme de la sécurité et de la vigueur. Ce dilemme gouverne l'application du principe de concentration : la réunion des forces au point décisif implique que les points secondaires soient dégarnis : plus je suis fort sur celui-là, plus je suis faible sur ceux-ci, et plus j'y cours de grands périls. La même tension affecte toutes les alternatives qui sont proposées au choix stratégique. Faut-il préférer les mouvements tournants aux attaques frontales ? L'action sur les arrières et sur les flancs « accroît le succès, mais aussi les risques » ; d'une façon générale, toute opération qui n'est pas « simple et directe [...] a toujours tendance à accroître le succès aux dépens de la sécurité » (535, 504). Comment trancher entre la forme concentrique et la forme excentrique de l'attaque ? Si l'on retient le premier énoncé du principe, on dira : « La forme concentrique conduit à de brillants résultats, mais ceux que procure la forme excentrique sont plus sûrs » (413, 373). Si l'on adopte le second énoncé, la conclusion sera modifiée en conséquence : « L'attaque concentrique est toujours celle qui peut conduire aux plus grands résultats, mais, étant donné la division des différentes parties des forces et l'élargissement du théâtre de guerre, elle implique aussi un plus grand risque » (722, 692). Notons au passage que, au sein de l'attaque, la forme concentrique est à la forme excentrique ce que, d'une manière générale, l'attaque est à la défense : « La forme la plus faible offre la perspective de plus grands résultats » (722, 692). Dans son histoire de la *Campagne de 1799 en Suisse et en Italie*, Clausewitz aboutit au même diagnostic en opposant cette fois la forme enveloppante à la forme enveloppée : « La forme enveloppante est la plus faible, mais c'est elle qui peut donner les plus grands résultats ; inversement, la première augmente la grandeur de la victoire et la seconde les chances de l'obtenir. La forme enveloppante convient donc au plus fort et l'autre au plus faible » (1979 : 594-595). Dans le domaine de la défensive, il existe un antagonisme semblable entre la longueur du front et sa solidité : « Ce que l'extension du front assure de sécurité contre l'enveloppement, elle le perd par la faiblesse de la ligne entière » (1979 : 300). Sur un plan tout à fait général, le contraste entre la simplicité et la complexité de la manœuvre est soumis à la même tension : « Les procédés simples sont par la nature même des choses les moins risqués, mais aussi les moins décisifs » (1987 : 137).

Au total, il existe une sorte de principe de conservation selon lequel tout ce que j'obtiens dans un registre ou en un lieu donnés doit être payé par un affaiblissement équivalent ailleurs. Cette règle de la compensation se vérifie aussi bien du point de vue géographique de la distribution des forces que du point de vue stratégique de leur emploi. Ainsi, « ce que l'on gagne sur un point doit être provisoirement économisé sur un autre » (1976b : 160), ou, plus brièvement encore : « Avec rien on ne fait rien » (1976b : 159 ; 1979 : 111). En conséquence, les exigences de la sécurité contredisent celles de la vigueur, et le stratège est en permanence contraint de définir un optimum entre ces nécessités antagonistes. Dès lors, sa décision a toujours le caractère d'un compromis entre des intérêts opposés : « Le plan stratégique le plus beau qui soit présente des inconvénients qui ne sont pas pour autant des faiblesses de la conception, mais qu'il lui a fallu inclure pour éviter d'autres inconvénients et gagner certains avantages » (1976a : 44).

Deux précisions toutefois. En premier lieu, le compromis ne peut être recherché ni dans le refus de choisir ni dans une illusoire solution moyenne. Dans les premiers jours de février 1814, Blücher, qui marche sur Paris, hésite entre deux objectifs : rallier ses corps autour de lui – au nom des exigences de la sécurité – ou bousculer les forces du maréchal Macdonald, dernier obstacle qui le sépare de la capitale française – au nom des intérêts de l'offensive. Que décide-t-il ? « Blücher fit ce qu'on fait si souvent à la guerre comme dans la vie : il s'arrêta à une solution moyenne » (1972 : 95). Le malheur veut que les deux objectifs envisagés s'excluent l'un l'autre : « Faire les deux choses à la fois était impossible, car la première exigeait qu'il attendît sur place et la seconde qu'il allât de l'avant » (1972 : 95). Le résultat, ce sont les défaites prussiennes de Champaubert et de Montmirail ; elles illustrent ce qui se produit d'ordinaire lorsqu'on retient une voie médiane entre deux solutions contradictoires : les avantages respectifs des deux solutions s'annulent, tandis que leurs inconvénients s'additionnent.

Par ailleurs, le dilemme entre la sécurité et la vigueur n'implique pas que le plus faible ou le défenseur doive toujours privilégier le premier terme au détriment du second. Lorsque le rapport des forces est très défavorable, l'audace est souvent la plus sûre des prudences. Analysant le plan que Napoléon conçut en 1812 pour envahir la Russie, Clausewitz prend ses distances avec les critiques qui lui furent adressées par les contemporains : « C'est le danger du moment qui paraît toujours le plus grand à l'homme et c'est pourquoi l'on regarde souvent comme une témérité ce qui, en dernier ressort, est la seule voie de salut, et, par conséquent, la plus haute prudence » (1987 : 207). La campagne de France en 1814 conduit à la même conclusion : « Lorsque, avec 80 000 combattants, on veut tenir tête à 200 000 ennemis, l'on ne peut réussir qu'en suivant les voies les plus dangereuses, mais aussi les plus décisives » (1972 : 123). Clausewitz trouve même justifiés l'obstination de Napoléon à Waterloo, son acharnement contre Wellington alors même que Blücher se présente sur son flanc : « Son unique chemin vers le but était précisément de poursuivre les dernières espérances, de chercher à fixer la fortune, même par son fil le plus fragile [...]. Il y a des situations où la plus grande prudence n'est à chercher que dans la plus grande hardiesse ; la situation de Bonaparte était de celles-là » (1973 : 156-157). Il en est ainsi chaque fois que le spectre de l'anéantissement surgit à l'horizon : les tentatives les plus folles deviennent soudain raisonnables, car rien n'est plus insensé que d'attendre passivement la mort ; en pareil cas, « le plus grand risque correspond à la plus grande sagesse » (167, 136).

On le voit, il n'existe pas en stratégie de règle qui ne soit assortie d'exceptions, de principe qui ne souffre de dérogations ; toute maxime peut se trouver inversée en raison d'un contexte transformé. C'est que nous sommes dans un domaine où le particulier règne sans partage ; en toute rigueur, toutes les situations stratégiques sont sans précédent, et le stratège est à jamais privé de la sécurité que lui assureraient les leçons de l'expérience ou l'universalité de la loi, entendue au double sens de description et de prescription. Le voici donc « au pied du mur », muni seulement de quelques recommandations si générales qu'elles en deviennent pauvres : se défier des objets proches, des impressions et des circonstances du moment, ne surestimer ni ses propres difficultés ni les forces de l'ennemi, etc. Pour réduire l'aléatoire et l'incertitude, il ne peut donc s'en remettre qu'à sa propre intelligence et à son propre courage. Faut-il le plaindre ? On serait tenté de le faire si les Grecs ne venaient nous rappeler que, dans sa solitude, il exerce précisément la plus haute des vertus politiques. On se souvient des critiques que Platon et Aristote adressent à l'aveuglement de la loi. Écoutons l'Étranger du *Politique* : « La loi ne sera jamais capable de saisir à la fois ce qu'il y a de meilleur et de plus juste pour tous, de façon à édicter les prescriptions les plus utiles. Car la diversité qu'il y a entre les hommes et entre les actes, et le fait qu'aucune chose humaine n'est pour ainsi dire jamais en repos, ne laissent place, dans aucun art et dans aucune matière, à un absolu qui vaille pour tous les cas et pour tous les temps[26]. » La *Politique* d'Aristote constate de même : « Les lois énoncent seulement les généralités sans rien prescrire pour les circonstances particulières[27]. » Le véritable gouvernant, continue Platon, est celui qui sait s'affranchir de la tutelle des lois pour appliquer à chaque individu et à chaque situation la mesure qui lui convient[28] : je ne saurais proposer de portrait plus fidèle du stratège selon Clausewitz.

26. Platon, *Politique*, 294 ab.
27. Aristote, *Politique*, III, 1286 a 10.
28. Platon, *Politique*, 295 a.

6

L'attaque et la défense

La supériorité de la défense

Le monde de la guerre reçoit son armature de quelques oppositions majeures. Nous en avons déjà rencontré quelques-unes : entre la guerre absolue et les guerres modérées, entre la stratégie et la tactique, entre le combat à distance et le combat rapproché. Voici maintenant un autre de ces « couples organisateurs », dont les effets recoupent et surdéterminent les distinctions fondées sur les couples précédents : toute guerre se dédouble en attaque et en défense. Plus précisément, toute guerre implique deux fonctions ou deux rôles qu'elle répartit entre ses protagonistes : l'un attaque, l'autre défend. Dans la durée de l'affrontement, les adversaires en présence peuvent échanger leurs positions, mais, réserve faite des périodes d'équilibre où l'activité de guerre est suspendue, la dualité de l'attaque et de la défense est présente à chacun des moments de la guerre.

Attaque et défense se distinguent d'abord par leurs buts respectifs : l'objet de l'attaque est de prendre ou de transformer, l'objet de la défense est de conserver ou de maintenir (399-400 ; 361). Dans le duel, qui nous offre une image simplifiée, mais fidèle, de la guerre, attaque et défense se caractérisent par des comportements différents : l'essence de l'attaque est dans le mouvement ; quant à la défense, elle consiste avant tout à attendre et à parer les coups ; elle appelle donc une attitude de fermeté immobile (311, 272). L'opposition des deux rôles se manifeste dès l'origine de la guerre : en apparence, c'est l'assaillant qui prend l'initiative et la responsabilité des hostilités ; en réalité, c'est le défenseur qui décide de ne pas subir et de prendre les armes pour résister à l'agression ; c'est donc lui qui commence la guerre. « La guerre est là pour le défenseur plus que pour le conquérant, car elle ne commence pas avant que l'invasion ait suscité la défense. Un conquérant est toujours l'ami de la paix, comme Bonaparte le disait constamment de lui-même ; il voudrait bien faire son entrée dans notre État sans opposition. Pour l'en empêcher, nous devons choisir la guerre » (416 ; 375-376).

Entre l'attaque et la défense, il existe une relation d'action réciproque : dès lors que le défenseur a posé le premier acte de guerre, chacun agit en fonction de ce qu'il sait des intentions et des moyens de l'autre (424-425 ; 383-385). Les deux concepts, dit encore Clausewitz, « forment une opposition logique vraie » ; l'un est le complément de l'autre, chacun d'eux est fondamentalement impliqué par l'autre (605, 583). Faut-il parler de polarité ? Pour autant que les deux adversaires jouent réellement leur rôle respectif dans des manœuvres et des batailles effectives, ce qui sert l'un dessert l'autre, et inversement. Même dans les situations d'équilibre où la polarité des intérêts est en apparence contrebalancée par la supériorité de la défense sur l'attaque, cette polarité continue d'opérer ; certes, les opérations sont suspendues ; l'attaquant initial est trop faible pour poursuivre son avance, et le défenseur n'est pas encore assez fort pour passer à la contre-offensive ; aucun des deux ne prend donc l'initiative (62-63 ; 29-30) ; cependant, nous le verrons, le temps travaille pour la défense, et, en ce sens, il n'y a jamais véritablement d'équilibre.

Un facteur supplémentaire rend plus complexe encore la relation entre l'attaque et la défense : c'est qu'aucune de ces deux formes de guerre n'est pure ; chacune contient l'autre comme l'un de ses moments constituants. L'idée d'une défense qui se contenterait d'attendre et de parer les coups est absurde ;

la défense ne saurait être « simple endurance passive » (*blosses Leiden*) (426, 385) ; elle est nécessairement « un bouclier formé de coups habilement donnés » (399, 360). Cela s'entend en deux sens : alors même que nous recevons l'assaut de l'adversaire, nous devons lutter contre le « naturel craintif des hommes » qui « les convainc aisément, s'agissant de grandes entreprises, d'attendre que le temps leur vienne en aide et de ne rien entreprendre » (1976a : 38). Au contraire, nous ne devons demeurer dans l'expectative que si nous en tirons un avantage défini et manifeste ; autrement, il nous faut, aussi bien que dans l'offensive, tenter tout ce qui est en notre pouvoir pour atteindre un objectif qui, dès cet instant, ne saurait être que de « provoquer la désintégration de l'armée ennemie » (1976a : 113). Par ailleurs, le passage à la contre-attaque est une tendance foncière et un moment essentiel de la défense ; il est la perspective qui organise et unifie toutes ses opérations (415, 375). De façon symétrique, il n'y a pas davantage d'offensive pure. En premier lieu, le principe qui exige la concentration des forces sur le point décisif contraint l'assaillant à la défensive sur tous les points qu'il estime secondaires. En second lieu, dans le secteur et la direction choisis pour l'offensive, l'assaillant doit protéger ses flancs, ses arrières et ses lignes de communication, qui ne sont pas nécessairement couvertes par l'attaque elle-même. Enfin, celle-ci ne se développe pas de façon ininterrompue jusqu'à la victoire complète ; des pauses interviennent, pour que l'attaquant reprenne son souffle, et, pendant ces pauses, il doit assurer sa sûreté (607, 584).

C'est sur la base de cette étroite imbrication réciproque entre l'attaque et la défense que nous pouvons maintenant les comparer du point de vue de leurs fonctions et de leurs forces respectives. En ce qui regarde les premières, l'objectif de l'attaque est de prendre, celui de la défense de conserver ; l'attaque vise à transformer un état de fait, la défense à maintenir le *statu quo*. En ce sens, l'offensive se fixe un but positif, la défensive un but négatif : l'une impose et l'autre empêche (399-400 ; 360-361). Pour évaluer ensuite la force relative des deux formes, Clausewitz procède de deux manières différentes. Tout d'abord, il passe en revue les divers facteurs du succès selon l'avantage qu'ils procurent à l'attaquant ou au défenseur. La surprise joue en faveur de l'assaillant, mais seulement au début des hostilités et de façon globale ; par la suite, le défenseur en bénéficie au moins autant (404, 364). Au surplus, les gains qu'assure la surprise sont pour l'essentiel d'ordre tactique ; en stratégie, on s'en souvient, la surprise, si efficace qu'elle puisse être, demeure rare. Le défenseur a l'avantage du terrain, en stratégie comme en tactique, puisqu'il lui appartient de choisir la position sur laquelle il attendra l'assaut de l'ennemi, et c'est ce choix du terrain qui lui permet aussi – une fois le conflit engagé – de surprendre l'assaillant. En troisième lieu, le défenseur a toujours la possibilité de réunir ses forces et de se battre « sur lignes intérieures » ; en d'autres termes, il peut adopter cette forme excentrique ou enveloppée dont nous avons vu au chapitre précédent qu'elle est la plus « forte », la plus susceptible de conduire au succès, même si elle ne produit que des résultats de moindre ampleur ; c'est d'ailleurs pourquoi elle est la « forme naturelle de la défense ». Le défenseur est également porté par le soutien de la population, à moins que la défensive n'ait lieu en pays ennemi (406 s. ; 366 s.). En ce qui concerne enfin les forces morales, on peut certes soutenir qu'« en guerre, on se sent presque toujours plus courageux, plus exalté dans l'attaque que dans la défense » (572, 543), mais le défenseur est animé du sentiment de son bon droit. Récapitulant les trois premiers « principes de victoire » cités – surprise, terrain, disposition géométrique de l'affrontement –, Clausewitz écrit : « Seule une petite partie du premier et du dernier est en faveur de l'offensive, tandis que leur plus grande partie et le second principe tout entier servent la défensive » (403, 364). Les deux derniers facteurs ne modifient manifestement pas le bilan ainsi dressé ; cette première analyse permet donc à Clausewitz de conclure à la supériorité de la défensive.

Mais un second argument, beaucoup plus général, vient consolider cette thèse : comme conserver ou maintenir est en soi plus facile que prendre ou transformer, il y a supériorité de la défense (400, 361). Clausewitz s'inspire visiblement d'une analogie mécanique : tout se passe comme s'il admettait la validité d'un principe d'inertie sociale selon lequel – toutes choses égales par ailleurs – tout corps ou objet aurait tendance à persévérer dans sa condition, mouvement ou repos ; tout changement d'état impliquerait donc un travail, une dépense additionnelle d'énergie. On le voit, les deux cheminements se rejoignent pour confirmer que – déjà d'un point de vue statique – la défense est supérieure à l'attaque, c'est-à-dire que ses chances de succès sont plus grandes. Plus précisément, « la défense est la forme la plus forte et vise le but négatif ; l'attaque est la forme la plus faible et vise le but positif » (44, 11). Nous retrouvons donc bien la proposition selon laquelle l'ampleur d'une victoire est en raison inverse de sa probabilité, dont nous avons vu qu'elle était pour Clausewitz un principe universel de la stratégie.

Le passage à un point de vue dynamique renforce encore cette affirmation d'une supériorité de la défense : cette supériorité s'accroît avec le temps, parce que l'attaque s'affaiblit au fur et à mesure de sa progression. Elle s'essouffle du fait de la résistance qu'elle rencontre, mais aussi sous l'effet de ses propres efforts (433-434 ; 393-394). Clausewitz dresse un inventaire précis des raisons proprement militaires de ce processus de déclin. L'assaillant doit distraire une certaine proportion de ses forces pour assiéger les places fortes isolées, occuper le territoire envahi, assurer la sécurité des voies de communication ; or, plus sa conquête s'étend, plus cette proportion est significative. Par ailleurs, avec la poursuite de l'offensive, les pertes s'accumulent, qu'elles soient dues au combat, à la maladie ou à l'épuisement ; de même, après les premiers succès, les vainqueurs sont tentés de relâcher leurs efforts, tandis que les alliés deviennent jaloux et commencent à mesurer leur concours ; enfin le ravitaillement parcourt des distances de plus en plus longues (611 et 658 ; 587-588 et 630). On pourrait prolonger sous certains aspects l'analogie mécanique initiale : l'assaillant est en mouvement, il subit donc au premier chef le pouvoir destructeur du mouvement, fatigue, usure, etc. Plus généralement, il dépense la plus grande énergie, il s'expose donc davantage à l'érosion des frottements. Mais, sur le point essentiel, la comparaison doit prendre fin, car le temps joue à la guerre un tout autre rôle qu'en mécanique. En mécanique, il y a une action réciproque entre le temps et la force : l'accélération est proportionnelle au carré des temps, et la force vive au carré des vitesses. Il n'en va nullement de même en stratégie : ici, le temps use la force, ralentit la vitesse, réduit l'élan, parce que la friction agit seule et sans contrepartie.

Il y a là un résultat capital : le temps travaille pour le défenseur, qui est aussi d'ordinaire le plus faible et parfois le vaincu. La raison en est simple. L'objectif du défenseur est de conserver ce qu'il possède et de maintenir le *statu quo* : aussi longtemps qu'il y parvient, cet objectif est atteint, et il peut se dire vainqueur ; sa première ambition est donc de durer. Au contraire, tant que l'attaquant n'a pas obtenu ce qu'il cherchait, il doit considérer qu'il a le dessous ; or, « le temps qui s'écoule est perdu pour l'assaillant, et toute perte de temps est un désavantage et doit affaiblir en quelque façon le parti qui la subit » (431, 391). En particulier, tout le temps que l'assaillant ne consacre pas directement à l'attaque ou à ses préparatifs est dépensé en vain et profite au défenseur : « Celui-ci moissonne où il n'a pas semé. Toute rémission de l'attaque, par suite de vues erronées, de crainte ou d'indolence, est à l'avantage de la défense » (400, 361). Clausewitz compare la situation à celle d'un procès en justice, dans lequel une partie dispute à l'autre la possession d'un bien ; aussi longtemps que le verdict n'est pas rendu, les défendeurs détiennent le bien litigieux et peuvent en jouir ; ils ont donc le dessus (*ibid.*). Bref « le temps qui s'écoule inutilisé n'est un profit que pour le faible, il est perdu pour le fort » (1976a : 55).

Du coup, l'assaillant est tenu d'agir vite et sans répit : « Aucune pause, aucun point de repos, aucune étape intermédiaire ne s'accordent avec la nature de la guerre offensive » (697, 668). Plus exactement – et pour respecter la règle selon laquelle tout principe stratégique peut et doit être modulé selon les circonstances –, l'attaque ne peut se permettre « ni délai, ni détour sans raison suffisante » (719, 689). C'est que, rappelle

Clausewitz, elle « trouve presque son seul avantage dans la surprise effective au début de l'action » (728, 699), et que cet avantage s'use vite. Soit dit en passant, on mesure le parti que les avocats de l'offensive à outrance ont tiré de semblables formules. Inversement, le défenseur a tout intérêt à gagner du temps : la polarité s'exerce ici pleinement.

La supériorité statique et dynamique de la défense sur l'attaque n'est pas diminuée par la présence de moments défensifs au sein même de l'attaque. On l'a vu, il n'y a pas d'attaque pure ; toute attaque est mêlée d'éléments ou d'aspects défensifs. Du fait de la supériorité de la défense, on pourrait supposer que l'intervention de ces éléments ou aspects atténuerait l'infériorité de l'attaque : or il n'en est rien. Dans l'espace, la protection des points secondaires – si économe soit-elle – exige tout de même une certaine division des forces et un certain affaiblissement de l'assaut sur le front principal. Dans le temps, les phases défensives sont synonymes de pauses ; quel que soit leur motif, celles-ci contredisent l'impératif de rapidité qui est la règle d'or de l'offensive. En d'autres termes, le principe de totalité s'applique ici pour neutraliser la « vertu » des moments défensifs : parce qu'ils sont englobés dans l'attaque, non seulement ils ne la renforcent pas, mais ils en constituent au contraire le « poids mort », et cela d'autant plus que « le mélange de défense qui encombre l'attaque est fait de ses pires éléments » (608, 585). Par exemple, cette défense a lieu en pays ennemi ; elle est donc privée du soutien de la population ; par ailleurs, elle s'effectue sur des positions qui sont déterminées par le mouvement de l'offensive et, le cas échéant, son ralentissement plutôt que par les exigences propres de la sûreté ; elle perd donc l'avantage que lui vaut normalement le choix du terrain. Bref, « si tous les éléments défensifs mis en œuvre au cours de l'attaque sont affaiblis par sa propre nature, c'est-à-dire par le fait qu'ils font partie de l'attaque, il faut alors y voir un désavantage général de l'offensive. C'est là une subtilité si peu oiseuse que, bien au contraire, il faudrait plutôt dire qu'il s'agit de l'inconvénient capital de l'offensive en général » (409, 370).

Du coup, la supériorité de la défensive se traduit, dans le cours de l'affrontement, par l'apparition d'un « point culminant » de l'offensive, qui marque le moment où « la force d'impulsion du conquérant a épuisé sa tension » (359, 322). On peut imaginer qu'à l'origine l'assaillant était le plus fort ; mais la progression même de son offensive, de par l'usure qu'elle entraîne, annule peu à peu cette prépondérance initiale et finit par établir un rapport d'équilibre entre ses forces et celles du défenseur (662, 634). Tout se passe comme si la supériorité originelle de l'assaillant ne lui valait qu'un crédit limité dans le temps. Il peut mettre à profit ce crédit et le délai correspondant pour l'emporter, et Clausewitz rappelle opportunément que la supériorité n'est jamais qu'un moyen de la victoire (*ibid.*), mais, s'il n'y réussit pas, il lui faut renoncer à ses ambitions et passer un compromis. Bien entendu, la détermination exacte de ce point culminant est une tâche extrêmement difficile, en raison du nombre et de la diversité des éléments dont il faut tenir compte, et, comme le dit joliment Clausewitz, « tout est souvent suspendu au fil de soie de l'imagination » (612, 589) ; pourtant son importance est décisive ; c'est pour s'être trompés en la matière que bien des généraux d'abord vainqueurs se sont vu par la suite accabler des pires désastres.

C'est que, en réalité, l'équilibre atteint au point culminant de l'offensive ne dure qu'un fugitif instant ; sitôt passé ce point, la situation se renverse : l'assaillant initial se trouve désormais en état d'infériorité, et doit s'attendre à la contre-offensive ; or, en face de celle-ci, il ne bénéficie que très peu ou pas du tout des avantages de la défensive. Il y a là un paradoxe : devant la contre-attaque, l'ancien assaillant devrait profiter à son tour de la supériorité de la défense. Or il n'en est rien ; tout d'abord, il y a chez lui une tendance presque irrésistible à dépasser le point culminant de l'offensive : d'une part, son but est de détruire son ennemi, et il répugne à s'arrêter avant de l'avoir atteint ; d'autre part, nous retrouvons ici le principe d'inertie sociale dont nous avons déjà évoqué l'action :

> « Une fois que nous sommes engagés dans une certaine direction de pensée, un motif, suffisant en lui-même,

> sera incapable de la modifier et de l'arrêter. Il y faut du temps, de la tranquillité et des impressions durables sur notre conscience ; il en va de même en guerre. Une fois que l'esprit a pris une orientation déterminée vers un objet, ou qu'il s'est tourné vers un havre secourable, il peut aisément arriver que les motifs qui forceraient l'un à l'arrêter et l'autre à persévérer ne soient pas ressentis sur-le-champ dans toute leur force ; et comme l'action progresse pendant ce temps, ces motifs sont entraînés par le flot du mouvement au-delà des limites de l'équilibre, au-delà du point culminant, sans que l'on s'en aperçoive. En vérité, il peut arriver que, malgré l'épuisement des forces, l'assaillant, soutenu par les forces morales qui sont à la base de l'offensive, trouve moins difficile d'avancer que de s'arrêter » (664-665 ; 637-638).

Cependant, ce dépassement est une dépense d'énergie, non seulement inutile, mais ruineuse, qui entraîne pour celui qui s'en rend coupable des conséquences catastrophiques ; c'est que l'assaillant initial se croit toujours le plus fort et se conduit comme tel, alors qu'en réalité il est déjà le plus faible ; en d'autres termes, il continue sur son élan de progresser : il se prive donc lui-même des atouts de la défensive ; aussi le contrecoup vient le plus souvent le surprendre, et « la violence de ce contrecoup dépasse en général la force du choc initial » (612, 589).

C'est avant tout cette vulnérabilité à la contre-attaque qui fait l'infériorité de l'offensive : « Le principal désavantage de l'attaque est de nous réduire ultérieurement à une défense très défavorable » (664, 637). De fait, en de telles circonstances, la supériorité de la défensive disparaît : si, en règle générale, la défensive est plus forte que l'offensive, la contre-offensive, elle, est au moins pour un temps plus forte que la défensive qui lui est opposée. Ainsi s'explique l'efficacité des stratégies qui prévoient une retraite initiale suivie d'une contre-attaque : il faut laisser l'adversaire dépenser son énergie et user ses forces avant de le frapper.

Bien entendu, la supériorité principielle de la défense peut être temporairement atténuée ou annulée par l'introduction, au profit de l'assaillant, de nouvelles méthodes de combat. En règle générale, le défenseur attend l'assaut sur des positions qu'il a choisies à l'avance ; chaque fois que l'attaquant peut accroître sa mobilité et ses capacités manœuvrières, il dispose de davantage de moyens pour contourner ou tourner ces positions, et il réduit l'écart qui le sépare de son adversaire (405 ; 365-366). Nous avons là une version transformée du célèbre duel entre le projectile et la cuirasse, et nous savons que la seconde a toujours réussi à rattraper l'avance que, de temps à autre, le premier prend sur elle. Par ailleurs, l'assaillant qui ne recherche pas la décision réduit d'autant la vigueur de son attaque ; du même coup, il diminue d'autant son handicap vis-à-vis du défenseur, puisqu'il est précisément dû à cette vigueur et à l'épuisement progressif qu'elle entraîne. En pareil cas, l'offensive ne se distingue plus guère de la défensive, mais c'est la guerre elle-même qui s'édulcore et finit par se dissoudre. De fait, la supériorité de la défense conduit par deux voies différentes à la suspension de l'acte de guerre : ou bien elle excède la puissance des motifs du conflit, en sorte que « la force d'impulsion qui réside dans la polarité des intérêts peut se perdre dans la différence entre la force de l'attaque et celle de la défense, et devenir de ce fait inefficace » (63 ; 29-30) ; ou bien le déséquilibre des forces entre les deux adversaires n'est pas tel que celui qui a l'avantage puisse espérer compenser la supériorité de la défense : « A peut se sentir trop faible pour attaquer B, ce qui ne veut pas dire que B soit assez fort pour attaquer A [...]. C'est pourquoi il peut arriver qu'au même moment les deux camps non seulement se sentent, mais sont réellement trop faibles pour attaquer » (229, 195). Bref, la supériorité de la défensive est inscrite dans la nature même de la guerre ; elle ne décline et disparaît qu'avec la guerre elle-même.

Loi du plus fort et maintien de l'ordre établi

La défensive est la forme la plus forte de la guerre : à cette conclusion, déclarée contraire à l'opinion courante, Clausewitz attache une importance considérable, et il est encore plus fondé à le faire qu'il ne le croit, car sa portée dépasse de loin les limites du seul domaine de la guerre. En règle générale, en effet, c'est le fort qui prend l'offensive et c'est le faible qui se défend. Comme la défensive en tant que telle ne peut se proposer qu'un objectif négatif – le maintien du *statu quo* –, « il est évident que nous ne devons y recourir que si notre faiblesse nous y oblige et qu'il faut l'abandonner dès qu'on se sent assez fort pour viser un objectif positif » (400, 362 ; 1976a : 113). Il n'existe à cette règle qu'une exception notable : le plus faible peut passer à l'offensive de manière préventive, lorsqu'il redoute que le déséquilibre existant ne s'aggrave encore à son détriment ; telle fut, par exemple, la stratégie adoptée par Napoléon en 1815 ; malgré le désastre final, Clausewitz convient qu'elle était la seule possible dans les circonstances du moment (1973 : 26-27). À cette réserve près, il est clair que la supériorité de la défensive joue au profit du plus faible et vient balancer en partie au moins son infériorité.

Clausewitz observe tout d'abord que seule une telle proposition peut sauver la théorie de la guerre de l'incohérence et de l'absurdité (427, 387). Si l'offensive, qui se propose un but positif, était aussi la forme la plus forte de la guerre, « on n'aurait jamais l'occasion de se servir de la défensive. Comme celle-ci n'a en tout cas qu'un objectif négatif, tout le monde voudrait nécessairement attaquer et la défensive serait un non-sens (*Unding*) » (402, 363). D'une façon plus générale, une supériorité de l'offensive assurerait en quelque sorte mécaniquement la suprématie du plus fort ; elle constituerait donc une véritable prime à l'agression ; toute guerre se terminerait par la défaite du plus faible, puisque celui-ci cumulerait les désavantages ; de sa part, la résistance serait d'avance désespérée, et la seule voie qui lui serait ouverte serait celle de la soumission. Or l'expérience et l'histoire tout entières s'allient pour démentir un tel tableau. Si la guerre est une compétition ouverte dont l'issue est toujours incertaine, c'est précisément parce que la « raison du plus fort » n'y est pas toujours la meilleure ; à la guerre, il ne suffit pas d'être le plus fort, il faut encore que le plus fort soit assez fort pour triompher de cette supériorité de la défensive qui est l'atout majeur du faible. S'il faut en croire l'estimation commune, l'avantage de la défense serait dans le rapport de un à trois[1] ; autrement dit, l'assaillant devrait être au moins trois fois plus fort que son adversaire pour pouvoir espérer l'emporter. Bien entendu, il ne s'agit là que d'un ordre de grandeur, susceptible de variations considérables selon les circonstances ; il permet cependant d'évaluer à sa juste mesure l'espace d'indécision dans lequel se déploie la guerre : en deçà de ce rapport de un à trois, rien n'est joué et chacun a ses chances.

La défensive est la forme la plus forte de la guerre : quelle est à présent la portée exacte d'un tel résultat ? Pour l'établir, Clausewitz, on l'a vu, fait état de diverses particularités de la guerre, mais, surtout, il invoque un principe très général selon lequel il est plus facile de conserver que d'acquérir : tout être, toute situation a tendance à persévérer dans son état, en sorte qu'une dépense supplémentaire d'énergie est requise pour modifier celui-ci. Supposons ce principe valide : il est clair que, exprimé de la sorte, il s'applique à bien d'autres règnes que celui de la guerre. De fait, Clausewitz apporte ici une contribution aussi importante qu'originale à la solution d'un problème que la philosophie politique s'est posé dès ses origines grecques : comment faire échec à la loi du plus fort ? Les Grecs tiennent qu'à l'état de nature, avant l'institution de la société, cette loi s'applique sans restriction : entre le fort et le faible, il est non seulement normal, mais logique et nécessaire, que le premier l'emporte, et, par conséquent, domine et opprime le second. Il en est ainsi en quelque sorte par définition : là où aucune règle morale ou légale ne vient corriger le donné, l'issue du conflit entre deux adversaires est tout entière décidée par leur poids relatif, par le rapport « mécanique » de leurs forces respectives ; c'est la balance qui tranche, et elle obéit aux lois aveugles de l'équilibre physique. Bref, dans la nature « vierge », avant

1. Edward N. Luttwak, *Le Paradoxe de la stratégie*, Paris, Odile Jacob, 1989, p. 154.

l'apparition de la convention, la suprématie du plus fort est à la fois inévitable et conforme à l'ordre des choses.

Or l'éthique commande de faire obstacle à cette suprématie ; par ailleurs, il existe des communautés formées d'individus inégaux et pourtant libres : c'est donc que la loi du plus fort ne s'applique pas toujours. Comment est-elle mise en défaut ? On connaît la réponse des sophistes : la force est de l'ordre du fait ; or le discours est plus fort que le fait, en particulier lorsqu'il s'allie à la ruse. Le langage brise donc la loi d'airain qui assurait le triomphe permanent du plus vigoureux et de ses intérêts. Par la vertu de la rhétorique, le discours faible peut l'emporter sur le discours fort ; plus précisément, grâce à l'éloquence de l'orateur, la thèse qui, au commencement du débat, semblait promise à la défaite est susceptible de vaincre à la fin, le rapport des forces étant inversé. Protagoras, nous dit Aristote, savait à merveille faire du plus faible de deux arguments le plus fort. Platon montre de son côté dans *La République* que, si la loi du plus fort gouvernait seule, aucune communauté ni même aucune entreprise collective ne serait possible : au moins entre ses membres, une association de brigands doit établir une règle de loyauté et de partage équitable, sous peine de se désagréger dans la discorde[2]. D'une façon plus générale, l'inscription de la personne humaine et de la cité dans l'ordre cosmique, la présence de l'âme dans la première et des philosophes dans la seconde, doivent permettre d'endiguer une violence qui n'appartient qu'à l'animalité dans l'homme. À la Renaissance, le débat reprend sur d'autres bases. Pour Machiavel, la loi du plus fort reste à l'origine de l'existence des États, mais, pour donner naissance à un pouvoir stable, elle doit se parer au moins des apparences de la sagesse, de l'équité et du bon droit ; elle n'engendre autrement que des dominations fragiles et précaires. Au XVIIe siècle, Hobbes déclare que, dans la « guerre de tous contre tous » qui sévit à l'état de nature, aucun progrès, aucune civilisation n'est possible, puisque chacun doit consacrer à sa propre

2. Platon, *La République*, livre I, 351c-352d.

sécurité l'essentiel de ses efforts ; il faut donc, sinon mettre un terme à la loi du plus fort, du moins la faire jouer au profit d'un seul individu, le souverain, dépositaire par contrat des forces de chacun.

On le voit, tous ceux que nous avons cités s'accordent pour penser que la loi du plus fort est incompatible avec la vie sociale ; mais, chaque fois, c'est en quelque sorte du dehors qu'il est fait obstacle à son empire. Elle est dénoncée en raison des conséquences néfastes qu'elle entraîne, et à la force on oppose des barrières d'une autre nature qu'elle : le langage, l'âme, la loi, le contrat. La fin est dans tous les cas de subjuguer ou d'apprivoiser la force, de la soumettre à un pouvoir qui lui soit étranger. Là se découvre l'originalité de Clausewitz : avec lui, c'est à l'intérieur même du monde de la force qu'apparaît une limite à sa domination ; la supériorité de la défense fixe un seuil relativement élevé en deçà duquel la loi du plus fort demeure sans effet.

La supériorité de la défense introduit donc une sorte de handicap au bénéfice du plus faible ; toutefois, celui-ci n'en bénéficie que s'il s'installe dans la position du défenseur, dont l'objectif, rappelons-le, est négatif : il ne se propose que le maintien du *statu quo*. Autrement dit, il n'est avantagé que dans la mesure où il défend ce qui existe, parce que l'existant est plus fort que le possible. Ainsi, en quelque sorte par définition, la supériorité de la défense ne joue qu'en faveur de l'ordre établi ; plus exactement, elle traduit, dans le registre du conflit, la suprématie de l'ordre établi sur tout ce qui le conteste et le menace. Si nous admettons que la vie politique en général s'organise autour d'une contradiction fondamentale entre le parti de l'ordre et le parti du mouvement, alors le premier jouit au moins initialement d'un avantage sur le second, parce que, en politique comme à la guerre, conserver est plus facile que changer. Bien entendu, cet avantage n'est pas insurmontable – sinon aucune évolution ne se serait jamais produite –, mais des dépenses particulières d'énergie sont nécessaires pour en venir à bout, d'où la difficulté des réformes et la rareté des révolutions.

L'analogie peut être poussée plus avant. Pour Clausewitz, on s'en souvient, il n'y a pas de défensive « pure » ; l'idée d'une défensive passive est absurde. Le défenseur ne saurait se contenter d'attendre et de parer les coups ; il doit en donner, lui aussi, et s'efforcer de détruire les forces physiques et morales de l'assaillant. La défense de l'ordre établi obéit aux mêmes exigences : ne rien concéder, camper sur ses positions, se satisfaire de « colmater les brèches » est une stratégie ruineuse qui ne peut conduire qu'à la défaite. La conservation de ce qui est suppose, au contraire, la multiplication des initiatives, des mouvements, des réformes de surface ; dans *Le Guépard* de Lampedusa, Tancrède en livre le secret à son oncle le prince Salina : « Si nous voulons que tout continue, il faut d'abord que tout change[3]. »

Le centre de gravité et la décision

Pour l'attaque comme pour la défense, l'espace et le temps de la guerre sont différenciés ; leurs parties constituantes sont régies par l'opposition du principal et de l'accessoire : il y a des lieux et des moments dont l'importance est capitale, il y a aussi des fronts secondaires et des temps morts. C'est la notion de décision qui est ici fondamentale ; la guerre est un conflit dont l'issue est, à l'origine, incertaine ; au bout d'un certain délai, dans certaines conditions, au terme d'un certain processus, cette incertitude est levée ; la compétition est tranchée, l'un a gagné, l'autre a perdu. Une décision est donc intervenue, mais elle n'est pas le résultat global d'une évolution continue ; une maturation a été nécessaire, mais elle a conduit à une mutation brusque, qu'il est possible de localiser de façon précise dans l'espace et dans le temps. C'est pourquoi la maxime universelle de

3. Giuseppe Tomasi di Lampedusa, *Le Guépard*, traduction de F. Pézard, Paris, Seuil, 1959, p. 35.

la stratégie recommande aux deux partis en lutte d'être le plus fort au point et à l'instant décisifs.

Le problème du chef de guerre est alors d'identifier ce point et cet instant. Pour les désigner, Clausewitz recourt à une notion qu'il emprunte à la mécanique : celle de centre de gravité (*Schwerpunkt*). Reportons-nous aux énoncés des manuels : la somme des quantités de mouvement d'un ensemble de points est égale à la quantité de mouvement d'un point unique ayant pour masse la somme de toutes les masses et coïncidant avec leur centre de gravité. Ainsi le mouvement du centre de gravité d'un système de points est le même que celui d'un point matériel unique coïncidant avec ce centre de gravité, qui aurait pour masse la masse totale du système et auquel seraient appliquées, transportées parallèlement à elles-mêmes, toutes les forces extérieures appliquées au système. En d'autres termes, le centre de gravité d'un système « résume » et « représente » ce système ; pour agir sur l'un, il suffit d'agir sur l'autre. Si étendu et divers que soit le système, son centre de gravité peut donc être regardé comme le site unique où tout son sort se joue, et nous retrouvons par ce biais l'idée de décision.

Dans *Vom Kriege*, la notion de centre de gravité apparaît dans plusieurs contextes. Dans le temps, la bataille principale nous est présentée comme le « centre de gravité de la guerre » (267, 280 et 282 ; 229, 241 et 244) : elle est la « guerre concentrée » (*der konzentrierte Krieg*) (280, 241), ou encore le « point central provisoire du système tout entier » (*der vorläufige Mittelpunkt des ganzen Systems*) (282, 244). Le statut privilégié que Clausewitz attribue à la bataille principale découle très naturellement de la primauté qu'il reconnaît au combat. La liberté d'action de l'ennemi tient à l'existence de ses forces armées ; pour réduire la première, il nous faut donc détruire les secondes ; or le combat est le moyen par excellence de cette destruction. En outre, seuls de grands combats produisent de grands résultats, d'autant que « les grands succès entraînent et déterminent les petits [et] que l'on peut donc ramener les effets stratégiques à certains centres de gravité » (44, 11). De ces propositions « suit une double loi dont les parties s'étayent réciproquement : la destruction des forces armées ennemies doit être recherchée principalement par de grandes batailles [...] et le but capital des grandes batailles doit consister dans la destruction des forces armées de l'ennemi » (279, 241). Certes, l'histoire montre qu'hommes politiques et chefs de guerre acceptent malaisément de se soumettre à cette loi : c'est, d'une part, que « la bataille principale est la solution la plus sanglante [...], qu'elle a toujours le sang pour prix et que c'est du fait d'abattre (*schlachten*) qu'elle tient son caractère comme son nom (*Hauptschlacht*) » (280, 242) ; c'est, d'autre part, que rechercher et livrer la bataille principale revient pour l'État concerné à jouer sa destinée sur un seul coup, puisque « toute l'action se concentre alors en un seul point de l'espace et du temps » (281, 242) : seules les âmes bien trempées sont capables de prendre un tel risque.

Dans l'espace, le centre de gravité d'une armée en campagne dépend de la répartition de ses forces :

> « Le centre de gravité est toujours situé là où la plus grande masse de matière est concentrée, et le coup porté au centre de gravité d'un corps est le plus efficace ; le coup le plus puissant est aussi celui que l'on frappe avec le centre de gravité de la puissance utilisée. Il en va de même en guerre. Les forces armées de tout belligérant, État isolé ou alliance d'États, ont une certaine unité, et par suite une certaine cohésion. Ces forces armées ont donc certains centres de gravité, dont le mouvement et la direction déterminent ceux des autres points, et ces centres de gravité se trouvent là où sont réunis les corps de troupes les plus importants » (560, 531).

Cette définition appelle plusieurs précisions. Tout d'abord, que faut-il entendre par « une » armée en campagne ? Clausewitz désigne ainsi « les troupes massées dans un seul et même théâtre de guerre » (306, 268) ; quant à celui-ci, il se définit comme « toute partie de la zone de guerre dont les limites sont protégées et qui possède de ce fait une certaine indépendance » (306, 267) ; par suite, les événements qui se produisent dans d'autres secteurs n'entraînent pas de conséquences directes et immédiates sur ce qui s'y passe. En revanche, les forces qui sont engagées sur un même théâtre sont interdépendantes, en sorte que, au moins en droit, ce théâtre « représente une unité qui peut être réduite à un seul centre de gravité » (561, 532). En second lieu, le nombre n'est pas le seul facteur à prendre en considération dans la détermination du centre de gravité. Soit un solide dont les pièces sont faites de matériaux hétérogènes : son centre de gravité se trouve alors du côté des parties les plus denses. En guerre, il faut de même tenir compte de la qualité des troupes et du commandement ; c'est, non pas la concentration des effectifs, mais celle des forces qui importe. En 1814, Blücher et Schwarzenberg marchent de concert sur Paris, l'un par le nord, l'autre par le sud ; contre qui Napoléon doit-il se tourner par priorité ? « Blücher, quoique plus faible que Schwarzenberg, était pourtant, par suite de son esprit entreprenant, l'adversaire le plus redoutable ; c'est lui qui représentait par conséquent le centre de gravité qui entraînait le reste dans son orbite » (162, 131). L'Empereur a donc raison de s'en prendre d'abord à lui ; bien plus, à en croire Clausewitz, il aurait dû le poursuivre après l'avoir vaincu au lieu de se porter contre l'Autrichien. En troisième lieu, le centre de gravité est aussi fonction de la cohésion du tout. Pour qu'un ensemble de points possède un centre de gravité commun, encore faut-il qu'ils soient solidaires et forment système. Il en est de même à la guerre : une armée réunie sous les ordres d'un seul chef présente indiscutablement un centre de gravité ; on n'en saurait dire autant de plusieurs armées coalisées obéissant à des généraux différents, dont aucun n'a la prééminence.

Enfin, c'est par rapport à ces centres de gravité – le mien, celui de l'ennemi – que joue l'impératif de la concentration : je dois frapper l'ennemi en son centre de gravité, et je dois le faire avec le mien, c'est-à-dire avec la plus grande partie possible de ma puissance. C'est ainsi seulement que je puis espérer arracher la décision. Inversement, la recherche et l'identification des centres de gravité n'ont de sens que dans la perspective de la décision : « En effet, seule la décision fait des centres de gravité des forces respectives et du théâtre de guerre une chose efficace.

Dès que l'idée de décision s'évanouit, les centres de gravité sont neutralisés » (562, 533).

Conçue dans le domaine militaire, la notion de centre de gravité est également pertinente dans le domaine politique. Le lien de subordination que Clausewitz établit de la guerre à la politique légitime en retour cette extension : au moyen des armées, ce sont des États qui se font la guerre ; on peut donc admettre que, comme leurs armées, les États possèdent, eux aussi, un centre de gravité, un foyer d'énergie et de mouvement dont leur puissance dépend et qui peut être regardé comme leur « principe vital » ; pour les faire plier, c'est là qu'il faut les atteindre. Bien entendu, l'emplacement exact de ce centre dépend des particularités de l'État considéré, de sa situation géographique, de la composition de sa population, de ses ressources, de son régime social et politique, de son histoire ; l'expérience démontre que le problème est susceptible de solutions très variées ; à l'analyste de les découvrir dans chaque cas concret :

> « Le centre de gravité d'Alexandre le Grand résidait dans son armée, comme celui de Gustave-Adolphe, de Charles XII et de Frédéric le Grand, et la carrière de chacun d'entre eux aurait pu connaître bientôt son terme grâce à la destruction de ses forces combattantes. Dans les États agités par des dissensions internes, ce centre de gravité réside en général dans la capitale, dans les petits États qui dépendent de plus grands, il se trouve en général dans l'armée de leurs alliés ; dans une confédération, il est dans l'unité des intérêts ; dans un soulèvement national, il est formé par la personne du chef principal et par l'opinion publique – et c'est contre ces points que le coup doit être dirigé » (692, 663).

Le repérage du centre de gravité est plus difficile encore quand on se trouve en présence d'une coalition : ou bien chacun des États membres dispose de forces autonomes et poursuit dans la guerre des intérêts qui lui sont propres ; en pareil cas, il faudra les affronter et les vaincre un par un ; ou bien l'un d'entre eux supporte l'essentiel du poids du conflit ;

alors « la défaite de ce dernier doit être le but de guerre, parce que, dans ce cas, le coup atteint le centre de gravité commun de toute la guerre » (693, 664). Au total, que l'on donne à la notion de centre de gravité son sens étroit – militaire – ou son sens large – politique –, les principes qui gouvernent l'action sont les mêmes dès lors que l'on recherche la décision : « Ramener le poids de la force ennemie à des centres de gravité aussi peu nombreux que possible, à un seul s'il se peut ; ensuite, limiter l'attaque contre ces centres de gravité à des entreprises principales aussi peu nombreuses que possible, à une seule s'il se peut ; enfin maintenir toutes les entreprises secondaires aussi subordonnées que possible » (719, 689).

Une telle analyse éveille de nombreuses résonances, parce qu'elle pose l'un des problèmes fondamentaux de toute action : comment ordonner le réel en vue de sa transformation ? La limitation des forces et moyens disponibles, les impératifs de l'économie et ceux de l'efficacité interdisent une répartition uniforme des efforts entre les tâches qui s'offrent ; des choix sont nécessaires qui ne peuvent reposer que sur l'établissement d'une juste hiérarchie entre l'essentiel et l'accessoire. Or cette hiérarchie n'est jamais donnée comme telle dans la réalité, puisqu'elle dépend de l'objectif visé. Dans un contexte intellectuel et politique tout différent, la théorie de la contradiction élaborée par Mao Zedong s'attaque à la même difficulté : « Dans un processus de développement complexe d'une chose ou d'un phénomène, il existe toute une série de contradictions ; l'une d'elles est nécessairement la contradiction principale, dont l'existence et le développement déterminent l'existence et le développement des autres contradictions ou agissent sur eux[4]. » Certes, la contradiction principale se déplace, et ses mouvements fondent le découpage de la durée historique en périodes distinctes, mais « à chacune des étapes de développement du processus, il n'existe qu'une contradiction principale

4. Mao Zedong, *De la contradiction*, in : *Quatre essais philosophiques*, *op. cit.*, p. 57.

qui joue le rôle dirigeant[5] ». Par ailleurs, la contradiction, qu'elle soit principale ou secondaire, n'est pas un rapport équilibré ; plus exactement, l'équilibre n'y est jamais qu'un état passager ; la situation habituelle, c'est l'inégalité des termes opposés : « Des deux aspects contradictoires, l'un est nécessairement principal, l'autre secondaire. Le principal, c'est celui qui joue le rôle dominant dans la contradiction. Le caractère des choses et des phénomènes est surtout déterminé par cet aspect principal de la contradiction, lequel occupe la position dominante[6]. » Ici encore, la relation n'est pas fixe : « L'aspect principal et l'aspect secondaire de la contradiction se convertissent l'un en l'autre, et le caractère des phénomènes change en conséquence[7]. » Ces indications définissent le travail du stratège : il lui faut d'abord repérer la contradiction principale de la période et identifier du même coup l'ennemi principal ; il lui faut ensuite rassembler contre celui-ci toutes les forces susceptibles d'être mobilisées contre lui, en retirant pour un temps aux contradictions secondaires leur éventuel caractère antagonique. On reconnaîtra aisément les deux moments de la démarche clausewitzienne : découvrir le centre de gravité de l'ennemi, diriger contre lui toute la puissance que l'on peut mettre en œuvre.

L'importance accordée par Clausewitz au concept de centre de gravité présente cependant un caractère paradoxal : comment se fait-il que l'auteur de *Vom Kriege*, si méfiant d'ordinaire vis-à-vis des analogies physiques, si soucieux de la primauté des forces morales, recoure aussi abondamment à une notion directement tirée de la mécanique ? Un souvenir peut nous aider à résoudre l'énigme. Quelques années plus tôt, le centre de gravité et ses vertus ont formé le motif majeur d'un écrit rédigé par une connaissance de Clausewitz ; je veux parler de Heinrich von Kleist et de son essai *Sur le théâtre de*

5. Mao Zedong, *De la contradiction*, *op. cit.*, p. 60.
6. *Ibid.*, p. 61.
7. *Ibid.*

marionnettes[8]. On se rappelle l'argument du texte : un illustre danseur célèbre la grâce qui marque le mouvement des marionnettes, et il en révèle le secret : « Il ne faut pas s'imaginer que chaque membre isolément est, au cours des divers moments de la danse, placé ou tiré par le machiniste. Tout mouvement a son centre de gravité ; il suffit de maîtriser ce point à l'intérieur de la figure ; les membres, qui ne sont que des pendules, suivent sans autre intervention, de façon mécanique, d'eux-mêmes[9]. » Vue sous l'angle mécanique, la ligne décrite par le centre de gravité est très simple, mais « vue sous un autre aspect, elle est aussi quelque chose de très mystérieux, car elle n'est finalement rien d'autre que le chemin décrit par l'âme du danseur[10] ». Ainsi s'explique la supériorité de la marionnette sur le danseur humain – le mouvement de la première n'est jamais affecté :

> « Car l'affectation apparaît dès que l'âme (*vis motrix*) se trouve en un autre point que le centre de gravité du mouvement. Comme le machiniste, au moyen du fil ou du lien, n'a tout simplement de pouvoir sur aucun autre point que ce centre même, tous les membres sont ainsi ce qu'ils doivent être : morts, de purs pendules, et qui obéissent uniquement à la loi de la pesanteur ; vertu merveilleuse qu'en vain on chercherait chez la plupart de nos danseurs[11]. »

En d'autres termes, pour les êtres inanimés, le centre de gravité est le substitut de l'âme, mais cette âme de l'inerte est une et simple, puisque chaque solide ne possède qu'un centre de gravité ; d'où l'élégance du pantin. En revanche, le corps humain est affligé d'une âme propre, distincte et, le cas échéant, séparée de son centre de gravité : de cette division ou de ce dédoublement ne peuvent naître qu'hésitations, embarras

---

8. Sur la relation entre Clausewitz et Kleist, voir Helmut Sembdner, *Heinrich von Kleists Lebensspuren*, Frankfurt-am-Main et Leipzig, Insel Verlag, 1992, p. 371-372.

9. *Sur le théâtre de marionnettes*, traduction de J.-C. Schneider, Nantes, Le Passeur, 1989, p. 23.

10. *Ibid.*, p. 25.

11. *Ibid.*, p. 27-29.

et maladresses. Est-il alors interdit de penser qu'au moment d'aborder le problème du choix des cibles Clausewitz se soit souvenu des réflexions de son ami ? Il est assez romantique pour juger comme Kleist qu'entre la matière et le vivant le fossé n'est pas si profond qu'on le croit, et que la perfection n'est pas toujours du côté où l'on s'attendrait à la découvrir. En insistant à ce point sur la recherche du centre de gravité, c'est peut-être la sûreté de la marionnette que Clausewitz demande au stratège de retrouver.

7

Territoires et frontières de la guerre

Au commencement de ce travail, nous avons noté une sorte de paradoxe : alors même que, du point de vue de la guerre proprement dite, l'œuvre de Clausewitz ne présente plus guère aujourd'hui qu'un intérêt historique, elle continue de trouver des lecteurs nombreux et passionnés, qui sont bien loin d'appartenir tous aux cercles militaires ou à la corporation des stratèges. Chemin faisant, nous avons ensuite rencontré divers éléments d'explication qui pourraient nous aider à dissiper ce paradoxe, et nous voudrions, pour conclure, en proposer un rapide recensement.

Une théorie de l'action raisonnable

En premier lieu, on peut, croyons-nous, tirer de l'œuvre de Clausewitz les principes fondamentaux d'une théorie de l'action raisonnable dans le milieu de l'incertitude. On se souvient de l'opposition désormais classique qu'Hannah Arendt introduit entre la fabrication et l'action[1]. Dans la première, l'ouvrier

1. Hannah Arendt, *Condition de l'homme moderne*, traduction de G. Fradier, Paris, Calmann Lévy, 1983, chap. IV et V ; *La Crise de la culture*, traduction de P. Lévy, Paris, Gallimard, 1989, p. 82-83.

part d'un modèle préconçu et s'efforce de le réaliser, c'est-à-dire de l'inscrire dans la matière inerte. À cette fin, il réunit les moyens nécessaires – matériaux, outils, etc. ; la fabrication est donc régie par le rapport entre la fin et les moyens, et par le principe de l'utilité. La fabrication est transformation de la matière par application de la force : elle appelle en conséquence l'exercice d'une certaine violence, mais celle-ci est éclairée et guidée par un savoir portant précisément sur cette matière et sur les lois qui la gouvernent ; de ce savoir sont tirées les règles pratiques qui assurent la réussite de la fabrication. Par ailleurs, l'ouvrier est seul maître de ses opérations, et celles-ci sont réversibles : il peut toujours les modifier, les corriger et, au besoin, les annuler. Enfin le processus de fabrication représente une séquence distincte et individualisée dans le cours du temps ; il a un commencement et une fin nettement repérables ; de même son résultat – l'œuvre – est un objet à la fois défini et durable.

Par contraste, l'action a pour condition l'existence d'une pluralité d'êtres humains distincts et égaux ; cette pluralité forme le champ dans lequel elle se déploie. L'action s'accomplit donc principalement par la parole, puisque celle-ci est le moyen privilégié de la communication entre les hommes. Par ailleurs, l'action obéit, non seulement à des intérêts, mais aussi à des valeurs. Mais l'acteur ne bénéficie pas de la maîtrise et de l'indépendance de l'ouvrier ; en effet, agir, c'est donner une impulsion initiale à un processus qui est ensuite repris, modifié, dévié par la réaction des autres. En règle générale, l'action échappe à son auteur ; ou encore, comme le dit Hannah Arendt, elle a un agent, mais pas d'auteur[2]. En conséquence, elle est marquée au sceau de l'irréversibilité : sitôt qu'elle a pris sa course, elle ne peut plus être rattrapée, car les autres s'en sont emparés. Or elle manque le plus souvent le but qui lui avait été d'abord fixé ; en tout état de cause, son résultat est incontrôlable et imprévisible, étant le produit d'une interaction entre volontés libres ; au

---

2. Hannah Arendt, *Condition de l'homme moderne*, *op. cit.*, p. 242.

surplus, il est difficilement identifiable, car l'action est un commencement qui suscite par contrecoup d'autres commencements et ainsi de suite à l'infini : toute interruption dans la série ne peut être qu'arbitraire. Bref, au regard de la fabrication, l'action est affligée d'une triple frustration : « résultats imprévisibles, processus irréversibles, auteurs anonymes[3] », de telle sorte que l'incertitude devient sa caractéristique essentielle.

Frustration et incertitude suscitent tout naturellement chez l'acteur la tentation de ramener l'action à la fabrication : il s'agit pour lui d'introduire dans son domaine aussi bien la maîtrise que l'ouvrier exerce sur ses actes que le caractère défini et permanent de l'œuvre, bref, de faire en sorte que l'action bénéficie, elle aussi, de la sûreté, de l'efficacité et de la transparence qui sont le propre de la fabrication. Platon le premier se fera l'avocat de cette réduction de l'agir au faire : pour lui, la politique est un métier dont l'exercice suppose un savoir-faire ; l'homme politique est un artisan, dont le produit est la cité, sa concorde et sa prospérité. Mais les désordres et les incertitudes de l'action tiennent toutes à la condition de pluralité énoncée par Hannah Arendt : c'est parce qu'elle s'adresse à une multiplicité d'êtres vivants et libres que l'action s'affranchit de la tutelle de son auteur et se révèle réfractaire à ses prévisions. Ramener l'action à la fabrication exige donc que ces êtres soient réduits à la condition de matière vivante, et la violence est l'instrument privilégié d'une semblable transmutation, puisque, s'appliquant d'abord aux choses, elle a la « vertu » de transformer en choses tout ce à quoi elle s'applique. On conçoit du même coup que la guerre puisse devenir l'archétype de toute opération visant à remplacer l'action par la fabrication : le but de toute stratégie n'est-il pas de supprimer la liberté d'action de l'ennemi en conservant la mienne, donc de passer d'un rapport réciproque entre acteurs égaux à un rapport unilatéral de subordination entre un vainqueur et un vaincu condamné à l'impuissance et à la passivité ?

---

3. Hannah Arendt, *Condition de l'homme moderne*, *op. cit.*, p. 283.

L'entreprise de Clausewitz s'inscrit de toute évidence dans cette perspective. Dans *Vom Kriege*, l'action de guerre est bien d'abord conçue sur le modèle de la fabrication. Elle est déterminée par un but (*Zweck*) que la politique lui assigne ; le stratège définit alors un objectif militaire (*Ziel*) dont la réalisation permettra d'atteindre ce but, et il élabore un plan d'opérations pour parvenir à l'objectif ; enfin, il réunit les moyens nécessaires à l'exécution du plan. À chaque étape, le rapport de la fin et des moyens gouverne le processus. Certes, Clausewitz est réaliste, et il n'oublie pas les particularités de l'action, mais elles ne le conduisent pas à poser celle-ci comme un règne distinct, étranger à la fabrication ; au contraire, la première lui apparaît comme un écart, comme une déviation par rapport à la seconde, et tout le travail de l'acteur consiste à s'efforcer de combler cet écart, de corriger cette déviation. Il est significatif à ce sujet que les spécificités de l'action – l'élément du danger, l'irruption du hasard, l'omniprésence de l'incertitude – soient rassemblées par lui dans la catégorie de la friction. En mécanique, on le sait, le frottement est ce qui sépare la théorie de la pratique, l'énoncé de la loi de son application dans la réalité : il est ce dont il faut faire abstraction pour que la loi soit parfaitement exacte. Il en est de même ici ; la friction marque la différence entre l'essence de la guerre et ses réalisations effectives ; liée à la présence menaçante de l'ennemi, elle est ce qui interdit à l'action de guerre d'être la pure et simple exécution d'un plan préétabli, ce qui empêche les prévisions de s'accomplir, ce qui déjoue les calculs et trompe les attentes.

Ainsi les caractères de l'action imitent ceux de la fabrication, sous réserve d'une sorte de « révision à la baisse ». Le plan de guerre doit se garder d'être trop précis ; il lui faut ménager un espace à la direction du combat, c'est-à-dire aux mesures qu'appelleront les réactions imprévues de l'ennemi. De même, la loi, qui gouverne la matière inerte et fonde le savoir-faire de l'ouvrier, doit céder la place au principe, dont l'application est conditionnelle et dépend du jugement que l'acteur porte sur la situation particulière. À la sûreté de la fabrication succède le dilemme de l'efficacité et de la sécurité : l'ampleur du succès est proportionnelle aux risques encourus ; elle est donc en raison inverse de sa probabilité. Enfin, pour réduire l'aléatoire qui sépare l'intention du résultat, l'acteur ne peut compter en dernière instance que sur sa volonté ; c'est ainsi seulement qu'il se retrouve dans des conditions proches de celles de la fabrication.

Au total, tout se passe comme si la fabrication était pour l'action comme une sorte d'idée au sens kantien du terme, un idéal inaccessible, qu'il faut pourtant s'efforcer en permanence d'atteindre. Éclairée par la science, fondée sur le déterminisme, la fabrication est une activité rationnelle, et les succès de la technique démontrent son efficience. L'action ne peut entretenir que des espérances plus modestes ; mais, à défaut d'être rationnelle, elle doit au moins tenter d'être raisonnable ; telle est, en tout cas, l'ambition que lui prescrit Clausewitz.

Territoires de la guerre

Dans l'analyse qui précède, les particularités de la guerre n'ont tenu que très peu de place ; il est donc clair que la conception clausewitzienne de l'action raisonnable s'applique bien au-delà des frontières du seul domaine de la guerre. Elle peut d'autant plus facilement être généralisée que les structures du « champ guerrier » ont leurs homologues dans bien d'autres régions de la vie sociale. En suivant les indications de Clausewitz, nous avons comparé la guerre, le jeu, le commerce et la politique, et nous avons relevé leurs traits communs. Dans chaque cas, une compétition est organisée entre des partenaires approximativement égaux dont les intérêts sont en relation de polarité ; dans chaque cas, la situation est marquée par un mixte de détermination – les règles, les contraintes – et d'indétermination – l'action réciproque, le hasard –, qui donne sens à la conduite des acteurs, mais ne permet pas de prévoir l'issue de leur affrontement. Chaque fois, il s'agit, à partir de l'égalité initiale, de creuser un écart entre les parties : chacune doit tenter de réduire la liberté d'action de l'autre, jusqu'à sa réification complète et son expulsion hors du champ. Enfin, les vertus exigées des acteurs mêlent indissolublement l'intelligence calculatrice et la résolution. On le voit, ces similitudes ne sont pas superficielles ; elles délimitent une province de la vie sociale dans laquelle la théorie clausewitzienne de l'action trouve un vaste espace de validité.

Or les bornes de cet espace peuvent encore être reculées. Partons de la définition de la guerre comme duel telle que Clausewitz l'énonce dès la première page de *Vom Kriege* : « La guerre est un acte de violence destiné à contraindre l'adversaire à exécuter notre volonté » (51, 17). Cette définition peut être dite formelle, puisque ses termes ne sont pas spécifiés. Les partenaires du duel peuvent être des individus ou des groupes de nature quelconque ; le « contenu » de la volonté est indifférent ; quant à la violence, il faut observer que le mot allemand ici utilisé par Clausewitz est *Gewalt*, dont le sens est plus large que celui du français, violence ; il désigne la violence, mais aussi le pouvoir et la domination qui reposent sur elle. Ainsi conçue, la violence peut n'être que virtuelle et demeurer à l'état de menace ; par ailleurs, les ruses et les stratagèmes en font partie, pour autant qu'ils amènent l'adversaire à s'incliner contre son gré. Bref, la violence se définit ici par l'effet qu'elle exerce : la contrainte.

Par ailleurs, nous savons que des personnes ou des communautés souveraines n'ont pas d'autre recours que la contrainte pour trancher leurs différends, dès lors que la discussion et la persuasion n'ont pas permis de les surmonter. « La souveraineté, dit Bodin, est la puissance absolue et perpétuelle d'une République[4]. » Une puissance absolue est affranchie de toute entrave et de toute limite, au moins ici-bas : « Il faut que ceux-là qui sont souverains ne soient aucunement sujets au commandement d'autrui, et qu'ils puissent donner loi aux sujets, et

4. Jean Bodin, *Les Six Livres de la République*, Paris, Fayard, 1986 ; livre I, chap. VIII, p. 179.

casser ou anéantir les lois inutiles pour en faire d'autres : ce que ne peut faire celui qui est sujet aux lois, ou à ceux qui ont commandement sur lui[5]. » Cette puissance absolue doit aussi être perpétuelle : si elle était temporaire, celui qui l'exerce n'en serait que dépositaire et devrait la restituer un jour à son véritable détenteur ; c'est, dès lors, ce dernier qui serait effectivement souverain. Lorsque deux puissances souveraines entrent en conflit, il n'existe donc que deux moyens de régler celui-ci : l'accord ou l'épreuve de force. Le conflit est une contradiction entre deux volontés, indépendantes aussi bien l'une de l'autre que par rapport à tout tiers qui prétendrait se poser en arbitre ; le retour à l'unité n'est donc possible que de deux manières : ou bien la convergence et l'entente sur l'objet du litige, ou bien l'affrontement et la victoire de l'une des parties, qui est, dès lors, en mesure d'imposer ses vues. Dans cette perspective, le rapport social entre unités souveraines peut être conçu comme une médaille dont l'endroit serait le contrat, et l'envers, la guerre. Nous l'avons vu, Carl Schmitt a fort bien marqué cette solidarité entre le contrat et la guerre. Cependant, les deux termes ne peuvent être crédités d'un statut équivalent : pour autant que le contrat est passé entre volontés souveraines, il demeure à jamais révocable, et sa rupture à l'initiative de l'une des parties fait aussitôt resurgir la solution alternative : la guerre.

Cette fragilité du contrat, nul ne l'a mieux marquée que Hobbes. Hobbes part d'un état de nature, qu'il définit précisément par la coexistence d'individus souverains : à l'état de nature, il n'y a pas d'État – pas de *common Power*, dit-il –, donc pas non plus de lois, puisque celles-ci sont l'œuvre du *common Power*. En conséquence, chacun est maître de lui-même, de ses décisions et de ses actes. Par ailleurs, plusieurs passions innées – l'appétit, le désir de gain ; la défiance ; l'orgueil et la volonté de puissance – dressent les hommes les uns contre les autres ; comme à l'état de nature rien ne vient arrêter le libre jeu de ces

5. Jean Bodin, *Les Six Livres de la République*, *op. cit.*, p. 192.

passions, il engendre la fameuse « guerre de tous contre tous ». Celle-ci, précise Hobbes, n'a pas besoin d'être effectivement livrée ; il suffit que sa menace persiste pour que règnent en permanence l'insécurité, la méfiance et l'angoisse.

Or le simple contrat ne saurait mettre un terme à la guerre de tous contre tous : « Si un contrat (*Covenant*) est passé, dans lequel aucune des deux parties n'exécute aussitôt ses engagements, chacune s'en remettant à l'autre du soin de l'exécution, dans la condition de simple nature [qui est celle de la guerre de tous contre tous], selon toute attente raisonnable, ce contrat est nul (*void*) [...]. Car celui qui s'exécute le premier n'a aucune assurance que l'autre l'imitera : les liens constitués par les mots sont trop faibles pour tenir en laisse (*briddle*) l'ambition des hommes, leur cupidité, leur colère et leurs autres passions[6]. » C'est que le contrat, œuvre des hommes, est artificiel ; il n'est donc pas surprenant qu'il soit impuissant contre des passions naturelles ; il faut donc, poursuit Hobbes, lui ajouter « quelque chose d'autre » qui en imposera le respect[7]. Comme les hommes sont souverains, et qu'à l'état de nature aucune puissance ne les domine, ce « quelque chose d'autre » ne peut pourtant provenir que de leur décision collective. On sait comment Hobbes résout la difficulté : il fait intervenir un contrat très singulier, dont les clauses portent précisément sur le supplément de force rendu nécessaire par la précarité générale des contrats. Par ce contrat, les hommes s'accordent entre eux pour renoncer à leur souveraineté et pour la remettre à un pouvoir – le *common Power* – qui l'exercera désormais en leur lieu et place. Il ne s'agit pas d'une délégation : l'abandon est définitif et irréversible ; le pouvoir ainsi constitué détient à présent toute autorité sur ceux qui l'ont créé, et qui ne sont plus que ses sujets. Quant à lui, aucune convention ne le lie à eux : si une

6. Thomas Hobbes, *Leviathan*, Londres, Pelican, 1979, p. 196 (notre traduction).

7. *Ibid.*, p. 226.

obligation, de quelque nature qu'elle soit, venait restreindre sa liberté, il ne serait plus souverain.

Dans le domaine qui nous intéresse, l'enseignement de Hobbes pourrait donc être résumé en trois propositions. Entre des individus souverains, le rapport premier et naturel est la guerre, la « guerre de tous contre tous ». La paix peut régner entre ces individus, à condition qu'ils renoncent à leur souveraineté et se placent sous les ordres d'un pouvoir absolu qui ne leur doit, pour sa part, aucun compte ; toutefois, le fait que cette abdication collective soit le seul chemin de la paix démontre bien *a contrario* la solidarité organique qui lie la guerre à la souveraineté. En revanche, ce qui est tout à fait exclu, c'est une paix fondée sur de simples conventions entre des individus qui conserveraient par-devers eux leur souveraineté et les moyens de l'exercer. Écoutons Hobbes une dernière fois : « Les conventions, n'étant que paroles et souffle (*being but words and breath*), n'ont aucune force pour obliger, contenir, contraindre ou protéger personne, sinon celle qu'elles tiennent du glaive public, c'est-à-dire des mains non liées de cet homme ou de cette Assemblée qui détiennent la souveraineté[8]. »

Si nous acceptons ces thèses, le domaine de la guerre prend aussitôt une extension nouvelle, car il devient fonction du degré de souveraineté que l'on accorde à l'individu. Qu'en est-il en fait ? Nous n'en débattrons pas ici, et il nous suffira d'observer que toute doctrine qui prend pour axiome premier la souveraineté de l'individu et essaie de construire sur cette base le social, le politique et l'historique, est nécessairement amenée à penser la vie sociale sur le modèle de la guerre. Peu importe en la circonstance le nom de ces doctrines et la manière dont elles composent le social à partir de l'individuel ; qu'elles s'appellent individualisme, interactionnisme, utilitarisme, qu'elles mettent en avant l'imitation ou le pacte, l'effet est le même : la guerre devient pour elles, qu'elles le sachent ou non, une sorte d'image-guide qui façonne leurs concepts et oriente leurs

8. Thomas Hobbes, *Leviathan*, *op. cit.*, p. 231.

raisonnements. De ce rôle joué par le paradigme de la guerre dans la réflexion sur le social, on peut relever plusieurs signes : nous avons noté dès le début de ce livre l'inflation des métaphores guerrières ; l'emploi généralisé du terme de stratégie en offre un autre indice. En conséquence, on pourrait à grands traits distinguer deux approches qui placeraient le chercheur devant une sorte de dilemme inévitable : ou bien le social est posé comme premier par rapport à l'individuel ; les structures, les normes, les institutions et les valeurs déterminent les destins et les conduites ; en ce cas, le modèle de la guerre et les métaphores guerrières ne concernent que la pathologie sociale, les situations de désintégration et d'anomie ; ou bien c'est au contraire l'individu qui est privilégié et regardé comme l'assise ultime de tout l'édifice ; alors la guerre devient une condition générale et chronique, interrompue seulement par des trêves épisodiques, qui ne font en réalité qu'en masquer le cours.

Dans cette seconde perspective, l'œuvre de Clausewitz prend une importance considérable, puisque les catégories et les logiques de la guerre s'y trouvent exposées avec une précision et une clarté jusqu'à présent inégalées. Chemin faisant, nous avons signalé les enseignements qu'on en pourrait tirer pour une théorie plus générale de la vie sociale, et nous nous bornerons ici à rappeler quelques-uns d'entre eux. Lorsque nous avons examiné les réflexions « épistémologiques » de Clausewitz et la manière dont il se représente sa propre recherche et le savoir qu'elle produit, nous avons conclu, à la faveur d'un rapprochement avec les thèses ultérieures de Max Weber, que l'on pourrait légitimement y découvrir les éléments d'un modèle précurseur pour les sciences sociales. Par ailleurs, l'analyse des rapports entre stratégie et tactique et l'affirmation de la primauté du combat mettent en lumière l'existence, dans toute activité sociale, d'un « moment de vérité » qui ruine les illusions, les simulacres et les faux-fuyants, et qui restaure au moins pour un temps la domination du « principe de réalité ». Évoquant enfin la thèse clausewitzienne de la supériorité de la défense, nous avons marqué les conséquences générales qu'elle implique, quant à l'exercice de la loi du plus fort et quant à la conservation de l'ordre établi. Bref, lire Clausewitz, ce n'est pas s'embarquer pour des contrées exotiques à la découverte de spectacles inconnus : *de te fabula narratur...*

Nouvelles réflexions sur la violence

Étendre ainsi le domaine de la guerre, n'est-ce pas risquer d'en diluer la spécificité ? Comme nous le rappelle Clausewitz, celle-ci tient à l'usage d'un moyen particulier : la violence. C'est le recours à la violence ouverte qui fait la singularité de la guerre et la distingue des autres régions de la vie sociale. Mais nous sommes en droit de nous interroger sur le pouvoir discriminant qui est ainsi prêté à la violence : sa présence suffit-elle à tracer une ligne de démarcation nette entre un champ où elle se déploierait librement et d'autres dont elle serait exclue ? Il serait certes rassurant de regarder la guerre comme un espace que l'on concéderait à la violence comme on fait la part du feu, tandis que la paix régnerait sans partage sur le reste de l'univers social ; malheureusement, il n'est pas sûr que le spectre de la guerre puisse être conjuré à si bon compte ni que l'on puisse aussi aisément l'enfermer à l'intérieur d'un territoire aux frontières clairement marquées.

Du côté de la guerre, nous constatons, de la guerre absolue aux guerres d'observation, de très amples variations quant à l'intensité de la violence ; même si Clausewitz tient que seule la première est fidèle à l'essence de la guerre, il n'en fait pas moins une large place aux secondes ; il admet l'existence de guerres sans batailles, même s'il n'y voit qu'un abâtardissement et un pis-aller, et non pas un idéal comme le font Sun Zi ou Liddell Hart. Mais les conflits dans lesquels aucune décision n'est recherchée ne sont guère plus qu'une diplomatie quelque peu « musclée » ; en ce cas, l'état de guerre et l'état de paix tendent à devenir indiscernables. Par ailleurs, l'importance que prend aujourd'hui la stratégie indirecte – le recours à des moyens non militaires pour atteindre les objectifs que l'on aurait jadis assignés aux armées – montre bien qu'entre la guerre et la paix la limite est désormais de plus en plus floue.

De son côté, la paix traduit plutôt le refoulement de la violence que sa suppression. Psychanalystes et sociologues nous offrent sur ce point des argumentations convergentes. Dans ses *Considérations actuelles sur la guerre et sur la mort*, Freud rappelle « le caractère insistant du commandement : tu ne tueras pas[9] », et il en déduit *a contrario* la vigueur de l'impulsion que celui-ci combat. L'homme primitif, assure Freud, « s'accommodait fort bien de la mort de l'autre, elle signifiait pour lui l'anéantissement de ce qu'il haïssait, et il n'avait certainement aucun scrupule à la provoquer. Il était certainement un être très passionné, plus cruel et plus mauvais que d'autres animaux. Il pratiquait le meurtre volontiers et comme allant de soi[10] ». En conséquence, « nous descendons d'une lignée infiniment longue de meurtriers qui avaient dans le sang le désir de tuer[11] ». Certes, la civilisation est venue contenir et réprimer ce désir, mais il subsiste en nous à l'état inconscient : « Nous trouvons légitime la mort des étrangers et des ennemis, et nous les y condamnons avec autant d'empressement et aussi peu d'hésitation que l'homme des origines [...]. Notre inconscient n'exécute pas la mise à mort, il se contente de la penser et de la délivrer. Mais on aurait tort de trop sous-estimer cette réalité psychique par comparaison avec la réalité de fait [...]. Chaque jour, à chaque heure, dans nos motions inconscientes, nous écartons de notre chemin ceux qui nous gênent, ceux qui nous ont offensés et lésés [...]. Si l'on nous juge selon nos motions de désir inconscientes, nous sommes donc nous-mêmes, comme les hommes des origines, une bande d'assassins[12]. »

---

9. Sigmund Freud, *Considérations actuelles sur la guerre et la mort*, in : *Essais de psychanalyse*, traduction de P. Cotet, A. Bourguignon, A. Cherki, Paris, Payot, 1981, p. 35.

10. *Ibid.*, p. 30.

11. *Ibid.*, p. 35.

12. *Ibid.*, p. 36-37.

On aboutirait à des conclusions voisines en examinant la notion de « violence symbolique » telle que l'a élaborée Pierre Bourdieu. On sait le rôle qu'il lui fait jouer dans la vie sociale : la violence symbolique est au fondement de tout pouvoir et de toute domination, dès lors qu'ils sont acceptés comme légitimes par ceux qui les subissent. Qu'il s'agisse des parents, des maîtres ou des gouvernants, tous recourent à la violence symbolique pour exercer leur autorité. Or elle se définit comme une violence cachée ; cette dissimulation lui confère une efficacité additionnelle, mais, en son fond, elle reste irréductiblement violence. En d'autres termes, elle ne constitue pas une espèce distincte, autonome et autosubsistante de la violence, que l'on pourrait opposer à la violence physique, à l'usage de la force brutale ; en particulier, elle n'est pas susceptible d'être utilisée de façon indépendante. En son origine et, si je puis dire, en son noyau central, elle est et demeure violence physique ; simplement, cette violence physique est masquée, enrobée et donc oubliée. Cette description résulte directement du lien étroit que Bourdieu noue entre la violence symbolique et la méconnaissance. La violence symbolique a pour effet de produire la légitimité d'un discours, d'une décision, d'un agent ou d'une institution, mais cette légitimité suppose la méconnaissance de la violence qui l'a engendrée. Je m'en tiendrai à quelques formules caractéristiques : « Légitimité signifie méconnaissance[13] » ; « Un pouvoir symbolique est un pouvoir qui suppose la reconnaissance, c'est-à-dire la méconnaissance de la violence qui s'exerce à travers lui[14] ». De fait, qu'est-ce qui est ainsi méconnu dans la violence symbolique ? Dès les premières pages de *La Reproduction*, Bourdieu nous donne la réponse : « les rapports de force qui sont au fondement de sa force[15] ».

13. Pierre Bourdieu, *Questions de sociologie*, Paris, Éditions de Minuit, 1984, p. 255.

14. Pierre Bourdieu, *Choses dites*, Paris, Éditions de Minuit, 1987, p. 191.

15. Pierre Bourdieu, Jean-Claude Passeron, *La Reproduction*, Paris, Éditions de Minuit, 1970, p. 18.

Ainsi l'action pédagogique est « une violence dont la spécificité réside en ce qu'elle parvient à se faire oublier comme telle[16] ». Plus généralement, « les rapports de communication par excellence que sont les échanges linguistiques sont aussi des rapports de pouvoir symbolique où s'actualisent les rapports de force entre les locuteurs ou leurs groupes respectifs[17] ». La méconnaissance, on le voit, n'est ni suppression ni disparition ; à cet égard, elle est analogue au refoulement freudien : le méconnu – c'est-à-dire, en l'occurrence, le rapport de force – continue de peser et d'agir, et son efficacité est d'autant plus grande qu'il est invisible ; sans lui, la violence symbolique serait inopérante ; il est donc bien le secret initial de sa force.

L'analyste et le sociologue s'accordent donc pour suggérer une sorte de généralisation diffuse de la violence. Dès lors, la distinction entre la guerre et la paix ne passerait plus par la présence ou l'absence de la violence, mais par la différence entre une violence ouverte et une violence contenue et secrète, avec toutes les gradations intermédiaires qu'une telle opposition peut admettre. De cette ubiquité de la violence on peut relever d'autres indices. Nous pouvons remarquer, tout d'abord, à quel point il est malaisé d'identifier le contraire de la violence : est-ce le dialogue et la négociation, comme le prétendent les hommes politiques ? La loi et le droit, comme l'affirment les juges ? Le discours argumenté et la raison, comme le voudraient les philosophes, ou encore la douceur et la tendresse, comme inclineraient à le penser les simples mortels ? Cette difficulté marque bien le caractère multiple, mobile et insaisissable de la violence. Mais on peut aller plus loin et noter qu'entre la violence et les notions qui lui sont d'ordinaire opposées les rapports sont complexes et ambigus : l'antagonisme apparent se double d'une complicité souterraine, en sorte que la violence finit par s'introduire et se

16. Pierre Bourdieu, Jean-Claude Passeron, *La Reproduction*, *op. cit.*, p. 31-32.
17. Pierre Bourdieu, *Ce que parler veut dire*, Paris, Fayard, 1982, p. 14.

manifester au cœur même de ce qui la nie. De ces relations équivoques nous produirons trois exemples.

On se souvient de la superbe page que, dans la XIIe *Provinciale*, Pascal consacre à l'affrontement de la violence et de la vérité : « C'est une étrange et longue guerre que celle où la violence essaie d'opprimer la vérité. Tous les efforts de la violence ne peuvent affaiblir la vérité et ne servent qu'à la relever davantage. Toutes les lumières de la vérité ne peuvent rien pour arrêter la violence et ne font que l'irriter encore plus[18]. » À suivre Pascal, aucune réconciliation ne serait imaginable entre les deux adversaires. Pourtant, la thèse clausewitzienne de la primauté du combat nous a conduit à d'autres conclusions : en dernier recours, cette primauté ne marque-t-elle pas que, face à l'illusion et au mensonge, la violence devient la plus fidèle servante de la vérité ? À l'appui d'une telle suggestion, nous avions alors invoqué l'autorité de Paul Valéry. Venu d'un horizon tout différent, Emmanuel Levinas est du même sentiment : « En elle [la guerre], la réalité déchire les mots et les images qui la dissimulent pour s'imposer dans sa nudité et dans sa dureté. Dure réalité [...], dure leçon de choses, la guerre se produit comme l'expérience pure de l'être pur, à l'instant même de sa fulgurance où brûlent les draperies de l'illusion [...]. L'épreuve de force est l'épreuve du réel[19]. »

De façon plus explicite encore, Hannah Arendt souligne qu'entre la violence et la vérité il existe une sorte d'affinité essentielle, fondée sur la possession d'un attribut commun : elles sont l'une et l'autre un instrument de contrainte. Hannah Arendt attribue à Platon la découverte de cette affinité ; entre la brutalité arbitraire de la tyrannie et la toute-puissance que la souveraineté de l'individu confère à l'opinion, Platon aurait recherché un moyen terme sur lequel on puisse fonder solidement l'ordre de la cité. « Ce fut après la mort de Socrate que

18. Pascal, *Provinciales*, XIIe lettre, in : *Œuvres complètes*, Paris, Seuil, 1963, p. 429.

19. Emmanuel Levinas, *Totalité et Infini*, Paris, Le Livre de Poche, Biblio-essais, 1992, p. 5-6.

Platon commença à négliger la persuasion, parce qu'elle était insuffisante pour diriger les hommes, et à chercher quelque chose qui soit susceptible de les contraindre sans user de moyens externes de violence. Très tôt dans sa recherche, il a dû découvrir que la vérité, ou en tout cas les vérités que l'on nomme évidentes, contraignent l'esprit, et que cette contrainte, bien qu'elle n'ait pas besoin de violence pour être effective, est plus forte que la persuasion et l'argumentation[20]. » Par "vérités évidentes", Platon entend au premier chef celles de la géométrie : une fois la démonstration achevée, le résultat s'impose à tout esprit raisonnable ; il est accepté tel quel ; il n'est pas susceptible du plus et du moins ; il n'est pas objet de débat ni de compromis. Bref, il n'y a aucune ressemblance entre la confrontation des opinions et la déduction des vérités : « Toutes les vérités sont opposées à l'opinion dans le mode d'assertion de leur validité [...]. La vérité porte en elle-même un élément de coercition [...]. Les vérités ont en commun d'être au-delà de l'accord, de la discussion, de l'opinion ou du consentement. [En présence de la vérité] la persuasion ou la discussion sont inutiles, car le contenu de l'affirmation n'est pas d'une nature persuasive, mais coercitive[21]. » De fait, celui qui conteste ces vérités s'exclut *ipso facto* de la communauté des êtres raisonnables : il se dénonce lui-même comme insensé.

S'il fallait une preuve supplémentaire de la parenté qui lie la violence à la vérité, on la trouverait dans le fait que la démocratie est aussi allergique à la seconde qu'à la première. Dans les domaines de la vie sociale – la science, la foi – où l'homme se consacre à la recherche de la vérité, on sait bien que la démocratie n'a pas sa place et que la décision ne procède pas du suffrage. De même, on sait à quel point les gens qui prennent leur opinion pour la vérité sont incommodes et même redoutables dans une démocratie ; pour que celle-ci soit possible, il faut que les citoyens soient prêts à renoncer à leurs opinions,

20. Hannah Arendt, *La Crise de la culture*, *op. cit.*, p. 142.
21. *Ibid.*, p. 305.

ou, au moins, à suspendre leur mise en pratique, si la majorité est d'avis contraire : serait-ce imaginable s'ils tenaient ces opinions pour des vérités ? Dans quelque activité que ce soit, on ne peut voter et se soumettre au vote qu'à propos de questions indifférentes, et la politique elle-même n'échappe pas à cette règle ; écoutons un démocrate aussi sincère que Léon Blum s'adresser à ses camarades lors du Congrès de Tours :

> « Croyez-vous qu'un vote de majorité va changer l'état de ma conscience ? Parce que tant de voix se sont prononcées pour et tant de voix contre, croyez-vous que l'état de ma raison et de mon cœur vis-à-vis d'un problème comme celui-là va se transformer ? Croyez-vous que des chiffres aient cette vertu ? Allons donc ! Pas un de vous ne peut le croire. Il n'y a qu'une chose qui pourrait changer notre décision, c'est que l'Internationale communiste elle-même changeât[22]. »

Avec Léon Chestov[23], le rapprochement de la violence et de la vérité parvient à la fusion. Chestov part lui aussi des vérités nécessaires, auxquelles il reconnaît les mêmes attributs qu'Hannah Arendt : produits de la déduction, elles sont fondées sur des preuves et ne laissent donc aucun rôle à la discussion et au choix. Elles sont à la fois universelles dans l'espace et constantes dans le temps ; ainsi définies, elles exercent sur l'homme une contrainte, puisqu'elles n'appellent de sa part que l'acquiescement et la docilité. À ce despotisme de la vérité correspond donc la servitude du sujet : si la liberté est d'abord entendue comme la faculté de choisir, alors la vérité n'est pour elle que borne et entrave. Pour illustrer son propos, Chestov rappelle les invectives que Dostoïevski place dans la bouche du héros du *Sous-sol* :

> « Que m'importent, mon Dieu, les lois de la nature et l'arithmétique si, pour une raison ou pour une autre, ces lois et ce "deux fois deux : quatre" ne me plaisent pas ? Je ne pourrai,

22. Léon Blum, *Discours politiques*, Paris, Imprimerie nationale, 1997, p. 100.
23. Léon Chestov, *Athènes et Jérusalem*, traduction de Boris de Schloezer, Paris, Aubier, 1993.

> évidemment, briser ce mur avec mon front, si mes forces n'y suffisent pas ; mais je refuse de m'humilier devant cet obstacle pour la seule raison que c'est un mur en pierre et que mes forces sont insuffisantes[24] ! »

Constante et universelle, la vérité nécessaire fait en outre abstraction du divers et du changeant du côté de l'objet, et de l'individu du côté du sujet ; elle est une, et elle s'adresse en nous à l'être raisonnable, identique en chacun de nous. Se soumettre aux vérités nécessaires, c'est donc renoncer à notre singularité. Enfin, ces vérités s'imposent à Dieu lui-même : la même logique, les mêmes principes gouvernent sa pensée et la nôtre.

Face à de semblables thèses – attribuées aux Grecs et aux philosophes qui se réclament de leur héritage –, Chestov invoque une autre tradition, dont l'origine devrait être cherchée à Jérusalem ; au Dieu assujetti à la nécessité il oppose un Dieu à la fois souverain et personnel ; souverain, c'est-à-dire maître des vérités et des principes puisqu'il en est l'auteur ; personnel, puisque l'essentiel de son activité est le dialogue qu'il entretient avec ses créatures. Du coup, les vérités de la science font place aux certitudes de la foi. Celles-ci procèdent d'une expérience singulière et sont donc infiniment diverses, chacun devant vivre pour lui-même cette expérience. Parce qu'elles sont singulières, elles sont incommunicables : elles ne sauraient se couler dans un langage qui leur imposerait inévitablement une généralité contraire à leur nature. Enfin, elles excluent la preuve ; du coup, elles ne s'imposent pas : l'adhésion au discours de la foi résulte toujours d'une libre décision. Dans une telle perspective, on le voit, il existe un antagonisme irréductible entre vérité et liberté. Celle-ci ne trouve à s'épanouir que dans la foi, et l'individu libre ne peut regarder les vérités nécessaires que comme la pire des violences.

De même, nous admettons d'ordinaire comme une évidence l'idée d'une opposition radicale entre la violence et le droit.

24. Dostoïevski, *Le Sous-sol*, traduction de Pierre Pascal et Boris de Schloezer, Paris, Gallimard, coll. « Folio », 1984, p. 129-130.

Qu'en est-il en fait ? Répondant aux questions d'Einstein sur les origines de la guerre et les moyens de la conjurer, Freud écrit en 1933 : « Aujourd'hui le droit et la violence sont à nos yeux antinomiques. Or il est facile de montrer que celui-là s'est développé à partir de celle-ci[25]. »

Freud évoque alors l'état social originaire, où il revient à la force musculaire de trancher les conflits ; cet état est donc marqué par le règne du plus fort et la généralisation de la violence. Mais il ne dure qu'un temps : « Un chemin a conduit de la violence au droit [...]. On s'est aperçu que la plus grande force de l'un pouvait être compensée par l'union de plusieurs faiblesses. L'union fait la force, la violence est brisée par la réunion, la force des membres de cette union représente désormais le droit par opposition à la violence d'un seul[26]. »

Si telle est cependant la genèse du droit, la frontière qui le sépare de la violence ne peut alors que se brouiller : « Nous voyons donc que le droit est la force (*Macht*) d'une communauté. Il s'agit toujours d'une violence (*Gewalt*), prête à se retourner contre tout individu qui s'oppose à elle ; elle opère avec les mêmes moyens, elle poursuit les mêmes buts ; la seule vraie différence tient à ce que ce n'est plus la violence d'un individu qui s'impose, mais celle de la communauté[27]. » Comme on le sait, *Totem et Tabou* peut être regardé comme un mythe illustrant cette théorie. Au commencement seule règne la violence du père tyrannique et jaloux ; puis ses fils terrorisés s'entendent pour se défaire de lui et pour le tuer. La horde paternelle est alors remplacée par le clan fraternel, qui se donne pour première règle (de droit) l'égalité de ses membres. La religion naît du sentiment de culpabilité et du repentir dont les fils meurtriers sont pénétrés. Quant à la morale, elle résulte à la fois des exigences de la vie commune et du besoin d'expiation engendré par le sentiment de culpabilité. Ainsi le droit, la

25. Sigmund Freud, *Pourquoi la guerre*, in : *Résultats, Idées, Problèmes*, Paris, PUF, 1985, vol. II, p. 204.
26. *Ibid.*, p. 205.
27. *Ibid.*

religion et la morale, qui prétendent contenir et faire reculer la violence, naissent dans et par le crime, et portent sur eux la marque indélébile de cette origine.

Les doctrines de la raison d'État apportent à la thèse de Freud une remarquable confirmation. Elles partent du même axiome : à l'état de nature, la violence règne sans partage, en raison de la méchanceté naturelle des hommes, selon Machiavel, comme un effet de la guerre de tous contre tous, selon Hobbes. L'avènement de l'ordre, de la loi et des valeurs est donc le résultat d'une construction. Seul l'État, produit artificiel de l'action des hommes, peut imposer le respect de ces « institutions » à des individus qui sont spontanément mauvais et violents : tel est le rôle du Prince chez Machiavel, du Léviathan chez Hobbes. En conséquence, l'État est la condition nécessaire de l'existence du droit et de la morale ; du même coup, toutes les activités qui tendent à sa fondation et à sa conservation sont *ipso facto* et en tant que telles légitimes, puisque, sans elles, il disparaîtrait, et, avec lui, le droit et la morale. *Toutes* les activités : y compris le mensonge, le meurtre et les forfaits que le droit et la morale ordinaires – ceux que l'État fait respecter – condamnent. Autrement dit, l'État fonde le droit et la morale, mais, en tant que fondement, il ne leur est pas lui-même soumis ; conçu pour les faire régner dans un univers de violence, il doit user de violence pour s'imposer, et d'une violence qui ne peut être efficace que si nulle règle ne vient *a priori* en limiter l'emploi. Les actes inspirés par la raison d'État sont donc gouvernés par la seule loi du succès : s'ils réussissent à fonder ou à conserver l'État, ils sont excusés ou même exaltés, et en tout cas justifiés ; s'ils échouent, ils retombent au rang de simples crimes ; mais, au moment de leur accomplissement, leur caractère est indécidable. Enfin, la raison d'État concerne aussi bien l'intérieur que l'extérieur, puisque l'État doit être défendu à la fois contre l'agresseur du dehors et contre le rebelle du dedans ; dès lors, la loi, l'ordre, le droit, les valeurs ne sont plus des critères pertinents que dans le domaine privé ou encore dans la société civile, le champ des relations entre les citoyens ; dans l'espace de la raison d'État, le droit et la violence deviennent indiscernables, puisqu'une tromperie ou un meurtre, réprouvés par la loi, sont sanctifiés par l'exigence du salut public, condition d'existence de cette même loi.

Avec Walter Benjamin, le rapport entre la violence et le droit devient plus étroit encore[28]. Benjamin part d'une constatation qui recueillerait l'assentiment de Freud comme celui des théoriciens de la raison d'État : qu'il s'agisse du droit naturel ou du droit positif, le droit est toujours situé du côté du collectif ou du social par opposition à l'individuel. Dans le droit naturel, les fins prescrites sont nécessairement universelles : elles concernent le genre humain comme tel. Les maximes de la morale kantienne – « Agis de telle sorte que la maxime de ton action puisse être transformée en loi générale », « Fais d'autrui une fin et non pas un moyen » – sont partie intégrante du droit naturel ; en revanche, l'égoïsme y est, par principe, condamné. Dans le droit positif, est légal ce qui est sanctionné par la communauté ; contre elle, l'individu ne peut pas avoir raison ; il n'a le droit pour lui que s'il se plie aux règles établies par la société où il vit. On retrouve donc ici, au moins en apparence, une frontière claire et reconnue : il y a un antagonisme irréductible entre le droit et toute violence individuelle – qu'elle soit individuelle dans ses buts ou dans ses modalités en tant qu'action. La violence collective peut être légitimée, soit par la sainteté des fins qu'elle sert, soit parce qu'elle est l'objet d'un consensus de la part de la communauté ; la violence individuelle est toujours stigmatisée. C'est ainsi que Max Weber définit l'État par le fait qu'il possède le monopole de la violence légitime : en d'autres termes, seule est légitime la violence exercée par l'État ; la vengeance privée est interdite, et nul n'est autorisé à se faire justice lui-même. Bref, « le droit considère la violence entre les mains des personnes individuelles comme un danger risquant de miner l'ordre juridique [...]. La violence,

28. Walter Benjamin, *Zur Kritik der Gewalt*, Frankfurt-am-Main, Suhrkamp, 1965. Trad. française de Maurice de Gandillac, in : *L'Homme, le Langage et la Culture*, Paris, Denoël, 1971. Commentaire de Jacques Derrida, in : *Force de loi*, Paris, Galilée, 1994.

lorsqu'elle ne se trouve pas entre les mains du droit, quel qu'il soit, constitue une menace pour lui, non par les buts auxquels elle peut viser, mais bien par sa simple existence hors du droit[29] ».

Pourtant, le partage ainsi opéré va se trouver lui-même à son tour subverti du fait de l'existence d'actions collectives qui sont de manière indissociable à la fois droit et violence. Benjamin propose d'abord l'exemple de la grève : celle-ci est un droit, dont l'exercice est légitime. À première vue, la grève, en tant que cessation d'activité, n'est pas une violence, puisque, précisément, le gréviste ne fait rien. Pourtant, indépendamment des revendications mises en avant et des moyens d'action adoptés, la grève devient violence sitôt qu'elle se généralise ou qu'elle atteint des services publics dont le fonctionnement est vital pour la communauté : une grève générale est, par définition, politique, et elle est toujours suspecte d'être insurrectionnelle ; ses adversaires parlent de coup de force, de peuple pris en otage, etc. Même en dehors de ce cas extrême, la grève comme telle doit être regardée comme violence ; en effet : « Si surprenant que cela paraisse, c'est bien comme violence qu'il faut définir une conduite qui correspond à l'exercice d'un droit reconnu. Car une telle conduite [...] mérite d'être appelée violence lorsqu'elle utilise le droit qui lui est concédé pour détruire l'ordre de droit qui fonde cette concession[30]. » Ainsi la méfiance de l'État à l'encontre de toute grève et son hostilité ouverte à la grève générale proviennent du fait que de cette violence qu'est la grève naît un nouveau droit. La grève limitée modifie les conventions qui régissent les rapports de travail et sont sources de droit ; de par cette capacité transformatrice, elle est donc une violence qui produit du droit ; la grève générale est plus encore créatrice de droit, puisqu'elle se traduit souvent par une mutation de la loi. En admettant le droit de grève, l'État

29. Walter Benjamin, *Zur Kritik der Gewalt*, *op. cit.*, p. 34 (traduction française, p. 28).

30. *Ibid.*, p. 37 (traduction française, p. 30).

accepte donc l'existence hors de lui d'une violence particulière et pourtant génératrice de droit ; du même coup, il se dénonce lui-même comme issu d'une telle violence. La grève est une violence qui vise à détruire le droit existant et à introduire un autre droit ; en la reconnaissant, l'État et le droit existant avouent qu'ils sont de même nature qu'elle. Le droit ne peut pas interdire la violence de la grève parce qu'il est lui-même violence ; plus exactement, il y a entre la violence et le droit la même différence qu'entre nature naturante et nature naturée, un processus en train de s'accomplir et son résultat.

Entre les nations, la guerre joue le même rôle que la grève entre les classes. Elle est admise par le droit international et elle apporte un nouvel ordre ; on peut toujours la décrire comme l'opération qui assure le passage d'un traité à un autre. Plutôt que d'opposer terme à terme le droit et la violence, on les inscrira donc tous deux dans le genre de la violence, et on distinguera, par rapport à l'ordre établi, une violence conservatrice, le droit, et une violence fondatrice, la grève et la guerre.

Dans cette perspective, aucune des deux violences ne peut se poser comme absolue ni se dire supérieure à l'autre. En faisant place en son propre sein à la violence fondatrice qui menace de la détruire, la violence conservatrice – le droit – se déclare elle-même contingente et relative : elle est une violence particulière qui n'a pas d'autre titre à se perpétuer que sa suprématie du moment. De son côté, la violence fondatrice ne peut prétendre qu'à une légitimité rétroactive, rendue possible par son succès. C'est ce dernier qui assure l'avènement d'un nouveau droit, lequel justifie en retour la grève générale ou l'insurrection. En cas d'échec, il n'y a plus que complot ou rébellion contre les pouvoirs en place. Mais, à l'instant même de la fondation, l'acteur violent ne peut se réclamer d'aucune légitimité : ni de l'ancienne, puisqu'il se propose justement de la ruiner, ni de la nouvelle, puisqu'elle n'existe pas encore. Ainsi suspendue entre l'avant et l'après, la fondation est pur fait que nulle raison ne vient asseoir.

En outre, les deux violences, fondatrice et conservatrice, s'impliquent l'une l'autre et passent en quelque sorte l'une dans l'autre. La violence fondatrice ne se justifie que parce qu'elle s'engage à produire un ordre *et à le conserver* ; si elle se déclarait indifférente au destin de l'ordre qu'elle annonce et prépare, elle se dévoilerait du même coup comme anarchisme nihiliste ou comme pur brigandage. Comme l'écrit Jacques Derrida : « Il appartient à la structure de la violence fondatrice qu'elle appelle la répétition de soi et fonde ce qui doit être conservé, conservable, promis à l'héritage et à la tradition [...]. Une fondation est une promesse [...], elle inscrit ainsi la répétition au cœur de l'originaire[31]. » En un mot, tout *Reich* naissant ne peut, par essence, que se proclamer millénaire. D'une façon plus générale, face à l'usure intérieure ou à l'agression extérieure, il n'y a pas de fondation unique : toute fondation doit être défendue et renouvelée, donc recommencée. Inversement, toute violence conservatrice peut se penser comme la réitération d'une fondation. En conséquence, la frontière entre les deux violences s'efface.

On peut parcourir le même chemin en sens contraire à partir de la violence conservatrice. Si, dès le moment de son apparition, le droit existant avait pu prévoir toutes les menaces possibles et organiser à l'avance toutes les parades possibles, alors nous pourrions parler d'une violence purement conservatrice, puisqu'elle ne serait, dans ces conditions, que l'application de règles préexistantes et qu'elle se tiendrait à l'intérieur de ces règles, sans innover ni inventer. Or chacun sait bien qu'une telle prescience est impossible. Pour remplir sa tâche, qui est de perpétuer l'ordre établi, la violence conservatrice, sans cesse confrontée à des périls inattendus, doit adapter le droit existant pour y faire face ; elle doit constamment imaginer de nouvelles dispositions et de nouvelles lois ; bref, elle doit se faire à son tour fondatrice. À l'appui de cette analyse, Benjamin évoque le rôle juridique de la police, à laquelle nous ajouterions volontiers la justice : l'une et l'autre produisent par leur simple activité cette source majeure du droit qu'est la jurisprudence.

31. Jacques Derrida, *Force de loi*, *op. cit.*, p. 94.

Celle-ci répond à des questions inédites, qui ne sont pas directement décidables aux termes du droit existant ; le juge propose alors une interprétation, qui peut être suivie et confirmée et qui acquiert ainsi force de loi, ou bien qui peut être contredite : alors il appartient au législateur de trancher. En vertu de ce mécanisme, les tribunaux, qui n'ont pour tâche officielle que de conserver et d'appliquer le droit, sont en permanence créateurs de droit. On en dira autant des pratiques policières qui prennent force de loi dès lors qu'elles ne sont pas contestées. « Pour garantir la sécurité, dit Benjamin, la police intervient dans d'innombrables cas où la situation juridique n'est pas claire » ; son infamie tient au fait que, dans son action, « toute séparation disparaît entre la violence qui fonde le droit et celle qui le conserve[32] ».

Au terme de cet itinéraire, l'antagonisme entre droit et violence disparaît : non seulement il s'efface pour faire place à une opposition interne au monde de la violence, entre violence fondatrice et violence conservatrice ; mais ces deux termes tendent à leur tour à se confondre ou à se transformer en permanence l'un dans l'autre. Nous nous retrouvons donc à l'arrivée dans le milieu uniforme et indifférencié de la violence : chaque fois que nous essayons d'y introduire une distinction, d'y tracer une frontière, celles-ci se révèlent évanescentes ou poreuses. Ainsi la violence finit par imprégner tous les constituants du droit ; tel est notamment le sort du contrat et du compromis. À l'endroit du premier Benjamin professe le même scepticisme que Carl Schmitt : il est, au mieux, une suspension et, au pis, un déguisement de la violence. Quant au compromis, il trouve son origine non pas dans son contenu propre et dans le refus de la violence, mais dans la puissance de l'adversaire ; il est toujours un pis-aller, car « aucun compromis, tout accepté qu'il soit, ne peut échapper au

32. Walter Benjamin, *Zur Kritik der Gewalt*, *op. cit.*, p. 44 (traduction française, p. 36).

caractère d'une contrainte. Ç'aurait été mieux autrement, voilà le sentiment profond de tout compromis[33] ».

Après la vérité et le droit, introduisons un troisième adversaire reconnu de la violence : la raison. En interrogeant tour à tour Éric Weil et Emmanuel Levinas, nous allons assister à un renversement analogue à ceux que nous avons déjà rencontrés. Éric Weil part de la vieille opposition grecque entre *Peitho* et *Bia*, la persuasion et la force, les mots et les coups. Mais, pour lui, le discours est Logos, à la fois langage et raison ; il est ce qui permet aux hommes de confronter leurs opinions et de parvenir à des vérités sur lesquelles peut se fonder leur union. Ainsi le discours cimente la communauté, tandis que la violence la disloque. Mais si le discours s'oppose à la violence, la communauté s'oppose à l'individu ; si le discours sert la communauté, la violence et l'individu se retrouvent donc du même côté ou dans le même camp. En tant qu'il est raisonnable, le discours est universel ; il n'est ni le tien ni le mien ; il est celui de tous et de personne, puisqu'il est ce qui nous rassemble par-delà les différences. Comme le dit Weil, « le discours n'est ni de l'individu, ni pour l'individu en tant que tel ; en choisissant le discours, ce n'est pas moi que je choisis – je le ferais en agissant ou en me taisant ou en m'exprimant dans un langage que je ne veux pas cohérent – je choisis au contraire l'universel, et l'individu que je suis est alors compris par le discours, non le discours par l'individu [...]. Si je veux me servir d'un discours cohérent, ce langage ne sera pas le mien, n'est pas le mien, ne saurait être le mien, il est le langage de tout le monde [...], le langage que je n'ai pas inventé, mais que je trouve[34] ». Bref, dans le discours raisonnable, l'individu s'oublie et s'efface ; s'il veut, au contraire, s'affirmer comme tel, exalter sa différence, faire éclater sa singularité, il

33. Walter Benjamin, *Zur Kritik der Gewalt, op. cit.*, p. 46-47 (traduction française, p. 38).

34. Éric Weil, *Logique de la philosophie*, Paris, Vrin, p. 67.

ne peut y parvenir par le biais du discours raisonnable qui les dissout inéluctablement ; il doit nécessairement recourir à l'autre-du-discours, c'est-à-dire à la violence. Éric Weil tire toutes les conséquences de son propos : toute proclamation de l'individu pris en lui-même, dans sa particularité, est violence. « L'individu concret est en tant que tel violent, et il ne se distingue des autres individus qu'en ce que chacun garde de déraisonnable et de violent[35]. » Propos que pourrait utilement méditer un « esprit du temps » qui se veut à la fois défenseur intransigeant de l'individualisme et adversaire irréductible de la violence...

Partant des mêmes prémisses, Emmanuel Levinas aboutit à des conclusions exactement contraires. Sa démarche rappelle celle de Chestov : pour lui, le travail de la raison est toujours d'introniser l'universalité impersonnelle qui nie la singularité de l'individu. Son œuvre propre est l'ontologie, qui saisit l'individu, non dans sa particularité, mais dans son appartenance générique, la seule dont il puisse y avoir science ; en d'autres termes, elle se manifeste par l'édification de systèmes dont les individus ne sont plus que des moments, recevant leur être et leur sens de la totalité dont ils font partie ; dans cette perspective, elle signifie pour eux aliénation et dépendance. Son mouvement, qui commence avec le langage et la conceptualisation, est résorption de la différence, réduction de l'Autre au Même. La raison n'a pas de pluriel, elle est allergique à toute multiplicité autre que numérique ; elle tient la diversité qualitative pour superficielle et insignifiante. L'individu ne peut donc éprouver son action que comme une violence mortelle ; son salut – le mien et celui de l'Autre – ne peut être assuré que si la Différence est posée comme première et irréductible : « L'unicité du moi ne consiste pas seulement à se trouver en un exemplaire unique, mais à exister sans avoir de genre, sans être individuation d'un concept. L'ipséité du moi consiste à rester en dehors de la distinction de l'individuel et du général [...]. Le

35. Éric Weil, *Philosophie morale*, Paris, Vrin, 1987, p. 62.

moi est ainsi la façon selon laquelle, concrètement, s'accomplit la rupture de la totalité[36]. » De même, Autrui ne survit comme tel que s'il est pour moi l'infiniment Autre, réfractaire à toute totalisation englobante. Face à l'impérialisme de la raison, qui voudrait asservir les éléments à l'ensemble, l'étant à l'être, l'existant au concept, la guerre apparaît, au moins en un premier temps, comme une contre-violence légitime : « Dans la guerre, les êtres refusent d'appartenir à une totalité, refusent la communauté, refusent la loi ; aucune frontière n'arrête l'un dans l'autre et ne le définit. Ils s'affirment comme transcendant la totalité, chacun s'identifiant, non pas par sa place dans le tout, mais par son soi[37]. » De fait, seule l'expérience de la guerre peut conduire à une paix qui soit acceptation réciproque et respect des spécificités de chacun.

Bien entendu, le problème n'est pas ici de trancher entre Weil et Levinas. Ce qui importe, c'est la relation de symétrie inverse qui existe entre leurs propositions respectives. Dès lors que l'on admet ne serait-ce qu'une tension entre l'individu et la raison, c'est-à-dire entre le particulier et l'universel, l'accusation de violence peut être portée indifféremment et tour à tour contre chacune des deux parties en présence. La violence ne se laisse jamais enfermer dans une position particulière ; chaque fois qu'on croit l'avoir localisée et circonscrite, elle s'est déjà dérobée, et je découvre derrière moi l'ennemi auquel je croyais faire front. Plus généralement, nous avons opposé la violence à trois antagonistes : la vérité, le droit et la raison ; dans les trois cas, un examen plus attentif nous a appris que ces adversaires n'étaient en fait que des masques, derrière lesquels c'était encore elle qui se cachait. Elle nous apparaît donc comme une sorte de Protée, capable de se dissimuler sous les déguisements les plus divers ; du coup, il devient difficile de l'utiliser pour marquer et délimiter le domaine de la guerre. Soucieux de ne pas dissoudre la spécificité de celle-ci, nous avions suivi

36. Emmanuel Levinas, *Totalité et Infini*, *op. cit.*, p. 122.
37. *Ibid.*, p. 245-246.

Clausewitz pour la fonder sur l'emploi d'un moyen particulier : la violence. Voici qu'à présent ce critère lui-même se révèle fluide, diffus, insaisissable : comment tracer des frontières nettes avec un instrument aussi imprécis ? La guerre, dit Clausewitz, est « continuation de la politique par d'autres moyens » (67, 34) ; malheureusement, l'aptitude de ces moyens à s'insinuer partout et à prendre toutes les formes rend leur « altérité » tout à fait problématique ; en fait, leur pouvoir discriminant est si faible que la guerre transgresse inévitablement les bornes que l'on prétendait faire reposer sur eux.

Finalement, la guerre apparaît, elle aussi, comme un concept limite, comme le paroxysme d'une situation beaucoup plus répandue, à laquelle les individus et les groupes sont tous, d'une manière ou d'une autre, confrontés. Nous rencontrons ici un dernier paradoxe : Clausewitz aurait sans doute récusé un tel élargissement du champ de la guerre ; c'est pourtant bien cet élargissement qui rend aujourd'hui possibles sa gloire et la fortune de son œuvre.

Faire la guerre sans l'aimer

Notre intérêt pour l'œuvre de Clausewitz tient à un second motif, plus difficile à cerner : la disposition d'esprit dans laquelle il aborde les phénomènes de la guerre. Pour lui, celle-ci n'est ni un cataclysme naturel ni une apocalypse ; quels que soient ses débordements et ses excès, elle reste l'activité d'un sujet confronté à d'autre sujets. Un cheval peut échapper à l'autorité de son cavalier et s'emballer ; il arrive de même que la guerre franchisse les bornes que ses protagonistes lui avaient d'abord fixées et se propage à la manière d'un incendie que nul ne contrôle plus. Cependant, de tels embrasements ne sont jamais inévitables ; ils naissent des emportements, des erreurs ou des carences du pouvoir politique et du commandement militaire, et ceux-ci doivent en être tenus pour comptables ; en droit, la guerre est toujours le produit de l'action des hommes, et on ne saurait la mettre au compte ni de la nature ni du destin ; d'ailleurs, c'est précisément parce qu'elle ne saurait être détachée de nous et accéder à une existence indépendante qu'il lui est interdit de devenir objet de science.

Mieux : pour Clausewitz, l'action guerrière est, par définition, intelligente, puisqu'elle consiste toujours à organiser des moyens en vue d'une fin. Certes, la rationalité ici invoquée est purement instrumentale ; le choix des fins est laissé dans l'indétermination, et il est exposé aux pires perversions : c'est pourquoi une action intelligente n'est pas fatalement – de loin s'en faut – une action raisonnable. Pourtant, jusque dans ses folies, la guerre demeure – pour reprendre la formule de Weber – *zweck-rational*, orientée par un but. Par ailleurs, Clausewitz ne nie pas le rôle que l'émotion et la passion jouent à la guerre : « Si la guerre est un acte de violence, la sensibilité (*Gemüt*) lui appartient aussi nécessairement » (53, 19). Mais l'émotion ne peut qu'obscurcir le jugement ; sa vivacité doit donc être combattue : « L'intervention de la pensée lucide, *a fortiori* la prédominance de la raison, ravit à toutes les forces émotives une bonne partie de leur virulence » (198, 165 ; traduction revue). Quant à la passion, son statut est ambigu : d'un côté, elle est requise comme source d'énergie ; elle n'est donc pas seulement l'apport du peuple à la trinité constitutive de la guerre ; elle doit aussi enflammer l'âme du commandant en chef, et cela d'autant plus que la guerre se rapproche de sa forme absolue : « Plus grandes sont les tensions dont la guerre est née, plus est grande, par conséquent, l'énergie avec laquelle elle est menée » (64, 31). D'un autre côté, au moins dans l'esprit du chef, la passion doit se mettre au service du calcul, et c'est à la force d'âme (*Gemüts – oder Seelenstärke*) qu'il appartient d'assurer cette subordination ; elle est « la faculté d'écouter la raison, même au plus fort de l'émotion, dans la tourmente de la passion la plus violente » (92, 61). On comprend ainsi pourquoi Clausewitz se refuse à voir dans la guerre une « algèbre de l'action » ; si elle n'est pas « un pur et simple acte d'intelligence », si « les activités de l'intelligence ne sont pas les plus éminentes parmi celles qui s'exercent dans l'art de la guerre » (53, 19), c'est que l'intelligence ne peut opérer que si la fermeté et le courage lui ouvrent un champ d'activité. Enfin, le génie est supérieur à l'intelligence, de la même manière qu'en Dieu l'intuition intellectuelle surpasse la déduction : dans le premier cas est perçu d'un coup et comme instinctivement ce qui, dans le second cas, ne peut être atteint que pas à pas. Mais, en définitive, il s'agit toujours de se fixer un but et d'inventer les voies qui mènent jusqu'à lui. C'est pourquoi la guerre demeure intelligible, même si les décisions qui l'engendrent ne le sont pas toujours.

« Que la victoire demeure à ceux qui auront fait la guerre sans l'aimer ! » s'exclame André Malraux dans ses *Antimémoires*[38]. Clausewitz a-t-il aimé la guerre ? Cela n'est pas sûr. Il n'a sans doute pas été insensible aux spectacles grandioses qu'il lui arrive d'offrir ; aux stratèges de son temps, qui voient dans la fureur des guerres de la Révolution et de l'Empire un retour à la barbarie, il réplique : « Cette opinion est aussi mesquine que son objet. En l'absence de grandes énergies, de grandes passions, la perspicacité se déploie plus facilement. Mais le maniement de grandes forces, le pilotage d'un navire à travers la tempête et les vagues démontées ne sont-ils pas des activités supérieures de l'esprit ? » (230, 197). En septembre 1806, il écrit à sa fiancée Marie von Brühl que seule la guerre peut lui faire atteindre le bonheur (1976a : 163). Mais l'affrontement entre Napoléon et la Prusse est imminent, et une certaine exaltation n'est pas surprenante en un tel moment ; elle ne survivra pas aux douloureuses journées d'Iéna ni à la terrible expérience de la défaite. Un an plus tard, il verra dans la guerre avant tout le moyen de régénérer une Allemagne qui n'est asservie qu'en raison de son indolence et de sa lâcheté (1976a : 222). Mais on ne trouve pas trace chez lui des enthousiasmes et des extases qui emporteront le jeune Ernst Jünger lors des orages de 1914-1918. C'est que la guerre demeure pour lui un moyen ; or l'homme des Lumières qu'il est resté ne

38. André Malraux, *Antimémoires*, Paris, Gallimard, coll. « Folio », 1972, p. 315.

saurait chérir que des fins : l'honneur de la Prusse, la liberté et la grandeur de l'Allemagne, voilà des objets dignes de son amour. La guerre n'est donc pas à ses yeux une passion à laquelle il devrait s'abandonner, elle est un métier qu'il veut faire avec conscience et intelligence. En face d'elle, Clausewitz conserve une sobriété d'esprit et de ton qui force d'autant plus l'admiration qu'elle est visiblement conquise sur un tempérament porté à l'émotion. Au moment même où le champ de la guerre nous semble s'étendre bien au-delà des limites que Clausewitz avait entendu lui fixer, cette attitude réfléchie et mesurée est la plus sûre des protections contre les dérives dont un tel agrandissement pourrait être l'occasion ou le prétexte.

Paris, décembre 1998

Bibliographie

1. Œuvres de Clausewitz

a) *De la guerre*, traduction de Denise Naville, Paris, Éditions de Minuit, 1955. Édition allemande : *Vom Kriege*, Frankfurt-am-Main, Ullstein, 1981.

b) 1953 *Ausgewählte Briefe*, Berlin, Verlag der Nation.

1972 *Campagne de 1814*, traduction de G. Duval de Fraville, Paris, Champ libre.

1973 *Campagne de 1815 en France*, traduction de M. Niessel, Paris, Champ libre.

1976a *Écrits et lettres*, traduction de M.-L. Steinhauser, Paris, Gallimard.

1976b *Notes sur la Prusse dans sa grande catastrophe*, traduction de M. Niessel, Paris, Champ libre.

1979 *La Campagne de 1799 en Suisse et en Italie*, traduction de M. Niessel, Paris, Champ libre.

1987 *La Campagne de 1812 en Russie*, traducteur non mentionné, Bruxelles, Éditions Complexe.

1998 *Théorie du combat*, traduction de T. Lindemann, Paris, Economica.

1999 *La Campagne d'Italie*, traduction de Jean Colin, Agora, Pocket.

2. Autres ouvrages cités

ANDERSON Perry, *Sur Gramsci*, traduction D. Letelier et S. Niemetz, Paris, Maspero, 1978.

ARDANT DU PICQ Charles, *Études sur le combat*, Paris, Champ libre, 1978.

ARENDT Hannah, *Condition de l'homme moderne*, traduction de G. Fradier, Paris, Calmann-Lévy, 1983.

–, *La Crise de la culture*, traduction de P. Lévy, Paris, Gallimard, 1989.

ARON Raymond, *Penser la guerre : Clausewitz*, 2 vol., Paris, Gallimard, 1976.

BEAUFRE général André, *Introduction à la stratégie*, Paris, Economica, 1985.

BENJAMIN Walter, *Zur Kritik der Gewalt*, Frankfurt-am-Main, Suhrkamp ; traduction française de Maurice de Gandillac, in : *L'Homme, le Langage et la Culture*, Paris, Denoël, 1971.

BLUM Léon, *Discours politiques*, Paris, Imprimerie nationale, 1997.

BODIN Jean, *Les Six Livres de la République*, Paris, Fayard, 1986.

BOURDIEU Pierre, *Ce que parler veut dire*, Paris, Fayard, 1982.

–, *Questions de sociologie*, Paris, Éditions de Minuit, 1984.

–, *Choses dites*, Paris, Éditions de Minuit, 1987.

BOURDIEU Pierre, PASSERON Jean-Claude, *La Reproduction*, Paris, Éditions de Minuit, 1970.

CAILLOIS Roger, *Les Jeux et les Hommes*, Paris, Gallimard, coll. « Folio », 1967.

CANETTI Élias, *Masse et Puissance*, traduction de Robert Rovini, Paris, Gallimard, 1960.

CHAGNIOT Jean, *Le Chevalier de Folard*, Paris, Éditions du Rocher, 1997.

CHALIAND Gérard (éd.), *Anthologie mondiale de la stratégie*, Paris, Robert Laffont, 1990.

CHESTOV Léon, *Athènes et Jérusalem*, traduction de Boris de Schloezer, Paris, Aubier, 1993.

CONSTANT Benjamin, *De la liberté chez les modernes, Écrits politiques*, présentés par Marcel Gauchet, Paris, Le Livre de Poche, coll. « Pluriel », 1980.

DERRIDA Jacques, *Force de loi*, Paris, Galilée, 1994.

DOSTOÏEVSKI Fedor, *Le Sous-sol*, traduction de Pierre Pascal et Boris de Schloezer, Paris, Gallimard, coll. « Folio », 1984.

DUFLO Colas, *Jouer et philosopher*, Paris, PUF, 1997.

ÉRASME, *Éloge de la folie*, traduction de Pierre de Nolhac, Paris, Garnier-Flammarion, 1964.

FICHTE Johann Gottlieb, *Machiavel*, traduction d'Alain Renaut, Paris, Payot, 1981.

FOUCAULT Michel, *Il faut défendre la société*, Paris, Gallimard-Seuil, 1997.

FREUD Sigmund, *Considérations actuelles sur la guerre et la mort*, in : *Essais de psychanalyse*, traduction de P. Cotet, A. Bourguignon, A. Cherki, Paris, Payot, 1981.

–, *Pourquoi la guerre*, traduction de J.G. Delarbre et A. Rauzy, in : *Résultats, Idées, Problèmes*, vol. II, Paris, PUF, 1985.

FULLER J.F.G., *La Conduite de la guerre de 1789 à nos jours*, traduction de R. Lartigau, Paris, Payot, 1963.

GLUCKSMANN André, *Le Discours de la guerre*, Paris, L'Herne, 1967.

GRAMSCI, *Cahiers de prison* (6 à 9), traduction de M. Aymard, Paris, Gallimard, 1983.

GUIBERT comte de, *Essai général de tactique*, et *Défense du système de guerre moderne*, in : *Stratégiques*, Paris, L'Herne, 1977.

GUINERET Hervé, *Clausewitz et la guerre*, Paris, PUF, coll. « Philosophies », 1999.

HANDEL Michael (éd.), *Clausewitz and Modern Strategy*, Londres, Mass., 1986.

HIRSCHMAN Albert, *Les Passions et les Intérêts*, traduction de P. Andler, Paris, PUF, 1980.

HOBBES Thomas, *Léviathan*, Londres, Pelican, 1979.

HUIZINGA Johann, *Homo ludens*, traduction de C. Seresia, Paris, Gallimard, 1951.

JOXE Alain, *Le Cycle de la dissuasion*, Paris, La Découverte, 1990.

KERVÉGAN Jean-François, *Hegel, Carl Schmitt ; le politique entre spéculation et positivité*, Paris, PUF, 1992.

KLEIST Heinrich von, *Sur le théâtre de marionnettes*, traduction de J.-C. Schneider, Nantes, Le Passeur, 1989.

LA BRUYÈRE, *Caractères*, Paris, Garnier-Flammarion, 1965.

LAMPEDUSA Giuseppe Tomasi di, *Le Guépard*, traduction de F. Pezard, Paris, Seuil, 1959.

LAS CASES, *Mémorial de Sainte-Hélène*, Paris, Seuil, 1968.

LÉNINE, *La Maladie infantile du communisme*, in : *Œuvres*, t. XXXI, Paris, Éditions sociales, 1961.

LÉVI Jean, *Les Fonctionnaires divins*, Paris, Seuil, 1989.

LÉVI-STRAUSS Claude, *La Pensée sauvage*, Paris, Plon, 1962.

LÉVINAS Emmanuel, *Totalité et Infini*, Paris, Le Livre de Poche, Biblio-essais, 1992.

LIDDELL HART Basil, *Stratégie*, traduction de Lucien Poirier, Paris, Perrin, 1998.

LOYOLA Ignace de, *Exercices spirituels*, traduction de J.C. Guy, Paris, Seuil, 1982.

LUTTWAK Edward N., *Le Paradoxe de la stratégie*, traduction de M. Saporta, Paris, Odile Jacob, 1989.

MACHIAVEL, *Le Prince*, et *Discours sur la première décade de Tite-Live*, in : *Œuvres*, Paris, coll. « La Pléiade », 1958.

MAISTRE Joseph de, *Les Soirées de Saint-Pétersbourg*, Paris, Garnier Frères, s.d.

MALRAUX André, *Antimémoires*, Paris, Gallimard, coll. « Folio », 1972.

MANN Thomas, *Considérations d'un apolitique*, traduction de Louise Servicen, Paris, Grasset, 1975.

MAO ZEDONG, *Quatre essais philosophiques*, Pékin, Éditions en langues étrangères, 1966.

–, *Œuvres choisies* (5 vol.), Pékin, Éditions en langues étrangères, 1966.

MARX Karl, *Contribution à la critique de l'économie politique*, Paris, Éditions sociales, 1957.

–, *Le Capital*, 8 vol., Paris, Éditions sociales, 1957-1959.

–, *Œuvres. Économie* I, traduction de M. Rubel, Paris, Gallimard, coll. « La Pléiade », 1965.

–, *Manuscrits de 1857-1858 (Grundrisse)*, Paris, Éditions sociales, 1980.

–, *Œuvres. Philosophie*, traduction de M. Rubel, Paris, Gallimard, coll. « La Pléiade », 1982.

MEIER Heinrich, *Carl Schmitt, Leo Strauss et la notion de politique*, traduction de Françoise Manent, Paris, Julliard, 1990.

MONTESQUIEU, *De l'esprit des lois*, Paris, Gallimard, coll. « La Pléiade », 1951.

NAPOLÉON, *Pensées pour l'action*, recueillies par E. Driault, Paris, PUF, 1943.

–, *Comment faire la guerre ?*, Textes rassemblés par Yann Cloarec, Paris, Champ libre, 1972.

PARET Peter (ed.), *Makers of Modern Strategy*, Oxford, Clarendon Press, 1986.

PASCAL Blaise, *Œuvres complètes*, Paris, Seuil, 1963.

SAXE Maurice de, *Mes rêveries*, Paris, Éditions d'Aujourd'hui, 1977.

SCHMITT Carl, *La Notion de politique*, traduction de M.-L. Steinhauser, Paris, Calmann-Lévy, 1972.

–, *Théologie politique*, traduction de J.-L. Schlegel, Paris, Gallimard, 1988.

–, *Parlementarisme et Démocratie*, traduction de J.-L. Schlegel, Paris, Seuil, 1988.

–, *Du politique*, traduction de J.-L. Pesteil, Puiseaux, Pardès, 1990.

SEMBDNER Helmut, *Heinrich von Kleists Lebensspuren*, Frankfurt-am-Main et Leipzig, Insel Verlag, 1992.

SUN ZI, *L'Art de la guerre*, traduction de Francis Wang, Paris, Flammarion, 1972.

–, *L'Art de la guerre*, trad. de Valérie Niquet, Paris, Economica, 1990.

TULARD Jean (éd.), *Napoléon à Sainte-Hélène*, Paris, Robert Laffont, 1981.

VALÉRY Paul, *Regards sur le monde actuel*, 1re édition, Paris, Stock, 1931.

–, *Variété III*, Paris, Gallimard, 1936.
VAN CREVELD Martin, *Les Transformations de la guerre*, traduction de J. Bodin, Paris, Éditions du Rocher, 1998.
VENDRYÈS Pierre, *De la probabilité en histoire*, Paris, Albin Michel, 1952.
WEBER Max, *Essais sur la théorie de la science*, traduction de Julien Freund, Paris, Plon, 1992.
WEIL Éric, *Logique de la philosophie*, Paris, Vrin, 1950.
–, *Essais et conférences*, 2 vol., Paris, Plon, 1971.
–, *Philosophie morale*, Paris, Vrin, 1987.

3. Autres ouvrages utilisés

ARON Raymond, *Sur Clausewitz*, Bruxelles, Éditions Complexe, 1987.
CAILLOIS Roger, *Bellone ou la pente de la guerre*, Bruxelles, La Renaissance du livre, 1963.
CAMON Hubert, *La Guerre napoléonienne*, Paris, Economica, 1997.
COLIN Jean, *Les Transformations de la guerre*, Paris, Economica, 1989.
JOMINI Antoine, *Précis de l'art de la guerre*, Paris, Champ libre, 1977.
JOXE Alain, *Voyage aux sources de la guerre*, Paris, PUF, 1991.
PARET Peter, *Clausewitz and the State*, Oxford University Press, 1976.
PHILONENKO Alexis, *Essais sur la philosophie de la guerre*, Paris, Vrin, 1988.
POIRIER Lucien, *Les Voix de la stratégie*, Paris, Fayard, 1985.

4. Publications antérieures sur le sujet

Une première version du chapitre I a été publiée sous le titre : « L'expérience européenne de la guerre », dans

A. COMPAGNON et V. SEEBACHER (éd.), *L'Esprit de l'Europe*, Paris, Flammarion, 1993, vol. 2, p. 244-267.

De même une première version du chapitre II a été publiée sous le titre : « Violence et calcul, Raymond Aron, lecteur de Clausewitz », dans la *Revue française de science politique*, vol. 36, n° 2, avril 1998, p. 248-267.

Table

histoire de la pensée

une collection d'essais chez Fayard

Aliette Armel
Michel Leiris
1997

Marc Bloch et Lucien Febvre
Correspondance, I. La naissance des Annales
Édition établie, présentée et annotée par Bertrand Müller
1994

Georges Devereux
Psychothérapie d'un Indien des plaines
Préface d'Élisabeth Roudinesco
1998

Henri F. Ellenberger
Médecines de l'âme. Essais d'histoire de la folie et des guérisons psychiques
Textes réunis et présentés par Élisabeth Roudinesco
1995

Henri F. Ellenberger
Histoire de la découverte de l'inconscient
Présentation par Élisabeth Roudinesco,
complément bibliographique par Olivier Husson
1994

Didier Eribon
Michel Foucault et ses contemporains
1994

Didier Eribon
Réflexions sur la question gay
1999

Lucien Febvre
Lettres à Henri Berr
présentées et annotées par Jacqueline Pluet et Gilles Candar
1997

Élisabeth de Fontenay
Le silence des bêtes. La philosophie à l'épreuve de l'animalité
1998

Marcel Fournier
Marcel Mauss
1994

Serge Leclaire
Œdipe à Vincennes. Séminaire 69
Préface et annotation par Élisabeth Roudinesco
1999

Michel Leiris
Roussel & Co.
Édition établie par Jean Jamin,
présentée et annotée par Annie Le Brun
1998

R. Anthony Lodge
Le français. Histoire d'un dialecte devenu langue
1997

Marcel Mauss
Écrits politiques
Textes réunis et présentés par Marcel Fournier
1997

Simone Pétrement
La vie de Simone Weil
1997

Élisabeth Roudinesco
Jacques Lacan. Esquisse d'une vie, histoire d'un système de pensée
1993

Élisabeth Roudinesco
Généalogies
1994

Élisabeth Roudinesco
Histoire de la psychanalyse en France
2 vol.
1994

Élisabeth Roudinesco
Pourquoi la psychanalyse ?
1999

Élisabeth Roudinesco et Michel Plon
Dictionnaire de la psychanalyse
1997

Gisèle Sapiro
La guerre des écrivains. 1940-1953
1999

Frank J. Sulloway
Freud, biologiste de l'esprit
Avant-propos d'André Bourguignon,
préface de Michel Plon
1998

Cet ouvrage a été composé
en Garamond corps douze
par ParisPhotoComposition, à Paris

Achevé d'imprimer en octobre 1999
par G. Canale & C. S.p.A. - Borgaro T.se (TO)
pour le compte des Éditions Fayard
75, rue des Saints-Pères
75006 Paris

Imprimé en Italie
Dépôt légal : octobre 1999
35.0702.7/01
ISBN : 2-213-60502-5